Urda Jürgens, geboren 1959, studierte Theologie und ist in Moskau als freie Journalistin tätig.

Bildnachweis:
Sämtliche Fotos JÜRGENS-OST + EUROPA-PHOTO, Köln

Vollständige Taschenbuchausgabe Oktober 1991
Droemersche Verlagsanstalt Th. Knaur Nachf., München
© 1990 Econ Verlag GmbH, Düsseldorf, Wien und New York
Umschlaggestaltung Adolf Bachmann
Umschlagfoto Jürgens, Köln
Druck und Bindung Ebner Ulm
Printed in Germany   5   4   3   2
ISBN 3-426-02442-X

Urda Jürgens:
Raissa Gorbatschowa

Inhalt

Vorwort

Der Weg der Eisenbahnertochter an die Seite des Präsidenten der Sowjetunion war nicht der Weg eines Sterntaler-kindes. Raissa Gorbatschowa hat mehr tun müssen, als nur die Schürze aufzuhalten. Aber Haltung, Klugheit, Kraft und Disziplin haben ihr dabei geholfen.

Die Sowjetunion mit Michail Sergejewitsch Gorbatschow, mit Perestroika und Glasnost, das Land mit seinen Menschen, seiner Größe, seiner Schönheit, aber auch mit seinen Problemen – all das war mir sehr nah.

Raissa erweckte mein Interesse, wie sie mit Selbstbewußtsein und zurückhaltendem Charme ihren Mann auf Reisen begleitete. Ich war so neugierig auf diese unbekannte Raissa, die wie eine Rakete durch den Medienlandschaftspark der Welt schoß und gar nicht dem gewohnten russischen Klischee bisheriger Ehe-frauen der alten Kremlchefs entsprach.

Ich setzte mich auf die journalistische Fährte dieses neuen Sterns am Medienfirmament und gewann durch meine persönlichen Begegnungen mit Raissa immer mehr an Aufwind.

Ein schweres Stück Arbeit lag vor mir, viele Hürden mußten genommen werden. Ich ließ mich durch nichts und niemanden von meiner »RAISSA-BESESSENHEIT« abbringen, auch wenn ich gleich am Anfang die Erfahrung machen mußte, daß Glas-nost und Perestroika dort aufhören, wo die ersten Familien anfangen. Aber gerade diese jungfräuliche, spannende Recher-che machte das Kribbeln bei meiner Arbeit aus.

Es hat sich ein interessantes Bild einer Frauenpersönlichkeit in der gegenwärtigen Weltpolitik herauskristallisiert. Aus einer Larve wurde ein Schmetterling. Eine Frau, die gewiß nicht nur stille Wegbereiterin eines bedeutenden Mannes war und ist, sondern eine emanzipierte Frau, die im Zusammenspiel von Ehrgeiz, Freude und Lust am nützlichen Wirken, mit Intelligenz, Inspiration und weiblicher Verführungskraft zum erstenmal in der russischen Geschichte die Wegbereiterin eines Präsidenten wurde.

Raissa Maximowna Titarenko,
ein Jugendbild.

Kindheit und Jugend

Raja nannten die Eltern zärtlich ihre Erstgeborene. Im Register des Stadtkomitees von Wesselojarsk ist am 5. Januar 1932 sachlich die Geburt eines Mädchens verzeichnet, das den Namen Raissa Maximowna Titarenko erhielt, Tochter des Eisenbahners Maxim Titarenko und seiner Ehefrau Schura Paradina. (Schura ist die Koseform von Alexandra.) Viel häufiger als andere Völker neigen die Russen dazu, statt der Vornamen verkleinernde Rufnamen zu gebrauchen. Aus Maria wird dann Maja oder Maruschka, aus Michail Mischa und aus Raissa Raja. Der im Geburtsregister verzeichnete Vorname wird meist nur dann benutzt, wenn sein Träger Anlaß zur Unzufriedenheit gibt. Es soll Menschen geben, die bis zu ihrem Tode nie mit ihrem eigentlichen Vornamen gerufen worden sind.

Schura Paradinas Eltern, die Großeltern der kleinen Raja, besaßen in Wesselojarsk einen kleinen Krämerladen. Alles, was man damals kaufen konnte, gab es hier. Viel war es nicht, aber der Laden ernährte die Familie Paradina recht und schlecht. Schura war achtzehn, als sie den acht Jahre älteren Eisenbahner Maxim, der aus Tschernigow in der Ukraine stammte, in dem 7000-Seelen-Ort Wesselojarsk kennenlernte. Ein junger Mann, den es hierher verschlagen hatte, an die kleine Eisenbahnstation Lokot bzw. zum Waggonbau nach Rider, dem heutigen Leninogorsk. Schura gefiel ihm. Ein junges Mädchen, kräftig und vergnügt, mit beiden Beinen im Leben stehend. Es sah ganz so aus, als ob sie das Leben gemeinsam packen würden. Maxim und Schura – das war eine Hochzeit mit Tränen und Schwüren und Versprechungen fürs Leben. Kein Prunk, kein Glanz, woher auch? Aber mit Liebe und vielleicht auch mit Vertrauen. Schon bald meldet sich ein Kind an. Die Freude ist groß, doch Sorge gesellt sich gleich dazu. Es gibt in Wesselojarsk kein Krankenhaus, keine Hebamme. Wie alle werdenden Väter, die ihr erstes Kind erwarten, wird Vater Maxim nervös. Er will kein Risiko. Der Januar ist kalt, der Schnee ist hoch – ein Kind will auf die Welt, wer weiß, wann? Rubzowsk heißt die nächste Stadt, rund dreißig Kilometer entfernt, dort gibt es ein Krankenhaus und Sicherheit. Mit dem Pferdewagen bringt Maxim seine junge Frau nach Rubzowsk. Schura mag es warm gehabt haben, eingehüllt in Decken, aber dreißig Kilometer durch Kälte und Eis auf dem Pferdewagen und im neunten Monat – wahrlich keine Luxusfahrt.

Doch die Menschen dieser Gegend sind nicht verwöhnt. Die Landschaft, das Leben haben sie hart gemacht. Das Glück ist das Kind. Es kommt gesund zur Welt, das Mädchen Raissa. Braunäugig und kräftig, später wird sie ihre rötlichbraune Haarflut zu Zöpfen flechten, zum Kranz aufstecken, sie wird den Jungen die Köpfe verdrehen und sich brav von ihrem Bruder nach dem Tanz nach Hause führen lassen – aber das ist später, viel später. Erst einmal kehren Mutter und Tochter auf dem Pferdewagen gesund und munter nach Wesselojarsk zurück. Die Mutter Schura, inzwischen neunzehn Jahre, und ihr Kind – ein Bündel im Arm –, der Winter ist kalt.

Raja wächst in das Jahr hinein, in den Frühling, in den Sommer, man sagt, das seien die gesündesten Kinder. Die niedrigen Holzhäuschen scheinen die Weite des Landes zu verdoppeln, und der Himmel ändert täglich seine Höhe. Manchmal scheinen die flachen Dächer die Wolkendecke zu berühren, und ein anderes Mal erdrückt die hohe Bläue die hölzerne Winzigkeit. Raissas Heimatort Wesselojarsk ist ein kleiner, unscheinbarer Ort im Altaigebirge. Die Berge trennen Europa von Asien. Keine tausend Kilometer sind es von Wesselojarsk bis zur chinesischen Grenze oder bis zur Grenze der Mongolei. Die Völker beginnen sich hier schon zu mischen, das Sprach- und Kulturgut ist ein anderes als im europäischen Moskau. Man könnte auch sagen, daß Wesselojarsk im westlichen Teil Sibiriens liegt, einem Land, das einen zweifachen Beiklang trägt: Natur und Tod. In Sibiriens Wäldern, der Taiga, der Tundra, der Unendlichkeit des Landes findet man die Unberührtheit der Natur, auch heute noch, wenn auch längst nicht mehr so unangetastet. Doch schon zur Zeit der Zaren galt das Land als todbringend. Sie nannten es ihr »größtes Gefängnis«, und alle Herrscher haben es so genutzt, Stalin besonders. »Ab nach Sibirien« war das verbannende Urteil für Regimegegner im großen Sowjetreich. Das Land, so sagen die Sibirier, ist für Leute ohne »Kaderakte«, die dem Zugriff der Partei entgehen konnten. Es macht dich frei, oder es tötet dich, je nachdem.

Zwei Winter, zwei Sommer verlebt die kleine Raissa in Wesselojarsk. Der Arbeitstag des Vaters dauert zwar lange, und er war oft unterwegs, aber seine Anstellung bei der Eisenbahn brachte gegenüber anderen Berufen nicht wenige Privilegien mit sich. In dem riesigen Land spielte die Eisenbahn naturgemäß eine wichtige Rolle, denn die ungeheuren Entfernungen konnten nur auf dem Schienenweg überwunden werden. Die Bedeutung der Eisenbahn für die Sowjetunion ließ (und läßt sich bis zum heutigen Tage) mit der Bedeutung einer Arterie für den menschlichen Körper vergleichen, die das Herz mit Blut versorgt. Eine Störung der Blutzufuhr läßt den Menschen kollabieren, bricht die Eisenbahnverbindung zusammen, kollabiert die ganze sowjetische Gesellschaft. Das hatten die Sowjets sehr frühzeitig erkannt. Das gesellschaftliche Ansehen des Eisenbahnerberufes war deshalb weitaus größer als das anderer Berufsgruppen. Der Eisenbahningenieur genoß innerhalb der Intelligenz eine hohe Anerkennung, die Eisenbahnarbeiter zählten zum privilegierten Teil der Arbeiterklasse. Sie erhielten ein über dem Durchschnitt liegendes Gehalt, sie gehörten zu den ersten russischen Arbeitern, denen das Recht auf einen bezahlten Urlaub zugestanden wurde, sie waren neben den Beamten die ersten, die eine Altersrente bekamen. Der Beruf entband auch von der nicht nur damals mühevollen Suche nach Kleidung, der Eisenbahner hatte seine Uniform, eine Auszeichnung, die ihn über andere seiner Klasse emporhob. Hinzu kam, daß der Staat den Eisenbahnern Wohnraum zur Verfügung stellte, kleine einfache Holzhäuschen zwar nur, ohne Komfort, aber sie boten den Menschen ein Dach über dem Kopf. All diese Vergünstigungen genoß auch die Familie Titarenko, und sie zählte in den Provinzorten an den Eisenbahnlinien zum privilegierten Teil der Bevölkerung.

Den Titarenkos blieben aber auch die Nachteile des Eisenbahnerberufes nicht erspart. Vater Maxim mußte dort arbeiten, wo er eingesetzt wurde. Schließlich gehörte das Transportwesen schon seit der Zarenzeit zu den strategisch wichtigen Bereichen des Landes, und die Eisenbahner mußten sich auch in Friedenszeiten militärischem Denken unterordnen. Ihre Einsätze bestimmten Plan und Notwendigkeit. Die materiellen Privilegien wurden mit der Unruhe des Lebens bezahlt.

1934, da ist das kleine Mädchen gerade zweijährig, kommt nicht nur der Bruder Jewgeni zur Welt, sondern die Familie Titarenko muß auch umziehen. Vater Maxim wird in die Ukraine nach Tscherkassy versetzt. Das ist nun nicht gerade ins nächste Dorf und auch nicht nur dreißig Kilometer mit dem Pferdewagen entfernt wie nach Rubzowsk. Es sind mehr als 1000 Kilometer, die sie wegführen von Wesselojarsk, mehr als 1000 Kilometer, die die Enkelkinder von den Großeltern von nun an trennen werden, die Mutter von der Tochter. Es muß ein sehr schmerzlicher Abschied gewesen sein, der die Alten zurückließ und die Jungen in die Fremde führte. So ist das Leben.

Für die Titarenkos bedeutete die Umsiedlung in die Ukraine eine harte Umstellung. Raissas Mutter Schura, die ihren Beruf als Eisenbahnkontrolleurin trotz der Kinder nicht aufgegeben hatte, mußte nun auf die Hilfe der Großeltern bei der Kinderbetreuung verzichten. Der Vater verdiente in diesen Jahren monatlich etwa

750 bis 800 Rubel. Das hört sich gut an, war für damalige Zeiten auch kein geringes Entgelt. Es hatte aus heutiger Sicht den Wert von etwa 35 bis 40 Rubel, und das muß man doch wohl als Existenzminimum ansehen. Heute jedenfalls ist es das ganz gewiß. Sicherlich hat man dafür damals wie heute Grundnahrungsmittel kaufen können und ein Fläschchen Wodka dazu. Denn der war damals noch nicht so teuer wie heute, aber an mehr war nicht zu denken. Und die Familie hatte zwei Kinder. So mußte auch Schura weiterarbeiten und ihr Leben wie so viele zwischen Beruf und Familie teilen.

Doch dann kam der Bruch. Jahre der strengen Stille, der Hoffnungslosigkeit und täglichen Angst im Leben der Familie Titarenko: Der Stalinismus zeigte seine weitreichenden Krallen. 1935 wurde Maxim Titarenko verhaftet und in eines der Lager gebracht, die Stalin hatte errichten lassen und die das Land wie ein Netz überzogen und es dort gefangenhielten. Verhaftungswellen überfluteten das Land leise und tödlich, und es gab Schauprozesse. Die GPU, der sowjetische Geheimdienst, verhaftete alle, die Kritik am totalitären Regime übten, und auch diejenigen, denen man nur unterstellte, anders als befohlen zu denken. Mitte der dreißiger Jahre vegetierten etwa sechzehn Millionen Menschen in den Lagern Stalins. Unschuldige, die da starben, Mutige, die sich um ihr Land sorgten und dies bekannten.

Maxim Titarenkos Vergehen bestand darin, daß er im Kreis von Arbeitskollegen die furchtbaren Erscheinungen und Folgen der Zwangskollektivierung des Landes kritisiert hatte. Er wurde bis zum Jahr 1939 in Haft gehalten, verließ das Solowezki-Lager in geschwächter Gesundheit, kehrte zurück zu den Kindern, zur Frau, aber er hatte überlebt! Einer der wenigen!

Und dennoch muß man von relativ glücklichen Umständen sprechen, die Schura und den Kindern während der Inhaftierung Maxims widerfuhren: Sie wurden nicht wie die Familienangehörigen anderer Inhaftierter einfach davongejagt. Schura, Raissa und Jewgeni durften in einem Eisenbahnwaggon wohnen. Es war ein Güterwaggon einfachster Art, aber er bot ihnen acht bis zehn Quadratmeter Lebensraum. Die Mutter hatte diesen Raum in drei Wohnbereiche unterteilt: An der Tür stand der Ofen, er spendete Wärme, und auf ihm wurde das Essen zubereitet. Das erste Drittel des Waggons war Wohnraum und Küche in einem. Das zweite Drittel war der Schlafraum, im letzten Teil befand sich die Toilette. Es gab kein elektrisches Licht, es gab nur Kerzen, mit denen sparsam umgegangen werden mußte, und Wasser mußte vom Brunnen geholt werden. Doch es gab noch eine Vergünstigung: Die Mutter durfte arbeiten. Die Familie hatte eine Existenzgrundlage.

So waren die ersten Kinderjahre Raissas nicht nur der Unruhe des Umherziehens ausgesetzt, sondern auch der Not, der Armut. Dem kleinen Mädchen wurden frühzeitig Pflichten übertragen. Während die Mutter arbeitete, mußte sich Raja um den kleineren Bruder kümmern und wohl auch um die Sauberhaltung der Wohnung im Eisenbahnwaggon. Raissa, so sagt heute ihre beste Freundin Lidija Budyka, hat damals der Mutter sehr zur Seite gestanden. Kindheit sieht wohl anders aus, im herkömmlichen Sinne jedenfalls.

Die Mutter trug die meiste Last. Oft vergoß sie Tränen über das Unrecht und die Einsamkeit. Jetzt wären Großeltern am Platze notwendig gewesen. Aber da gab es nicht nur die Entfernung tausender Kilometer, es gab auch das Verbot zu reisen. Nur mit höchster Order gab es die behördliche Ausnahmegenehmigung. Schura, Raissa, Jewgeni – sie mußten sich wohl allein behelfen. Raissa erinnert sich heute noch, mit wieviel Kraft, Elan und Sorgfalt sich die Mutter den Kindern widmete, für sie kochte, Geborgenheit und Gemütlichkeit zu verbreiten suchte, damit die Kälte der Zeit nicht auch noch die Kinder zerstörte. »Sie nähte uns Kleider, sie kochte, sie dachte sich Liedchen aus, sie war für uns da, und wir fühlten uns beschützt. Als wir im Ural lebten, gingen wir Pilze sammeln, legten sie ein und trockneten sie.« So sprach Raissa Gorbatschowa über jene Jahre und auch die kommenden. »Die Mutter achtete auf uns und verlangte Disziplin, die wir frühzeitig kennenlernten und die uns sehr bald zugute kam.«

In vieler Hinsicht wirkte sich die enge Beziehung zur Mutter auch auf die Herausbildung bestimmter Eigenschaften bei Raissa Maximowna aus. Wie ihre Mutter kümmert auch sie sich heute sehr intensiv um ihre Familie, wacht über deren Wohl und Wehe. Auch das Pflichtgefühl, das ihre Mutter so sehr auszeichnete, hat sie sich selbst zu eigen gemacht. Eine gute Hausfrau ist sie außerdem geworden, obwohl sie sich oft hätte darauf beschränken können, ihrem Status entsprechend Dienste des Personals in Anspruch zu nehmen. Viele Jahre lang kümmerte sich die Frau des heutigen Kremlchefs um alle hauswirtschaftlichen Belange selbst, ging einkaufen, kochte und hielt die Wohnung in Ordnung. In Stawropol schrieb sie heimlich von einer Arbeitskollegin Backrezepte ab, um Michail mit dem neuen Rezept zu überraschen. Bis zum Jahre 1985, als Michail Gorbatschow Generalsekretär wurde, behielt sie sich zu besonderen familiären Anlässen das Recht vor, Selbstgekochtes und Selbstgebackenes auf den Tisch zu bringen. Sorgen versucht sie von der Familie fernzuhalten, wie es in ihrer Kindheit und Jugend die Mutter tat. Ruhe und Harmonie bestimmen ihre Vorstellungen vom Familienleben. Von ihrer Mutter hat Raissa auch ihr Temperament und ihre Zielstrebigkeit geerbt. Ihre Freundin Lidija sagt: »Raissa ist ihrer Mutter sehr ähnlich. Ihre Mutter ist sehr klug und energisch; obwohl sie keine besondere Ausbildung hat, ist sie sehr scharfsinnig. Ihr Vater war ein bescheidener Mann, schweigsam und leutselig; er hatte einen sehr weichen Charakter. Raissa hing sehr an ihrem Vater; als er im Lager war, hat sie viel geweint. Äußerlich sieht Raissa aber weder Vater noch Mutter ähnlich.«
Ein pensionierter Schullehrer in Wesselojarsk, Iwan Dmitrijewitsch Petscherin, sammelt seit vielen Jahren Materialien zur Geschichte des Dorfes. Noch bis zum letzten Jahr lebte eine Greisin von fast hundert Jahren, die sich an Schura Paradina »als ein kampflustiges, flinkes Mädel« erinnerte. Auch diese Eigen-

art hat Raissa von ihrer Mutter geerbt. Iwan Dmitrijewitsch Petscherin schrieb Raissa Maximowna Gorbatschowa einen Brief mit der Frage nach ihrem Geburtsort. Prompt schickte sie ihr Antwortschreiben und bestätigte, daß Wesselojarsk ihr Geburtsort sei. Außerdem drückte sie ihr Bedauern darüber aus, daß ihr Schicksal sie bis heute noch nicht wieder in ihr Heimatdorf habe zurückkehren lassen. Der Brief befindet sich immer noch in der Registratur des Kreiskomitees der Partei.

1939 wurde der Vater endlich aus dem Lager entlassen. Krank kam er zurück, aber nicht zerbrochen. Sein Herz und sein Körper wiesen Spuren der Lagerqual auf, aber im Lager hatte er Freunde gefunden, so D. S. Lichatschow, seinen Nachbarn auf der harten Pritsche. Des Nachts hatten sie heimlich Worte des Trostes ausgetauscht und über die Sorgen gesprochen, die sie sich um ihr Land machten.

D. S. Lichatschow hatte gegen die Zerstörung der Kultur des Landes unter Stalin protestiert, gegen den Verfall von Kunstdenkmälern, gegen die Verschleuderung von Kulturgut. Bittere Worte hatte er für all die Verantwortungslosigkeit gefunden, die ihn umgab. Im Lager teilte er sich Maxim Titarenko mit, im Lager erfuhr der Eisenbahner Titarenko, was dieses Land außer Armut noch besaß, und er lernte oder begann zu ahnen, was Kunst und Kultur im Leben eines Menschen, im Leben einer Gesellschaft ausmachen können. So widersprüchlich es auch klingen mag, der Vater, der Eisenbahner, kam aus dem Lager gebildeter zurück, als er hineingegangen war. Vierzig oder fünfzig Jahre später wird jener D. S. Lichatschow zu den Begründern des Kulturfonds der UdSSR gehören, in dem auch die Frau des Generalsekretärs Michail Gorbatschow mitarbeiten und für die Pflege und Sammlung des Kulturgutes im Lande zuständig sein wird.

1939, nach der Entlassung des Vaters aus der Lagerhaft, begann Raissas Schulzeit, aber auch der Zweite Weltkrieg. Doch zum

Zeitpunkt des deutschen Überfalls auf Polen dachte in der Sowjetunion noch kaum jemand an einen drohenden Krieg. Noch versprach der Hitler-Stalin-Pakt dem Land Ruhe. Allerdings begann schon im Herbst 1939 in der Sowjetunion die Umsiedlung wichtiger Industrieanlagen in das Innere des Landes, im Ural entstanden gigantische Rüstungsfabriken. Ganze Betriebe wurden aus dem Westen des Landes dorthin verlagert. Ein Zug nach dem anderen rollte von der Ukraine und aus Westrußland zu den neuen Produktionsstätten Sibiriens.

In jenem Jahr 1939 mußten auch die Titarenkos ihre Habseligkeiten häufig packen und dort ein neues Zuhause einrichten, wohin die Eisenbahnverwaltung den Vater zu versetzen beschlossen hatte. Der Arbeitsort änderte sich ständig. Für die Kinder der Titarenkos bedeutete das, daß sie immer wieder neue Schulen besuchen mußten. Raissa hat in ihrer Schulzeit sechsmal die Schule wechseln müssen. Die Familie zog quer durch Sibirien und den Ural. In einer kleinen Stadt im Ural machte Raissa ihren Schulabschluß. Für die Kontinuität der Ausbildung stellte dieser Umstand allerdings kein großes Problem dar, denn das Land verfügte auch schon in jenen Jahren über einheitliche Lehrpläne, so daß ein Schulwechsel nicht unbedingt zu Bildungsverlusten führen mußte. Schwieriger verlief hingegen das ständige Eingewöhnen in neue Klassen, an neue Schulkameraden, an neue Lehrer. Das nichtseßhafte Leben der Titarenkos könnte die Ursache dafür sein, daß Raissa in ihrer Kindheit und Jugend als sehr verschlossener Mensch galt. Sie hatte eben wenig Gelegenheit, sich in der neuen Umgebung einzuleben. Immer seltener wurden den auf diese Weise durch das Land gehetzten Familien aber auch noch richtige Wohnungen zur Verfügung gestellt. Provisorien waren es in der Regel, häufig sogar nur Eisenbahnwaggons, die einfach hinter eine Lokomotive gespannt zu werden brauchten, um den neuen Bestimmungsort zu erreichen.

Zu der Zeit, als Raja Titarenko in ständig wechselnden Städten und Ortschaften die Schule besuchte, arbeitete ein zehn Monate älterer Junge gemeinsam mit seinem Vater auf dem Feld. Der Flecken, in dessen Nähe sich das abspielte, heißt Priwolnoje, liegt in Südrußland und ist wohl nur noch auf einem Meßtischblatt zu finden. 3000 Menschen etwa lebten hier in der Abgeschiedenheit des dörflichen Milieus. Die Kreisstadt war mehrere Fußstunden entfernt, der Weg in die Bezirksstadt Stawropol dauerte eine Tagesreise. Der Junge hieß Michail. Er war der erste Sohn von Sergej Gorbatschow, der hier in der Landwirtschaft arbeitete. Michails, Mischas, bisheriges Leben unterschied sich in nichts von dem Gleichaltriger. Das unbeschwerte Kinderleben blieb kurz. Frühzeitig kam zu den schulischen Pflichten die Aufgabe, den Vater bei der Arbeit auf dem Feld zu unterstützen. Der Tag war lang, und die Ferien hoben sich nur dadurch vom übrigen Jahr ab, daß der ganze Tag auf den Feldern der Kolchose zugebracht wurde.

Das Dorf prägt Menschen häufig stärker als die Stadt. Der Zusammenhalt in der Familie ist enger, das tägliche gemeinsame Arbeiten, das Aufeinander-angewiesen-Sein, bindet. So sind neben den Eltern meist auch die Großeltern an der Erziehung der Kinder beteiligt. Arbeitsteilung ist zwangsläufig notwendig. Die Großfamilie setzt andere Maßstäbe. So blieb es auch nicht aus, daß die Großeltern in den Erinnerungen Mischas einen wichtigen Platz einnehmen. In der Zeit, als Vater Sergej im Krieg als Soldat dienen mußte und Mutter Marija außerhalb von Priwolnoje zur Arbeit verpflichtet war, blieben die Großeltern die einzigen Bezugspersonen für den Jungen. Wuchs die kleine Raja als »Mutterkind« auf, so war Mischa ein »Großelternkind«.

Neben den anerzogenen Eigenschaften eines Menschen wirken aber auch äußere Faktoren persönlichkeitsprägend. Dazu gehört nicht selten die Landschaft, in der ein Mensch aufwächst, in die er vielleicht sogar hineinwächst. Die Gegend um Stawropol, in der Michail Gorbatschow geboren wurde, war lange Zeit das Grenzgebiet des russischen Imperiums. Kosaken siedelten hier, freie Bauern, die keinem Gutsherren hörig waren. Fruchtbaren Boden gab es ausreichend. Er ernährte nicht nur seine Besitzer.

Vom Verkauf des Überschusses lebten die Kosakenfamilien besser als die Leibeigenen im übrigen Lande. Ihre Freiheit mußten sie jedoch nicht selten mit der Waffe in der Hand verteidigen. Die Steppennomaden fielen regelmäßig in dieses so begehrte Land ein. Die lange während Unabhängigkeit brachte einen stolzen Menschenschlag hervor, der gewohnt war, seine Geschicke unabhängig von Obrigkeiten zu bestimmen. So hatten es die vom Staate geschickten Organisatoren der Kollektivierung Ende der zwanziger, Anfang der dreißiger Jahre gerade in den ehemaligen Kosakengebieten besonders schwer, ihren Auftrag zu erfüllen. Der Verzicht auf Eigentum bedeutete Knechtschaft, und dagegen setzten sich nicht wenige so, wie es in dieser Gegend üblich war, zur Wehr: mit der Waffe in der Hand.

Die Bedingungen im Altaigebirge, in der Heimat von Raissa Gorbatschowa, sind trotz der großen geographischen Entfernung in vielem mit denen in der Heimat ihres Ehemannes vergleichbar. Vor und hinter dem Gebirge erstrecken sich weite Ebenen, die eine eigene Welt darstellen. Nicht umsonst nennt man sie »Länder«, die Gebiete um Stawropol und um den Altai, Länder, in denen jeweils mehrere politisch-geographische Gliederungen Europas Platz fänden.

Auch das Gebiet um den Altai diente mutigen russischen Menschen als Zufluchtsort, die Tausende Kilometer von ihrer angestammten Heimat wegzogen, um in Freiheit leben zu können. Hier fanden sie Schutz vor den Häschern der Armee, vor Steuereintreibern, vor Verfolgung durch die Büttel der Macht. Sie lebten von den Produkten freier Arbeit und nahmen jeden auf, der sich ihnen anschließen wollte, eine große Gemeinschaft freier Menschen, in der jeder das Recht auf eigene Verwirklichung finden konnte. Angst vor dem Nachbarn kannte man nicht, Türen und Tore der aus Holzhäusern bestehenden Dörfer blieben unverschlossen. Die Altgläubigen, die Russisch-Orthodoxen, die ebenfalls hier siedelten, zwangen ihre Religion niemandem auf. Eintracht bestimmte das Zusammenleben. Schwere Zeiten gab es oft, sie trennten die Menschen jedoch nicht. Man hatte erfahren, daß der Zusammenhalt der Schlüssel zum Überleben war. Der einzige Reichtum der Menschen war nicht selten ihre harmonisches Zusammenleben, aber das wog schwer.

Obwohl die neue Zeit weder um das südrussische Kosakendorf Priwolnoje noch um das Bezirksstädtchen im Altai einen Bogen machte, blieb hier vieles so wie in den Vorzeiten. Bewährtes wollte man erhalten, Neuem stand man zurückhaltend gegenüber. So bedeutete der Eintritt in die Schule gleichermaßen die Entdeckung der großen Welt. Täglich lernte man Neues hinzu, der Weg in die Schule war im wahrsten Sinne des Wortes der Weg ins Leben. Auch wenn das Lernen nicht die einzige Tagesaufgabe der Kinder bleiben konnte, häusliche Pflichten und die Mitarbeit vor allem auf dem Feld nahmen häufig sogar noch mehr Zeit als die Schule in Anspruch, der Drang nach mehr Wissen bestimmte fortan das Leben von Michail Sergejewitsch und Raissa Maximowna. Das ist durchaus nicht ungewöhnlich. Die Geschichte kennt viele Beispiele, daß gerade Kinder aus einfachen Verhältnissen mit großem Eifer der Welt neue Erkenntnisse entlocken wollen, sich als lernbegieriger erweisen als die, die günstigere Voraussetzungen von Haus aus mitbekommen. Dieser Lerneifer hielt bei beiden während der gesamten Schulzeit an.

Aber zurück zu Raissa. Ihre Schulzeit begann mit der obligatorischen vierklassigen Elementarschule. Damals gab es eine allgemeine siebenjährige Schulpflicht nur in den Städten und in den Arbeitersiedlungen der Sowjetunion, erst 1949 wurde sie landesweit gesetzlich eingeführt.

In den ersten beiden Schuljahren lernten Jungen und Mädchen gemeinsam, danach gab es getrennte Schulen. Raissa hatte über dreißig Mitschüler in ihrer Elementarschulzeit, und bis zur vierten Klasse unterrichtete ein Lehrer alle Fächer. Die Stundentafel der ersten Jahre war denkbar einfach: Je eine Stunde Körpererziehung, Zeichnen und Gesang pro Woche, einige Stunden Mathematik, alle anderen Stunden galten der russischen Sprache und der ersten Bekanntschaft mit der Literatur. Für das Mädchen tat sich eine neue Welt auf: Es lernte lesen. Und wieder war es die Mutter, die sie darin bestärkte. Lesen gehörte zu jenen Dingen, die sie für lebensbestimmend hielt, ihrer Tochter sollten einmal bessere Ausbildungsmöglichkeiten offenstehen, als sie selbst gehabt hatte.

1940 kam Raissas jüngste Schwester Ljudmila zur Welt. Damit hatte Raissa eine weitere Zusatzaufgabe, zusammen mit Jewgeni mußte sie der berufstätigen Mutter helfen, das Kleinkind zu versorgen. Die Eltern teilten, so gut es ging, die Zeit zwischen Beruf und den Kindern. Aber wahrscheinlich waren es die Kinder, denen der kleinere Teil zubemessen wurde.

Zwei Jahre besuchte Raissa die Schule, sie hatte noch nicht einmal die Elementarschule beendet, da begann der Krieg auch für die Sowjetunion. Deutschland überfiel das Land. Damit war sofort eine gewaltige Umsiedlung ganzer Industrien tief in das Landesinnere verbunden. Das im Westen liegende Potential mußte gerettet, erhalten und für die Verteidigung produktiv gemacht werden. Die Verlagerung der Betriebe war nur über die Eisenbahn möglich, und es waren vor allem die Eisenbahner und ihre Familien, die diese gewaltigen Aktionen vollbrachten. Die Eisenbahner unterstanden den Befehlen des Militärs.

ALLES FÜR DIE FRONT, so lautete Stalins Parole, mit der er das Land aufrief, nachdem sich seine Illusionen über einen Pakt mit Hitler in Rauch aufgelöst hatten, den Rauch der brennenden Häuser, der zerstörten Städte, der niedergebrannten Dörfer. Das Volk folgte Stalin unter unglaublichen Opfern in den »Großen Vaterländischen Krieg«. Für Raissa und ihre Familie begann eine Zeit, die nur noch Leben auf den Schienen bedeutete. Provisorien bestimmten ihr Leben. Die Habseligkeiten schrumpften zusammen, das Leben der Menschen ging bis an den Rand der physischen Erschöpfung. Sicher, den Kindern galt damals bevorzugt Sorge und Schutz, und wo der Feind nicht war, gab es Schule und »Normalität«, aber es arbeiteten selbst Kinder im Schichtbetrieb in den Rüstungswerken und auf den Feldern, sie sammelten alte Rohstoffe, wurden zu Pflegern alter Menschen, zu Ernährern kleinerer Geschwister.

Raissa übernahm eine Art Mutterrolle für Jewgeni und für Ljudmila. Obwohl, wie sie sagt, »Baba Schura (so nennt sie ihre Mutter heute noch) das Leben der Kinder zu umsorgen, zu beschützen suchte«. Das Erlebnis der unmittelbaren Front, der Schmerz, der Hunger, das Sterben – dies Schicksal ereilte Raissa nicht. Aber die Familie lebte ein Nomadenleben. Gab es Freunde in ihrem Leben zu dieser Zeit?

Das wird wohl kein kleines Problem gewesen sein. Kinder brauchen Freunde, mit denen sie wachsen können. Es muß sehr einsam um Raissa in dieser lauten Zeit gewesen sein. Oft hat das Mädchen vor den neugierigen Augen fremder Klassenkameraden gestanden und gehofft, eine Freundin zu finden, wie man darüber in den Büchern liest. Und wenn sie eine solche gefunden hatte, trug der Krieg oder die Eisenbahn die Familie wieder woandershin.

Raissa war ein verschlossenes Mädchen, das gut lernte, gerne las, mehr als viele andere ihres Alters, und vielleicht war dies ein winziger Schutz vor den Nöten, dem Hunger und Schrecknissen des Kriegsalltags im Hinterland. Träumen mit den Büchern, träumen, mit ihnen auf und davon zu gehen. In Wirklichkeit aber ging der Krieg mit Raissa auf und davon, gingen die Pflichten in ihre Träume hinein und zersägten die Brücken zwischen Traum und Leben. Sicher gab es auch Heiterkeit und Abenteuerlichkeit, denn Kinder sehen und empfinden ihr Leben anders, als Erwachsene denken, das macht ihre Kraft aus und die Stärke, die sie überleben lassen.

Raissa trug das rote Halstuch der Pioniere – und kannte seinen Sinnspruch auswendig. Er lautete:

> »Legst du um das Pioniertuch
> sollst du es bewahren
> hat es mit dem Fahnentuch
> doch die rote Farbe.«

Es wurde ihr umgelegt auf einer für das ganze Land verordneten Versammlung der Kinder unter dem Motto: »Dank dem Genossen Stalin für die glückliche Kindheit.« Dem Training politischen Denkens unterzog sich Raissa, wie die meisten Kinder, mit Begeisterung. Und wie alle Schüler im ganzen Land – von der dritten bis zur siebenten Klasse – wird auch sie täglich den morgendlichen Gruß der Pioniere gesprochen haben: »Zum Kampf für die Sache Lenins und Stalins, seid bereit.« – »Immer bereit.«

Sie hatte nicht wissen können, daß der 1943 verlautbarte ministerielle Erlaß davon sprach, daß die Pioniere in tiefer Ergebenheit gegenüber ihrem Volk und der bolschewistischen Partei und in leidenschaftlichem Haß gegenüber den Feinden des Volkes zu erziehen waren. Aus den Pionieren der Kindervereinigung mit Lenins Namen war eine Kinderpartei geworden, geführt von der Parteijugend im Sinne Stalins. Das Halstuch der Pioniere wurde so heilig wie das Parteibuch der Genossen behandelt.

Raissa hat die erklärten Ziele jener Pioniere – wie positive Einstellung zur Arbeit und zum Lernen, Fleiß, Ausdauer, Pünktlichkeit, Tapferkeit, körperliche Ertüchtigung – mit Erfolg verinnerlicht. Sie war den Dingen gewachsen, ob immer mit der gleichen Unverwundbarkeit, ob immer unverletzt – wer mag das heute noch beurteilen, vielleicht nicht einmal sie selbst. Was weiß man noch von der Seele seiner Kindheit?

Nach der Elementarschule begann für Raissa 1943 die Mittelschule, deren Abschluß die Möglichkeit zum Hochschulstudium bedeutete. Der Stundenplan erweiterte sich. Fächer wie Geschichte, Geographie, Botanik, Zoologie, das Studium der Verfassung, Fremdsprachen und in den letzten Schuljahren sogar Psychologie kamen hinzu. Der Psychologieunterricht mag verwundern, bedenkt man die stalinistische Unterdrückung im Lande, die dem Gegenstand eines solchen Faches naturgemäß widersprach. Klaffender konnte ein Widerspruch eigentlich nicht sein. Doch Raissa – im System dieser Widersprüche groß geworden – konnte ihn nicht bemerken, sie war eingefangen, in ihn verstrickt. Die Lagerzeit des Vaters und die Bemühungen der Mutter, das Kind regimekonform zu guten Leistungen voranzutreiben, sind nur scheinbar schwer zu vereinbarende Dinge. Die Zeit hatte ihre geheime tödliche Bedrohung. Maxim Titarenko und seine Frau hatten sie erfahren, sie waren still geworden, man mußte unauffällig sein, wenn man überleben wollte.

Die Schulwoche Raissas hatte in der Mittelschulzeit etwa 33 Unterrichtsstunden, es war ein strenges Schulsystem, das wenig Raum für eine kreative Entfaltung der kindlichen Persönlichkeit ließ. Wohl hatte es Schulreformer gegeben, die das Desaster erkannt hatten, aber sie waren am Mißtrauen, an der vernichtenden Willkür einer sich entwickelnden, erstarkenden Parteibürokratie gescheitert. Es war eine Schule des totalen Gehorsams, des totalen Drills entstanden. Sie entsprach vollständig den unbarmherzigen Vorstellungen Stalins. Aber es gab nichts anderes, es gab keinen Vergleich mit anderen Schulsystemen. Das Land war zugeschnürt, auch in der Bildung und Erziehung seiner Jugend.

Das Schuljahr war in vier Quartale aufgeteilt, am Ende eines jeden Quartals gab es Noten in allen Fächern und eine Sondernote für Betragen. Alle Schülerinnen mußten Schuluniform tragen, die Frisuren hatten schlicht zu sein, Kosmetik war verboten. Raissa erinnert sich, daß in ihren Schulbüchern die Abbildungen aller Revolutionäre, die unter dem Stalinregime gelitten hatten, entweder mit Tinte unkenntlich gemacht oder ganz herausgeschnitten worden waren, manchmal waren auch die Augen mit der Schere ausgestochen worden. Die Schülerinnen mußten sich zu viert ein Lehrbuch teilen, weil es nicht genug Bücher gab. Schularbeiten wurden deshalb in Gruppen erledigt. Früh lernte man, gemeinsam zu lernen.

Raissa war eingebunden im angehäuften Bildungsgut, das in die Kinder hineingepaukt wurde, getrieben von ständigen und harten Prüfungen und dem Erfolgsdruck einer doktrinären Schule. Daß wunderbare Lehrer so etwas erträglich machen können, ist bekannt, nur verändert werden auch sie es nicht haben können.

Raissa lernte! Sie war eine stille und pflichtbewußte Schülerin. Es lag in ihrer Natur, Aufgaben zu erfüllen, Leistungen gut und besser vorzuweisen. Sie lernte für das Land, sie lernte für Stalin und vielleicht auch für die Furcht der Eltern. Stalin war überall. Wo immer sie hingeschaut haben mag, in der Klasse, auf der Wandzeitung, auf den Schautafeln an jeder Straße – Stalin war in ihrem Leben. Er war in den Köpfen als verehrter Apostel oder als furchteinflößender Diktator, er hatte etwas Göttliches. In jedem Aufsatz, jedem Diktat mußte Raissa Stalin loben. Je mehr sie lobte, um so bessere Zensuren erhielt sie. In Stalins Namen wurde unendliches Leid über die Menschen gebracht, und in seinem Namen wurde gestrebt, Bildung vermittelt, für ihn lernten die Schüler.

1945 war Raissa dreizehn Jahre. Da war der Krieg zu Ende, aber das Land lag in Trümmern, und wieder war es vor allem die Eisenbahn, der bei der Aufbauarbeit größte Bedeutung zukam. Ein neues Leben begann, aber es war wieder ein Wanderleben. Sicher forderten die Nöte der Nachkriegszeit die ganze Kraft, den ganzen Mut, die ganze Kreativität jedes einzelnen. Und vorstellbar ist auch, daß Raissa mehr noch als früher ihre Zeit zwischen Haushalt, Geschwistersorge und Schule zu teilen hatte. Aber es scheint auch, daß die Mutter, soweit es ihr möglich war, ihr Freiraum zukommen ließ, damit die zielstrebige und begabte Tochter die ihr gebotenen Chancen nutzen konnte. Raissa sollte es einmal besser haben als Schura Paradina, das fröhliche Mädchen aus dem westsibirischen Dörfchen.

Raissas Lebensraum war noch begrenzt, aber die Zeiten ließen Silberstreifen am Horizont sichtbar werden. WENN MAN NUR FLEISSIG WAR, WENN MAN NUR POLITISCH NICHT AUS DER REIHE TANZTE, wenn man sein Talent, seine Begabung nährte, war mit Erfolg zu rechnen. »Raissa beschäftigte sich in der Schule viel mit gesellschaftlicher Arbeit. Sie nahm aktiv am gesellschaftlichen Leben teil. Sie war ein ›Leader‹ von Kindheit an«, so die Worte von ihrer Freundin Lidija.

Raissa enttäuschte die Mutter nicht: Sie absolvierte die Schule mit der höchsten Auszeichnung, mit einer Goldmedaille. In der zehnten Klasse erhielt sie in allen Fächern die Note »5«, die Bestnote, und bestand alle Prüfungen mit »ausgezeichnet«. Raissas Lieblingsfächer waren damals Geschichte, Literatur und humanistische Wissenschaften. Ihr späterer Mann Michail beendete die Schule »nur« mit einer Silbermedaille. Er erreichte im Fach Deutsch nicht das Prädikat »sehr gut«. Von hundert Schulabgängern erreichte nur einer eine Goldmedaille, jeder fünfzigste eine Silbermedaille. Die Schule war streng und rief gelerntes Wissen exakt ab. Der Schulabschluß war für Raissa der Beginn eines neuen und seßhafteren Lebensabschnittes. Sie durfte nach Moskau zum Studium; denn alle Schulabgänger, die mit Silber- oder sogar Goldmedaillen ausgezeichnet wurden, durften sich ohne Aufnahmeprüfung an allen Hochschulen und Universitäten des Landes immatrikulieren. Während des obligatorischen Aufnahmegesprächs im Rektorat der Universität in Moskau erwies sich Raissa als pflichtbewußte und treue Kämpferin für den Kommunismus.

Das Leben der Eltern ging vorerst noch seinen gewohnten Gang. Erst Anfang der siebziger Jahre zog auch für Schura und Maxim Ruhe in ihr Leben. Der Zug hielt für sie in Krasnodar, einer Stadt nur wenige Kilometer hinter Stawropol. Stawropol, das für die Eltern noch von Bedeutung sein sollte, wenn die Tochter als Frau Raissa Gorbatschowa in ebenjene Stadt einziehen und Jahre später wieder hinausziehen wird. Aber noch hat das Leben für keinen diese Zeichen gesetzt. Noch sind die Schritte zurückzulenken in jenes Jahr, als Raissa nach Moskau ging. »Davonflog wie ein Vögelchen«, sagen die Russen.

Studentenjahre

Am Ende des Studiums im Jahre 1954 entsteht die in vielen Ländern übliche fotografische Abschlußtafel: ein Tableau. 132 Porträtfotos, 22 davon rechteckig, die Lehrer, 110 oval gerahmt, die Studenten. Jüngere und ältere Gesichter, Neugierde und Erfahrungen, Lebenslust und Lebensleid, Aufbruch und Resignation. Geschichte und Geschichten eines ganzen Volkes sind hier auf engem begrenzten Raum enthalten, ein Studentenjahrgang der Philosophischen Fakultät der Moskauer Universität, der 1949 zufällig zusammengewürfelt und nach fünf Jahren, 1954, in das Leben und in die Arbeit entlassen wurde.

Das vierte Foto von links in der untersten Reihe zeigt eine ernst in die Kamera schauende junge Frau, Titarenko R. M. lautet die Unterschrift.

Wochenlange Recherchen liegen hinter mir, bis ich in den Besitz dieses Fotos gekommen bin, Tausende von Flugkilometern, unendlich viele Gespräche. Und immer wenn ich dachte, ich sei am Ziel angekommen, warf mich etwas Unvorhergesehenes an den Anfang meiner Arbeit zurück. Ich brauchte aber dieses Foto, um eines der Rätsel lösen zu können, das mit der Person der First Lady im Kreml verbunden ist. Jede offizielle, aber auch jede inoffizielle biographische Verlautbarung über Raissa Gorbatschowa nennt andere Jahreszahlen über Studienbeginn und Studienende. Vergeßlichkeit spielt dabei sicher eine Rolle, ebenso ungenaue Kenntnis, die aus Prestigegründen nicht zugegeben wird. Auch gezielte Fehlinformationen sind nicht auszuschlie-

1949 · 1954

МОСКОВСКИЙ ордена ЛЕНИНА ГОСУДАРСТВЕННЫЙ УНИВЕРСИТЕТ им. М.В. ЛОМОНОСОВА

ФИЛОСОФСКИЙ ФАКУЛЬТЕТ

ßen. So brauchte ich unwiderlegbare Beweise, wollte ich mich nicht auf Spekulationen einlassen. Die Aussagen eines Biographen müssen auf nachprüfbaren Fakten beruhen. Er muß versuchen, das Wort »wahrscheinlich« aus seinem Vokabular zu streichen. Deshalb steht vor dem Schreiben die Recherche. Die allerdings kann sehr erschwert werden, wenn wie z. B. in diesem Fall Raissa – aus welchen Gründen auch immer – zum Sprechen nicht bereit ist oder ihre Umgebung alles daransetzt, die Nachforschungen zu erschweren.

Ich mußte bei der Suche nach beweiskräftigen Fotos die Erfahrung machen, daß diese fast mit einem Schlage überall dort, wo ich sie vermutete, verschwunden waren. Dieses Phänomen war zunächst nicht erklärbar, bis eine der Beteiligten ihr Schweigen brach: Raissa Maximowna Gorbatschowa hatte, nachdem ihr Mann oberster Kremlchef geworden war, alle Fotos und andere persönlichen Dokumente, die sich außerhalb der engeren Familie befanden, zurückgefordert. So gibt es heute nur noch wenige Menschen, die ihre Berichte über Raissa Maximowna auch mit

Linke Seite: Erinnerungstableau mit allen Dozenten und Studenten des Studienjahrgangs 1949–1954; in der unteren Reihe vierte v. l. Raissa Maximowna Titarenko; rechte Seite ein vergrößerter Bildausschnitt.

27

authentischen Fotos belegen können. Der Legendenbildung ist so Tür und Tor geöffnet, Halbwahrheiten, ja sogar Fälschungen gelangen an die Öffentlichkeit und werden für bare Münze ausgegeben. Das alles erschwert die Arbeit des Chronisten. Aber der Reiz liegt in der Entdeckung, im Aufhellen von Dunklem, im Sammeln von kleinsten Bausteinen, die schließlich über einem stabilen Fundament das Bauwerk ermöglichen. Seriosität und Authentizität werden so zum Anspruch für die eigene Arbeit, zur Verpflichtung dem Leser gegenüber.

Dem aufmerksamen Leser wird ein Faktum nicht entgangen sein: Unter dem Foto aus dem Jahre 1954 wird Raissa Maximowna noch unter ihrem Mädchennamen geführt, obwohl sie zu diesem Zeitpunkt schon ein Jahr verheiratet war und den Namen Gorbatschowa trug. Diese auch mich berührende Frage gab ich an Zeitzeugen und Kenner der Geschichte weiter. Ihre Antworten lassen sich folgendermaßen glaubwürdig zusammenfassen: Es war allgemein üblich, die Studenten auf dem Abschlußfoto mit dem Familiennamen aufzuführen, mit dem sie ihr Studium begonnen hatten. Der Familienname spielte im täglichen Umgang miteinander ohnehin eine untergeordnete Rolle, denn die allgemeine Anredeform bestand nur aus dem Vornamen – häufig in seiner Verkürzung – und dem Vatersnamen. Hinzu kam, daß es in den Jahren, in denen Raissa Maximowna studierte, unter ihren Altersgenossinnen durchaus zur Norm geworden war, möglichst schnell zu heiraten – um den äußerst puritanischen und fast klösterlichen Normen der Studentenwohnheime zu entgehen. Diese Studentenehen dauerten in der Regel nicht sehr lange, denn sie waren doch nicht mehr als die Scheinlegalisierung des natürlichen Wunsches junger Menschen nach sexuellen Beziehungen. Die strengen Gesetze der Stalinzeit ließen sexuelle Kontakte aber nur unter Eheleuten zu. Die Folge dieser studentischen Heiratswilligkeit: eine extrem hohe Scheidungsrate und nicht selten eine ebenso schnelle Wiederverheiratung. Um auch nach Jahren noch zu wissen, mit wem man studiert hatte, wählte man deshalb bei den Abschlußfotos eben den Namen, unter dem das

Studium begonnen worden war. Ob die Ausfertiger des Fotos des Studienjahrgangs 1949 bis 1954 noch nicht so recht an eine Dauerhaftigkeit der Verbindung Raissa und Michail Gorbatschow glauben wollten, ob sie in der zu einer Ehe gewordenen Liebe auch nur das übliche studentische Strohfeuer sahen, war allerdings nicht zu klären. Fest steht aber, daß Raissa zum Zeitpunkt des Studienabschlusses bereits Frau Gorbatschowa war.

Auch an einer sowjetischen Universität bekommt ein Student nichts geschenkt. Leistung ist hier nicht weniger gefordert als an westlichen Bildungseinrichtungen, wenngleich auch noch eine ganze Reihe anderer Kriterien für die Beurteilung eines Studenten mit herangezogen werden, vor allem seine Ergebenheit der Partei und ihrer Führung gegenüber. Will er einen guten Studienabschluß erreichen, dann hat er sich dieser Forderung zu unterwerfen. Das galt besonders in jenen Jahren, als Raissa Maximowna die Seminare und Vorlesungen der Philosophischen Fakultät der Moskauer Universität besuchte. Schon bevor es überhaupt soweit war, daß sie sich einschreiben konnte, hatten Behörden der Partei und des Staates ihre Zuverlässigkeit geprüft, Gutachten und Leumundszeugnisse eingeholt, aufgrund deren sie überhaupt erst in die engere Wahl für ein Studium einbezogen wurde. Die Goldmedaille, die Raissa für ihren Schulabschluß erhalten hatte, war nur die Bahnsteigkarte, die half, den Bahnhof zu betreten. Den Zug, der zum Studium führte, konnte und durfte sie damit noch nicht besteigen. Eine Fahrkarte war dazu vonnöten. Eine solche Karte gab es aber nicht zu kaufen, Zuteilung auch hier wie in so vielen anderen Bereichen des damaligen (wie auch heutigen) Lebens in der Sowjetunion.

Universitäten gab es auch damals schon viele im Lande, in fast allen großen Städten. In der Regel beherrschte das »Territorialprinzip« die Entscheidung über den Studienort. Weite Wege sollten vermieden werden. Die in der Heimatrepublik angesiedelten Hochschulen kamen in erster Linie für das Studium in Betracht.

Eine freie Wahl gab es und gibt es bis heute nicht. So kann der Bescheid, an der Moskauer Universität studieren zu dürfen, nur mit einer der höchsten Auszeichnungen verglichen werden. Wer diese Zulassung erlangte, stand über jeder Kritik, hatte seine unbedingte Treue zu Partei und Staat nachgewiesen.

Allerdings gab es eine Gesellschaftsschicht, für die all die Aufnahmebedingungen nicht galten, die Nomenklatura, die Liste der Parteihierarchie. Hier hatten schon Vater, Mutter oder auch Großeltern mit ihrer politischen und ideologischen Treue für die nachkommenden Generationen die Aufnahmeprüfung Jahre vorher bestanden. Hier galt keines der Zulassungskriterien, denen ein »normal sterblicher« Mensch unterworfen war. Orden und Auszeichnungen zählten, die Funktion in Partei und Staat. All diese Voraussetzungen fehlten der Eisenbahnertochter Raissa Maximowna Titarenko. Ihre Eltern waren zwar nicht weniger fleißig als die zur Nomenklatura gehörenden, ihr Arbeitstag richtete sich auch nicht nach einem tarifvertraglich festgelegten Zeitlimit. Es mußte so lange gearbeitet werden, bis die Tagesnorm erfüllt war. Und das dauerte selten weniger als zwölf Stunden. Auch die Eltern Titarenko stellten der Gesellschaft ihre gesamte Arbeitskraft zur Verfügung. Im Gegensatz zu den Angehörigen der Nomenklatura gab es für sie jedoch keine Bildungsprivilegien. Der von Lenin gegründete Staat der Arbeiter und Bauern hatte zwar mit einer seiner ersten Verordnungen das Recht auf Bildung für alle beschlossen. Der Staat, den Stalin nun verwaltete, nahm es aber mit diesem Beschluß nicht so genau. In dieser theoretisch auf Gleichheitsprinzipien gegründeten Gesellschaft gab es Menschen, die »gleicher« waren als andere.

Raissa Maximowna, der ihre Freundin Lidija Budyka schon von Kindheit an »Leader-Qualitäten« bescheinigt, hatte sich wohl schon während ihrer Schulzeit neben ihren fachlichen Leistungen durch besondere Aktivitäten in der »Kaderschmiede« der Partei, dem kommunistischen Jugendverband Komsomol, ausgezeichnet. Obwohl ihr für diese Zeit eher Schüchternheit als typische Charaktereigenschaft bescheinigt wird, war ihr gesell-

*Studentenwohnheim in der Stromynka
1950 – Raissa r. und ihre Zimmer-
genossinnen: hintere Reihe v. l. n. r. Nina
Mordassowa und Ida Iwanowna
Schulus, vorne v. l. n. r. N. S. Pantina,
Nina Ljakischewa.*

schaftliches Engagement doch so auffällig, daß übergeordnete Behörden sie für würdig einschätzten, ein Studium aufzunehmen. Und das nicht etwa an einer Provinzuniversität, sondern an der besten Hochschule des Landes, der Staatlichen Moskauer Universität M. W. Lomonossow. Dabei ist noch zu berücksichtigen, daß Raissa gegenüber anderen Studienbewerbern mit einem nicht unwesentlichen Nachteil fertig werden mußte: Das unstete Leben, bedingt durch die ständig wechselnden Arbeitsorte des Vaters, die vielen Schulen, die sie deshalb teilweise nur für wenige Monate besuchte, verlangten von ihr stets aufs neue Treuebeweise. Denn mit jedem Schulwechsel mußte sie sich einer neuen Beurteilung unterziehen, die in der Schülerakte festgehalten wurde. Im Gegensatz zu anderen Schülern konnte Raissa sich keine »Pausen« in der gesellschaftlichen Arbeit leisten, denn das hätte unweigerlich zu einer ungünstigen Beurteilung geführt. Und die will erst einmal getilgt sein ...

Moskau 1949. Es ist ein schöner Spätsommerabend. Die siebzehnjährige Raissa Maximowna Titarenko steht mit ihrer geringen Habe auf dem Weißrussischen Bahnhof der Hauptstadt.
Ein junges Mädchen, die Haare zu einem Zopf zusammengebunden, mit einem für sie viel zu schweren Koffer, der doch alles, was für sie von Wert ist, enthält. Die wenigen Kleidungsstücke für Sommer und Winter, Bücher, die liebsten jedenfalls, vielleicht auch schon das eine oder andere Lehrbuch, von dem sie glaubt, daß es unentbehrlich sein könnte. Moskau im Spätsommer zeigt sich noch sehr warm und hat doch schon kalte Nächte. Raissa muß auf alles gefaßt sein.
Vom Ural, wo sie das letzte Jahr ihrer Schulzeit verbrachte, bis Moskau sind es weit über tausend Kilometer. Das ist für eine Eisenbahnertochter keine erschreckende Entfernung und für Sowjetrussen schon gar nicht. Die Größe dieses Landes diktiert andere Maßstäbe, die Nähe oder Weite bemessen. Etwas anderes mag wohl wichtiger gewesen sein: das zurückgelassene Elternhaus und gleichzeitig der unfaßbare Gedanke, nun endlich hier

zu sein, hier in Moskau, von dem sie Monate, vielleicht Jahre schon geträumt hat.

Die Stadt zu sehen, in der sich Wünsche erfüllen sollen, für die Raissa hart gearbeitet hat, für die Prüfungen, Entbehrungen durchstanden wurden, für die Erprobungen, Versprechungen und Sicherheitskontrollen erforderlich waren. Freilich – die Goldmedaille bei Schulabschluß war in gewisser Weise *der* Freischuß gewesen, dennoch wurden vom Jugendverband, dem Komsomol, und anderen Institutionen weitere Befürwortungen gebraucht, um die Delegierung zum Studium nach Moskau zu bewirken.

Tausende von Menschen sind mit ihr angekommen und drängeln nun zum Ausgang. Andere sitzen neben Gepäckstücken auf dem Bahnsteig und warten auf einen Zug, dessen Abfahrt für den Tag angekündigt worden ist. Die genaue Zeit weiß niemand. Die Nachfrage beim Bahnhofspersonal wird wieder und wieder mit »Budet, budet« beantwortet, was soviel heißt wie: »Geduld, Geduld, es wird schon werden.« Die abfahrenden Züge interessieren das junge Mädchen aus dem Altai jedoch nicht. Fassungslos steht sie da, eine solche Menschenmenge hat sie bis zu diesem Zeitpunkt noch nie gesehen. Plötzlich wird sie mitgerissen. Es gelingt ihr gerade noch, Koffer und Pappkarton zu greifen. Nur jetzt nichts verlieren, sagt sie sich immer wieder. Selbst das wenige, was sie mitführt, ist unersetzbar.

Vor dem Bahnhof ein ähnliches Bild: Menschen über Menschen, die auf offenen Lastwagen herangefahren oder weggefahren werden, geglückte oder gescheiterte Versuche, wenigstens noch das Trittbrett eines überladenen Busses zu erreichen. Das Land spuckt Menschen in die Hauptstadt. Wieder und wieder hat Raissa Maximowna während der langen Eisenbahnfahrt den Brief gelesen, in dem ihr mitgeteilt wurde, wo sie sich einzufinden hat. Auswendig kennt sie ihn schon. Doch jetzt auf dem Bahnhofsvorplatz steht sie hilflos. Die Bilder, die sie bisher von Moskau gesehen hat, stimmen mit der Wirklichkeit, die sie nun erlebt, so gar nicht überein. Wo sind die großen hellen Häuser, die Metro, wo sind die fröhlichen Menschen, deren Gesichter immer wieder die Titelbilder der Zeitungen und Zeitschriften schmücken? Wo ist der Rote Platz, der Kreml mit dem Tag und Nacht erleuchteten Fenster des großen und weisen Genossen Stalin? Hier stehen nur halbverfallene Häuser, so weit sie sehen kann, außerdem schmerzliche Erinnerungen an den Krieg, Ruinen, Bombenkrater, Kriegsversehrte. Erst allmählich beginnt sie zu begreifen, daß Moskau mehr ist als nur die Perspektive, die sich ihr vom Bahnhofsvorplatz aus bietet, daß die Größe und Weite der Stadt von hier aus nicht zu erfassen ist, daß sie sich nun erstmals in ihrem Leben in einer Großstadt aufhält.

Moskau ist fremd und heftig. Moskaus Straßen sind überflutet von Menschen. Moskau könnte ihr Angst gemacht haben in seiner trotzigen Fremdheit und in seiner wuchtigen Schönheit. Doch mehr wird sie wohl das Glück der Ankunft, die Spannung des Erwartenden beherrscht haben und die Lust zu leben – in diesem Moskau mit seinem Roten Platz, dem Kreml, dem legendären Kaufhaus GUM, dem kleinen toten Lenin im Mausoleum und der Größe seines Denkens in den Werken, die in der Leninbibliothek stehen.

Dennoch wird es noch mehrere Wochen und Monate dauern, bis sie eine kleine Vorstellung davon hat, was es heißt, in Moskau zu leben, in der Stadt, die die meisten Sowjetbürger für die einzige »Stadt« des Landes überhaupt halten. Schließlich arbeitete das ganze Land für die Schönheit der Metropole. Hier war die Versorgung besser als in allen anderen Landesteilen. Im Stadtzentrum gab es Lebensmittel zu kaufen, die Raissa Maximowna bisher noch nicht einmal dem Namen nach kannte, Kaviar, Schinkenkeulen, Krabben, gesalzene und gedörrte Fischrücken . . . Die Preise waren jedoch so hoch, daß vor allem Studenten, aber auch vielen anderen Teilen der Bevölkerung nichts anderes übrigblieb, als sich an den Schaufenstern der Delikatessenläden die Nasen platt zu drücken. Unter den Studenten war in jenen Jahren ein »Spiel« verbreitet: »Gehen wir in die Stadt, um uns satt zu sehen.«

Die Anlaufadresse, die Raissa Maximowna Titarenko bei ihrer Ankunft in Moskau in der Manteltasche trug, die sie sich auf der langen Eisenbahnfahrt immer wieder aufgesagt hatte, lautete »Stromynkastraße« im nordöstlichen Stadtteil Sokolniki. Hier befand sich das Wohnheim der Moskauer Hochschuleinrichtungen. Das Gebäude diente unter Zar Peter I. im 17. Jahrhundert als Kaserne für das Preobraschensker Kavallerieregiment. Nach der Revolution 1917 stockte man es auf. Das war vermutlich die

1. Studienjahr 1949 – Raissa und ihre Kommilitoninnen: zweite Reihe Mitte Raissa, rechts daneben Nina Ljakischewa, vorne links Ida Iwanowna Schulus.

letzte bauliche Veränderung, die an diesem Gebäude vorgenommen worden war. Die Kriegsschäden hielten sich jedoch offensichtlich in Grenzen, so daß bei Wiederaufnahme des Studienbetriebes nach dem Kriege hier die Kasernierung der Studenten erfolgen konnte.

Die Bedingungen in diesem Wohnheim waren äußerst primitiv. Mehr als 10000 Menschen lebten hier, in einem Zimmer sieben bis fünfzehn. Die Etagen trennten die Geschlechter, und die Kontrollen waren streng. Die Studenten und Studentinnen mußten sehr erfindungsreich sein, wenn sie zueinander wollten. Da gab es Klopfzeichen, die zum Besuch riefen, und ausgeklügelte Reinigungspläne für die Zimmer, die Verliebten wenigstens für kurze Zeit eine Zweisamkeit gewährten. Es mußten ja nicht nur Kontrolleure getäuscht werden, sondern etwa zehn Zimmergenossen mußten »auf Besuch« in einen anderen Raum geschickt werden. Auf jeder Etage befand sich eine Gemeinschaftstoilette mit Waschbecken sowie eine primitive Kochgelegenheit. Wer seinem Bedürfnis nach mehr Reinlichkeit nachkommen wollte, mußte ein öffentliches Badehaus aufsuchen. Aber das kostete wieder einige Kopeken und Rubel, die erst aufgebracht werden mußten. Die Zimmer waren militärisch-spartanisch eingerichtet. Betten, ein Tisch und Stühle nicht einmal für jeden, Schränke fehlten überhaupt, aber in jedem Zimmer wachten die Augen Lenins über den Studenten in Form eines Porträts an der kahlen Wand. Raissas Zimmer beherbergte zwölf Mädchen. Der Raum zeigte sich in einem einer alten Kaserne angemessenen »Luxus«. Das heißt: zwölf Betten, dazu einige Nachttische, ein viel zu kleiner Schrank, in den längst nicht alles hineinpaßte, so daß die Koffer unterm Bett nie ihre Funktion als Aufbewahrung aller Dinge des Lebens verloren. Ein Tisch, an dem alle einen Platz finden mußten, vermutlich nie zu gleicher Zeit, Stühle, die nie ausreichten. Die Wände trugen ein blaues Paneel, und die Fenster, ohne Gardinen und Vorhänge, ließen im Winter die Kälte durch, und im Sommer verdoppelte die Enge des Zimmers die sommerlichen Temperaturen.

Eine ehemalige Studienkollegin von Raissa, Ida Iwanowna Schulus Rarizkaja, Doktor der Geschichtswissenschaft in Wladimir, erzählt: »Ich habe mit Raissa an der Philosophischen Fakultät studiert, und zwar von 1949 bis 1954. Ich war in der Gruppe der Philosophen und sie in der der Psychologen. Wir lebten im Wohnheim in der Stromynka, einer ehemaligen Kaserne, im Zimmer 392. Hier wohnten anfangs zwölf Studentinnen zusammen. Sie werden verstehen, daß es da ziemlich eng zuging. Der Zimmerboden war zementiert, ohne Dielen oder Teppiche natürlich. Wenn wir wischten, dauerte es drei Tage, bis der Boden trocknete. Jede von uns kam mit dem Putzen an die Reihe.

Obwohl die Wohnbedingungen in unserem Studentenheim sehr beengt waren, lebten wir sehr einträchtig miteinander. Nach dem ersten Studienjahr wohnten wir zu sieben in einem Zimmer, später zu sechst und schließlich zu viert – Raissa, Nina Ljakischewa-Terechowa, Chalida Sijautdinowa und ich. Mittags aßen wir in der Kantine der Fakultät. Besondere Feinschmecker waren wir nicht. Aber wir hatten eben etwas Warmes im Magen. Abends kochten wir für alle eine Kasserolle Kartoffeln. Raissas Eltern schickten uns Päckchen mit Lebensmitteln. Ich erinnere mich, daß Raissa und Chalida besonders oft Honig erhielten. Was wir geschickt bekamen, teilten wir untereinander auf. Richtig gehungert haben wir eigentlich nicht. Durchschnittlich bekamen wir dreißig Rubel Stipendium. Das war nicht gerade viel. Doch manche Eltern schickten neben den Lebensmittelpäckchen auch noch ein paar Rubel Zuschuß. Unsere Kommilitonin Dunetschka hatte niemanden, der sie unterstützen konnte. Wir legten deshalb regelmäßig Geld zusammen und halfen ihr auf diese Art und Weise. Nationale Probleme gab es bei uns nicht. Wir lebten in völliger Eintracht miteinander, eine Armenierin, eine Aserbaidschanerin, eine Usbekin.«

Die jungen Menschen, die hier gemeinsam in einem Zimmer lebten, waren bunt zusammengewürfelt. Sie kamen aus allen Teilen der Sowjetunion, manche auch aus den »befreundeten«

Ländern des Ostblocks, und einige wenige waren von westlichen kommunistischen Parteien zum Studium in die große Kaderschmiede, in die Hauptstadt der »wahren Lehre«, geschickt worden. Wer mit wem in einem Zimmer wohnte, unterlag dem Zufall oder nicht nachvollziehbaren Einweisungskriterien der Wohnheimleitung. Verbunden waren die Zimmergenossen nur dadurch, daß sie an einer Fakultät studierten. Die komplizierte wirtschaftliche Situation der Studenten – das Stipendium, das sie bekamen, reichte kaum für das Notwendigste – ließ sehr schnell eine Solidaritätsgemeinschaft entstehen. Sie wirtschafteten gemeinsam, jeden Tag war ein anderer an der Reihe, sich um den Einkauf und die Zubereitung der Speisen zu kümmern. Opulentes kam selten auf den Tisch, meist Kartoffeln mit Quark oder Dörrfisch als Beilage. Mittagessen gab es für alle Studenten in der Fakultätsmensa. Was es da im einzelnen gab, war weniger wichtig. Eine warme Speise war es – meistens jedenfalls –, zubereitet aus Hirse oder Buchweizen. Wem es gelang, die Grundsubstanz des Tages herauszufinden, der heimste sich das Prädikat eines Feinschmeckers ein.

Die Fakultät befand sich zur damaligen Zeit mitten in der Stadt in ehemaligen Gebäuden des Zaren. Die Lehrveranstaltungen dauerten von acht Uhr morgens bis fünf Uhr nachmittags, und das an sechs Tagen in der Woche. Spätestens um sieben Uhr mußten die Studenten das Wohnheim in der Stromynka verlassen: Nach einem kurzen Fußweg erreichten sie die Metro, mit der sie dann in das Stadtzentrum fuhren.

Nur wenige Schritte von der Fakultät entfernt befand sich die Universitätsbibliothek, in deren großen runden, mit Marmorböden ausgelegten Sälen die Studenten viele Stunden verbrachten. Zum Studieren brauchte niemand überredet zu werden. Das Studium galt als Ehre und Verpflichtung. Hier wurden Auszüge aus wissenschaftlichen Büchern angefertigt, Seminarreferate geschrieben, Examina vorbereitet. Die Enge des Wohnheims ließ konzentriertes Arbeiten nicht zu, also arbeiteten die Studenten vor allem in der Bibliothek. Der Besuch aller Lehrveranstaltungen war obligatorisch, unentschuldigtes Fehlen zog disziplinarische Maßnahmen nach sich, deren Spanne von einer Verwarnung über den Entzug des Stipendiums bis zum endgültigen Ausschluß vom Studium reichte.

Ida Iwanowna Schulus berichtet über das gemeinsame Studium: »Raissa bekam von Anfang an ein höheres Stipendium als wir anderen aufgrund der Goldmedaille, die sie für ihre hervorragenden schulischen Leistungen erhalten hatte. Auf ihren früher

»Zur Erinnerung an unser Zimmer 436 im März 1952«, vorne links Ida Iwanowna Schulus, dritte v. l. Raissa, daneben ihre Freundin Nina Ljakischewa.

erworbenen Lorbeeren ruhte sie sich aber nicht aus. Äußerst zielstrebig betrieb sie ihr Studium. Wir waren damals noch sehr jung, gerade achtzehn Jahre alt, aber wir waren keine Kinder mehr. Wir wußten, daß wir eine Aufgabe, das Studium, zu erfüllen hatten. Und das taten wir gründlich. Von unserem Wohnzimmer hatte ich ja schon kurz gesprochen. Da konnte man ganz einfach nicht arbeiten, zwölf Mädchen auf engem Raum zusammen . . . Dorthin kamen wir eigentlich nur zum Schlafen. Auf die Lehrveranstaltungen bereiteten wir uns in den Lesesälen der Universitätsbibliothek in der Machowajastraße vor. Um dort einen Platz zu bekommen, mußte man aber sehr zeitig aufstehen, um bei der Öffnung des Saales um sieben Uhr schon dort zu sein. Ich hielt oft einen Platz für Raissa frei, manchmal auch sie für mich. Obwohl wir alle nicht faul waren, Raissa war immer noch ein bißchen gewissenhafter. Wir alle waren Kinder einfacher Eltern, die über kaum mehr als die Grundschulausbildung verfügten. Wir wollten gebildeter sein als sie, wir wollten die Chance nutzen, die sich uns bot. Wir alle kamen mit dem guten Gefühl von Ehrgeiz aus allen Landesteilen, um die Hauptstadt zu erobern.

Auf die Seminare bereiteten wir uns gemeinsam vor. Die Studenten, die am besten zum Thema Bescheid wußten, hörten alle anderen ab. Zu unserer Studiengruppe gehörten auch ehemalige Soldaten und Offiziere der Roten Armee, die im Großen Vaterländischen Krieg an der Front gekämpft hatten. Sie waren nun demobilisiert und bereiteten sich auf ein ziviles Leben vor. Sie waren natürlich älter als wir und verhielten sich uns gegenüber meist sehr herablassend. Aus unserem Hörsaal, in dem natürlich eine große Stalinbüste stand, konnten wir auf den Kreml gucken. Als Stalin starb, weinten alle Studenten, auch Raissa. Wir, Raissa und die anderen Zimmergenossinnen, standen zwei Tage im Dom Sojusow (Haus der Gewerkschaft, wo Stalins Leiche aufgebahrt war). Raissa hat sich damals sehr erkältet. An diesen Tagen ruhte auch der Studienbetrieb.«

Selbstverständlich bestimmten nicht nur Studium und Versammlungen das Leben der sowjetischen Studenten der damaligen Jahre. Sie, die sie fast alle aus allen Teilen des großen Landes nach Moskau gekommen waren, genossen das Großstadtleben mit den Vorteilen, die nun einmal damit verbunden waren. Natürlich, auch in Moskau herrschte an allen Ecken und Enden Mangel, den Menschen mit wenig Geld – und dazu zählen nun einmal auch Studenten – täglich erfahren mußten. Aber die Metropole bot viel eher als andere Städte eine Nahrung, die den leeren Magen überdeckte: die Kultur. Obwohl Raissa Maximowna zu den Studenten gehörte, die sich mit besonderem Fleiß auf die Lehrveranstaltungen vorbereiteten, blieb ihr noch genügend Zeit für Entdeckungen in der neuen, unbekannten Stadt. Inzwischen hatte sie nämlich begriffen, daß Moskau mehr war, als die Ankunftsperspektive vor dem anonymen, überfüllten Weißrussischen Bahnhof erahnen ließ. Sie tauchte ein in das Leben der Großstadt, lernte ein Theater nach dem anderen kennen, besuchte Konzerte und Ausstellungen. Ihr Erfahrungshorizont begann sich zu erweitern.

Das kulturelle Leben der Stadt wurde zu einer festen Lebensschiene in Raissas Leben und dem ihrer Kommilitoninnen. Man muß bedenken, daß viele der Studenten hier zum erstenmal eine Oper hörten, ein Ballett sahen. Die Uljanowa, die weltberühmte Primaballerina Rußlands, tanzte damals im Bolschoi-Theater. Ihr sterbender Schwan ging um den Erdball, *sie* hat ihn kreiert. Die Studenten tauchten förmlich ein in den Strudel des wie auch immer gestalteten Literaturlebens, stritten über Autoren, tauschten Bücher aus, oft auch heimlich und untereinander. Dazu ergänzt Ida Iwanowna Schulus: »In Moskau besuchten wir unsere erste Oper, und gleich erlebten wir das höchste Niveau, das es damals in der Sowjetunion gab. Was wir alles gesehen haben? Die Antwort ist einfach, Raissa und ich sahen praktisch das ganze Repertoire des Bolschoi-Theaters. Wir hörten die berühmtesten Sänger des Landes, sahen die brillantesten Ballettänzer. Wir besuchten aber auch die Sprechbühnen Moskaus, wo wir damals die sensationellsten Inszenierungen zu sehen glaubten. Über den Universitätsklub erwarben wir uns Abonnements für alle Kulturveranstaltungen der Stadt. Der Andrang danach war gewaltig. Auf normalen Wegen, an einer Theaterkasse, gab es ganz selten Karten, die Nachfrage war einfach zu groß. Aber ein- bis zweimal wöchentlich schafften wir es doch, ins Theater, in die Oper oder in ein Konzert zu gehen. Auch Tanzen stand bei uns hoch im Kurs, vor allem Tango hatte es uns angetan. Mir fällt immer wieder dabei die alte Melodie ›Jalousie‹ ein, einer unser Lieblingstangos. Überhaupt sang Raissa gern und viel. Sie summte immer irgendeine Melodie.«

Der Verband der Komsomolzen organisierte oft Tanzabende, und auf Studentenbällen stand das junge Mädchen aus dem Altai mit ihrem ernsten und doch unbekümmerten Wesen und ihrem dichten Haar, das sie zu einem Zopf geflochten oder am Kopf hochgesteckt trug, immer wieder im Blickpunkt ihrer männlichen Mitstudenten. Sie gehörte zu den Mädchen, von denen ein russisches Sprichwort behauptet, daß sie sich die Seele aus dem Leib tanzen. Lebenslustig waren sie alle, die Jugendlichen der ersten sowjetischen Nachkriegsgeneration. Eile bestimmte ihr Tun, als müßten sie nachholen, was der Krieg ihnen und ihren Eltern versagt, geraubt hatte. Zur Gründung eines studentischen Theaterzirkels brauchte man in der Komsomolversammlung keinen Beschluß »herbeizuführen«. Sie hatten das unbändige Bedürfnis, sich selbst darzustellen und dabei die Auseinandersetzung mit der Realität zu führen.

Lassen wir noch einmal Ida Iwanowna Schulus zu Wort kommen. Heute arbeitet sie als Professorin für Marxismus/Leninismus am Technischen Institut in Wladimir. Für unser Gespräch hat sie ein paar Fotos aus der Studienzeit herausgesucht: »Wir lebten fröhlich. Gern erinnere ich mich noch an das Neujahrsfest im ersten Studienjahr. Wir trugen alle Betten hinaus und rückten den Tisch in die Mitte des Zimmers. Raissa trug an diesem Tag ein weißes Kleid. Hier auf diesem Foto sehen Sie uns alle. Im Vordergrund hier ist Witja Gorljanski zu sehen, der mit den Stiefeln.

Heute ist er Inhaber des Lehrstuhls für Philosophie am Konservatorium der Stadt Gorki. Neben Raissa Lija Russinowa, die Ehefrau des bekannten Philosophen Juri Lewada. Der sitzt in der oberen Reihe ganz rechts. Lija arbeitete in Smolensk und kam dann bei einem Autounfall ums Leben. Hier sind auch noch weitere Freundinnen von Raissa, Ida Solowjowa und die kleine hagere Leila Grigorjan, zu sehen. In der zweiten Reihe von links

1950 – Neujahrsfeier im Studentenwohnheim in der Stromynka im Zimmer 392: erste Reihe zweite v. l. Raissa, zweite Reihe v. r. Nina Mordassowa und Ida Iwanowna Schulus.

nach rechts: Slawa Kalinin, er arbeitet jetzt bei der Nachrichten-
agentur APN; Leonid Tschebotarew, er starb an Krebs; und der
Usbeke Chamrakul Meltykbajew, der heute als Dozent tätig ist.
Er war zehn Jahre älter als wir anderen. Als er an die Universität kam, hatte er bereits einige Jahre als Kolchosvorsit-
zender gearbeitet. Der hier, das ist ein gewisser Wronski, wir
nannten ihn ›Planeta‹, er erschien urplötzlich an unserem Horizont und verschwand dann ebenso unerwartet. Zu unserer Gruppe gehörten eigentlich auch noch Nina Mordassowa und Mirab
Mamardaschwili.
Sie können sich vorstellen, wir lebten sehr ausgelassen. Neujahr,
das war ein guter Anlaß, gemeinsam zu essen, sich hinzusetzen
und zu reden. Untereinander hatten wir keine Probleme. Raissa
hat sich mir folgendermaßen eingeprägt: in einem langen weißen Kleid, auf hohen Absätzen, mit einer Wespentaille und
einem zum Kranz gewundenen Zopf. Verehrer hatte sie mehr als
genug. Obwohl die Philosophinnen auch alle klug und sympa-
thisch waren, die Jungen fanden immer mehr Gefallen an den
Psychologinnen. Warum das so war? Ich weiß es nicht mehr.
Vielleicht haben die Psychologinnen nicht soviel geredet.
Warten Sie mal, zu Raissa fällt mir noch etwas ein. Im ersten
Studienjahr hatte sie ihre langen Zöpfe zu einem Kranz geflochten. Dann aber schnitt sie sich die Haare ab und ließ sie wellen.
1951 bestellten sie und Nina in einem Schneideratelier unweit
des Wohnheims in der Preobraschenkastraße dunkelblaue Män-
tel. Der Kragen von Raissas Mantel war noch durch ein Persia-
nerkrägelchen geziert. Ich mußte noch ein Jahr länger warten,
bis ich mir einen Mantel anfertigen lassen konnte. Bis dahin trug
ich den Mantel meiner Mutter, mit dem ich schon 1949 nach
Moskau gekommen war. Raissa kümmerte sich übrigens sehr
viel um ihre Freundin Nina, die vor dem Studium in einem
Kinderheim lebte. Ihre einzige Verwandte, eine Tante, arbeitete
in der sowjetischen Botschaft in Amerika. Erst als sie wieder in
der Heimat war, konnte sie ihre Nichte auch unterstützen.
Ich erinnere mich auch noch gut daran, daß sich Raissa sehr um

ihre Geschwister kümmerte, um den Bruder Schenja und die etliche Jahre jüngere Ljudotschka. Sie studierte dann später wohl Medizin an der Moskauer Universität, und Schenja besuchte eine Militärschule.

Einmal in all den Jahren besuchten die Eltern Raissa. Sie schliefen in demselben Zimmer wie ihre Tochter in der Stromynka, das die Zimmergenossinnen bereitwillig geräumt hatten, indem sie kurzfristig umsiedelten. Gemeinsam kochten alle Freundinnen

1950 – »Wir Zimmergenossinnen können kein Wässerchen trüben«: erste Reihe v. l. Nina Ljakischewa, zweite v. r. Raissa, rechts daneben Siran Arut, zweite Reihe v. l. Ida Iwanowna Schulus, Chalida Sijautdinowa.

von Raissa für die Eltern. Es wurde niemand ausgeschlossen. Es war so wie eine Großfamilie. Die Kommilitoninnen sahen ihre eigenen Eltern so gut wie nie, und so waren sie dann dankbar und glücklich, ihre kleinen Probleme mit den ›Ersatzeltern‹ besprechen zu dürfen. Die Stimmung war sehr gut, da der Vater von Raissa sehr gesellig war. Raissas Mutter nähte hier und da einen Knopf an oder besserte Kleidungsstücke aus. Wer hätte auch gedacht, daß Raissas Leben einmal von so großem Interesse sein würde.

Unter uns Mädchen war es üblich, die Kleidung untereinander auszutauschen. Wenn jemand von uns eine Verabredung mit einem Jungen hatte, dann stellte jede von uns ihr bestes Kleidungsstück zur Verfügung. Schließlich war eine Verabredung ja eine wichtige Angelegenheit. Und da mußte man auch besonders schön sein. Die Jungen hatten ja eine große Auswahl.

Raissa fand immer wieder etwas Neues, womit sie sich in der knappen Freizeit beschäftigte. Gemeinsam mit Nina besuchte sie einen Kurs für künstlerische Gymnastik, die damals gerade in Mode kam. Nina hatte damals einige Probleme mit ihrem Gewicht, nun ja, sie wurde eben dicker und mußte schließlich aufhören, Raissa machte aber weiter, wie ich weiß. Raissa war in der Freundschaft mit ihren Kommilitoninnen führend, ›mit schneller Reaktion und scharfsinnig‹.

1953 zogen wir in das neue Gebäude der Universität in den Leninbergen um. Ich glaube, daß wir sogar die ersten waren, die dorthin kamen. Wir beluden Lastwagen mit unseren Siebensachen und fuhren glücklich und fröhlich durch die ganze Stadt. Das neue Universitätsgebäude und das neue Wohnheim, das war ganz einfach ein Paradies. In der Mensa gab es sogar Tischdecken und Kellner ... Als noch an den Gebäuden der neuen Universität gebaut wurde, arbeiteten alle Studenten der Philosophischen Fakultät dort als Agitatoren. Wir gingen zu den Arbeitern – sie waren alle erst kurz davor aus Lagern entlassen worden – und diskutierten mit ihnen und schulten sie in politischen Fragen. Jede Woche legten wir ihnen politische

Informationen vor. Sie hatten aber meist keine Lust, mit uns zu diskutieren. Und wenn sie doch einmal etwas über die Lager erzählten, dann konnten wir das alles ganz einfach nicht glauben. Ja, nicht wenige von uns vertraten die Meinung, wer so schlimme Dinge über unseren Staat verbreitet, gehört zu Recht in ein Lager ...

Nach 1954 traf ich Raissa kein einziges Mal mehr. Von Nina weiß ich übrigens, daß sie ihre Beziehungen zu den Gorbatschows nie

Moskau 1951 – soziales Engagement für ein Kinderheim: Raissa im Hintergrund, vierte v. r., besucht mit Kommilitonen das Kinderheim, in dem Nina Ljakischewa, dritte v. l., aufgewachsen ist.

abgebrochen hat. Häufig war sie in Stawropol zu Gast, und auch jetzt trifft sie sich noch oft mit Raissa.

Was soll ich Ihnen noch über Raissa erzählen? Ich glaube, daß ich schon alles gesagt habe. Sie war offen, sang gern und viel. Immer summte sie irgendeine Melodie. Ich habe sie strahlend, stets guter Laune und lebenslustig in Erinnerung, eine junge Frau, die sich mit Geschmack zu kleiden verstand.«

Auch Walentin Sidorow, ein weiterer Kommilitone von Raissa Maximowna, heute Schriftsteller, der sich mit der indischen Philosophie auseinandersetzt, weit über die Grenzen der Sowjetunion hinaus bekannt, kann sich noch sehr gut an die gemeinsamen Studienjahre von 1949 bis 1954 erinnern. Während er sich auf das Studium der Philosophie spezialisierte, besuchte Raissa Maximowna die zweite Abteilung der Philosophischen Fakultät, die Psychologie. Sie begegneten sich so zwar nicht in allen Lehrveranstaltungen, dafür aber täglich im Wohnheim in der Stromynka, wo beide ihre Zimmer hatten. Besonders gern erinnert sich Sidorow an den Tag, an dem ihn seine Mutter einmal in den Ferien überraschend besuchte. Hotelzimmer gab es nicht, und in seinem Zimmer durfte er seine Mutter nicht beherbergen. Für Walentin Sidorow blieb nur die Möglichkeit, seiner Mutter klarzumachen, daß sie noch am selben Abend die Rückreise wieder antreten müsse. In dieser Situation half Raissa ganz unkompliziert aus. Sie räumte ihr Bett, zog in ein anderes Zimmer, und Sidorows Mutter hatte eine Schlafgelegenheit.

Überhaupt war Raissa Maximowna für Sidorow so manches Mal Retterin in der Not. Da sie zu den besten Studentinnen des Studienjahres gehörte, alle Examen mit sehr guten Noten abschloß, erhielt sie zu ihrem ohnehin erhöhten Stipendium, das sie von Anfang an für ihren Schulabschluß mit einer Goldmedaille bekam, außerdem noch jeden Monat ein Leistungsstipendium, sie verfügte also über mehr Geld als die meisten ihrer Kommilitonen. Sidorow borgte sich regelmäßig zum Monatsende bei Raissa Maximowna etwas Geld, weil seine Mittel nicht ausreichten.

Beide verband auch die Liebe zur klassischen Musik, und lange Gespräche führten sie über die Werke Dostojewskis.

Unauslöschlich in Walentin Sidorows Erinnerungen ist noch jener Juniabend im Jahre 1954, an dem ihr Studienjahrgang die Diplomzeugnisse ausgehändigt bekommen hatte. Ausgelassen seien sie durch die Moskauer Straßen gezogen, die ganze Nacht hindurch. Ein jeder hielt eine Kerze in der Hand. Das sollte aber auch für lange Zeit die letzte Begegnung mit Raissa Maximowna gewesen sein. An den jährlichen Absol   ententreffen in den Moskauer Hotels »Moskwa« oder »National« beteiligte sich die ehemalige Kommilitonin nie. Vielleicht war der Weg von Stawropol bis Moskau zu weit, vielleicht gab es aber auch andere »persönliche« Gründe für ihr Fernbleiben. Wer weiß?

Das längst fällige Wiedersehen fand erst 1986 auf dem sowjetischen Schriftstellerkongreß in Moskau statt, wohin Raissa Maximowna ihren Mann Michail Gorbatschow begleitet hatte. Sie erkannte ihren ehemaligen Studienkollegen sofort, ging auf ihn zu, und im Gespräch wurde die gemeinsame Zeit wieder lebendig. »Wir haben sofort über unsere Studienzeit gesprochen, es war genau wie damals, nur daß ich mir heute keine Rubelchen mehr zu pumpen brauche«, erzählt Sidorow.

Obwohl es bis zu diesem Wiedersehen 32 Jahre gedauert hatte, die literaturinteressierte Raissa Maximowna verfolgte über all die Jahre die Entwicklung ihres Schriftstellerfreundes. Seine Bücher stehen nicht nur in ihrem Bücherregal, sie hat sie auch alle gelesen.

Nur fröhlich und unbeschwert verlief die Studienzeit von Raissa Maximowna Titarenko jedoch durchaus nicht. Tangotanzen, Theater- und Konzertbesuche, alle möglichen Freizeitvergnügen gehörten zwar dazu. Aber alles vollzog sich vor einem mehr als düsteren Hintergrund, der auch das wissenschaftliche Leben bestimmte. Das Aufflackern auch nur geringster Anzeichen schöpferischen Denkens wurde von Stalin und der Partei verfolgt und brutal unterdrückt. Wer der Abweichung von der offiziellen

Lehre bezichtigt wurde, mußte damit rechnen, ausgeschaltet zu werden, ihm drohte ein langsamer Tod in einem Lager des GULAG oder die sofortige Hinrichtung.

Besonders katastrophale Auswirkungen hatte der starre marxistische Dogmatismus der Stalin-Ära auf die Philosophie. Es war verboten, sich mit westlichen Philosophen (zum Beispiel Hegel, Kant) zu beschäftigen. Lidija Budyka erzählte, daß Raissa »heimlich« mit Begeisterung Hegel und Kant studiert habe. Philosophiegeschichte wurde auf eine einzige Formel reduziert, auf den Kampf zwischen Materialismus und Idealismus. Dabei bedeutete Materialismus immer das Vorwärtstreibende, das Progressive, Idealismus dagegen Rückschritt und Reaktion. Marx, Engels, Lenin und Stalin hießen die Kultfiguren in den Gesellschaftswissenschaften, sie wurden zu den größten Philosophen, Historikern, Juristen, Sprachwissenschaftlern und zu Heroen weiterer Gebiete erklärt.

Die Philosophie wurde in ihrer Entwicklung um einige Jahrhunderte zurückgeworfen. Sie hörte auf, die uns umgebende Welt zu beschreiben und zu erklären. Ihre neu zugewiesene Aufgabe bestand darin, das Dasein zu rechtfertigen, sie wurde zur »Wissenschaft der Wissenschaften«. Stalin selbst brachte diesen Prozeß mit seinen beiden Schriften »Der Marxismus und die Fragen der Sprachwissenschaft« und »Die ökonomischen Probleme des Sozialismus in der UdSSR« in Gang. Sie wurden über Jahre zum Maßstab des philosophischen Denkens mehrerer Generationen von Wissenschaftlern in allen Ostblockländern. Nach ihnen mußten sich ganze Zweige der Gesellschaftswissenschaften neu formieren, wobei sie deformierten und degenerierten. Viele Wissenschaftler, die in früheren Jahren internationales Ansehen erlangt hatten, fanden nur mit großer Mühe eine Anstellung als Straßenfeger oder Hilfsarbeiter. Nicht wenige litten unter physischen und psychischen Repressionen.

Die starre ideologische Atmosphäre mußte natürlich auch Spuren bei der Formierung der Weltanschauung und des sozialen Verhaltens der studentischen Jugend hinterlassen. Angesichts

1951 – vor dem Kinderheim in Moskau:
Raissa Titarenko (vorne) und
Nina Ljakischewa – zwei Freundinnen.

der harten Unterdrückung freien Denkens bestimmten offener Konformismus oder verdeckte Negation weitgehend das soziale Verhalten. In den Vorlesungen und Seminaren wurden alle philosophischen Probleme durch das Prisma Stalinscher Arbeiten zum Klassenstandpunkt und zur Parteilichkeit betrachtet. Die akademischen Lehrer propagierten einen philosophisch verbrämten Stalinismus so, daß ihn die Studenten als die größte Weisheit der Gegenwart empfinden mußten. Das alles konnte natürlich auch an Raissa Maximowna nicht spurlos vorbeigehen. Wie ihre Mitstudenten drückte sie ihre Begeisterung über die Genialität Stalins aus, glaubte unbeirrt an den nahen Sieg des Kommunismus, lernte eifrig Zitate aus den Werken der Klassiker der kommunistischen Lehre und entwickelte auf deren Grundlage verschiedene theoretische Schemata. Ihr Fleiß und ihr Geschick dabei verhalfen ihr stets zu guten Noten und günstigen Beurteilungen.

Dieser in jenen Jahren vorherrschende Geist der Ignoranz, des Dogmatismus und des wissenschaftlichen Dilettantismus produzierte aber auch einen – wenn auch unbewußten – Protest und permanente Zweifel. Die Schizophrenie zwischen Offensichtlichem und Geheimem, Bewußtem und Unbewußtem war sowohl den Studenten wie auch den Lehrkräften eigen. Mehr oder weniger erschwerend kam noch hinzu, daß die Qualität der Professoren und Dozenten äußerst ungleichmäßig war. Neben herausragenden wissenschaftlichen Kapazitäten bestimmten nicht wenige Ignoranten und Dilettanten den Lehrbetrieb. Der Dekan der Philosophischen Fakultät, Professor Molodzow, lehrte den »Dialektischen Materialismus« treu nach dem dogmatischen Stalinschen Schema. Ein ehemaliger Aufseher in Straflagern für minderjährige Verbrecher, Kositschew, hatte sich zum Wächter über den »Wissenschaftlichen Kommunismus« erhoben. Und die Lektionen über die Geschichte der Philosophie, die M. T. Joftschuk hielt, basierten auf der Behauptung, daß die sowjetische Philosophie allen anderen philosophischen Lehren überlegen sei.

Zu den Studenten, mit denen Raissa Maximowna befreundet

war, zählten N. B. Bikkenin, N. I. Lapin und I. Morosowa. Gemeinsam mit ihr an der Fakultät studierten auch N. Naumowa und A. Sinowjew. Bikkenins und Lapins Fleiß waren außergewöhnlich, aber sie zeichneten sich auch durch ihr parteikonformes Verhalten aus. Obwohl Raissa Maximowna nachgesagt wird, daß sie zu allen Studenten der Fakultät ein gutes Verhältnis gehabt habe, fühlte sie sich besonders Lapin und Bikkenin verbunden. Viele Freundschaften ließ sie nach dem Studium einschlafen, mit diesen beiden dagegen hat sie noch heute regelmäßigen Kontakt.

Nikolai Iwanowitsch Lapin, Jahrgang 1932, arbeitete nach Beendigung seines Studiums an der Moskauer Universität zunächst für die philosophische Fachzeitschrift »Woprossy Filosofii« als wissenschaftlicher Redakteur und wechselte dann in die Abteilung für soziologische Forschungen des Philosophischen Instituts der Akademie der Wissenschaften. Differenzen mit dem Direktor des Instituts führten aber bald dazu, daß er viele Jahre lang an einem mehr oder weniger unbedeutenden Akademieinstitut seinen Dienst ableisten mußte. Lapins eigentlicher Aufstieg begann erst nach der Wahl Gorbatschows zum Generalsekretär der KPdSU. Obwohl Lapin keine andere wissenschaftliche Veröffentlichung als eine dünne Broschüre vorweisen konnte, eine Monographie über den jungen Marx, in der er sich mit unbedeutenden philosophischen Problemen beschäftigt hatte, wurde er völlig unerwartet zum Direktor des Philosophischen Institus der Akademie der Wissenschaften ernannt. Aber so schnell und unverhofft sein Aufstieg auch kam – ebenso schnell wurde er auch wieder beendet. Ausgerechnet ein anderer Vertrauter des Kremlchefs, der Berater für Wissenschaft und Kultur, Iwan Timofejewitsch Frolow, der seit Herbst 1989 zum Chefredakteur der größten russischen Tageszeitung, des Parteiorgans »Prawda«, aufgestiegen ist, löste Lapin ab.

Nail Barijewitsch Bikkenin, Jahrgang 1931, arbeitete zunächst gemeinsam mit Lapin in der Redaktion der philosophischen Zeitschrift, bis er in die Ideologieabteilung des Zentralkomitees der KPdSU geholt wurde, wo er sich vor allem mit der Bekämpfung westlicher weltanschaulicher Einflüsse beschäftigte. Seit der Wahl Gorbatschows in das höchste Kremlamt leitet er die theoretische Wochenzeitschrift der Partei, »Kommunist«. Sein Vorgänger in dieser Funktion war der bereits erwähnte Frolow. Was Gorbatschow veranlaßt haben mag, den eher vorsichtigen, wenig reformfreudigen Bikkenin mit diesem Amt zu betrauen, ist mit politischen Motiven schwer zu begründen. Stimmen, die dahinter Raissa Maximowna vermuten, konnten bisher nicht widerlegt werden.

Nicht weniger interessant ist auch die Entwicklung eines anderen Kommilitonen von Raissa Maximowna. Alexander Sinowjew ist wie Walentin Sidorow unter die Schriftsteller gegangen und zu einem scharfen Kritiker des sozialen und ideologischen Systems der Kommunistischen Partei geworden. Am bekanntesten ist sein satirischer Roman »Gähnende Höhen«, in dem die Miß- und Privilegienwirtschaft der KPdSU und ihrer Führer sowie nicht weniger Gesellen der Perestroika angeprangert wird.

Raissas ehemalige Studienkollegin Chalida Sijautdinowa arbeitet heute als Professorin am Lehrstuhl für Philosophie der Parteihochschule Taschkent. Gemeinsam mit Raissa bewohnte sie in den Jahren 1952 bis 1954 ein Zimmer im Studentenwohnheim. Chalida stellte mir ein Foto zur Verfügung, das Raissa Maximowna mit allen anderen Zimmerbewohnerinnen zeigt. Es ist auch auf dem inzwischen schon verblaßten Bild zu sehen, daß da eine »internationale« Gruppe auf Raissas Bett sitzt. Und noch etwas fällt auf: Irgendwie gelingt es Raissa immer, im Mittelpunkt zu stehen. Manchmal ist es nur eine kleine Geste, die Art, wie sie den Kopf neigt, oder das gepunktete dunkle Kleid, das sie trägt. Diese Eigenschaft, alle Blicke auf sich zu ziehen, wird sie auch später noch beibehalten, und es scheint sogar, daß sie an deren Perfektionierung gearbeitet hat. Auf allen Fotos, die Raissa Maximowna als Frau des Kremlchefs zeigen, hebt sie sich deutlich von den anderen abgebildeten Personen ab. Während die Frau von Ministerpräsident Ryschkow zum Beispiel ihren Kopf mit einem bunten Tuch bedeckt und einen Mantel trägt, der auf Massenproduktion schließen läßt, ist Raissas Kleidung zweifellos Maßanfertigung. Da stehen zwei Frauen zusammen, die sich nicht nur wegen der Funktionen ihrer Männer unterscheiden, da liegen Welten dazwischen.

Raissas erste Jugendliebe war ein Kommilitone namens Oleg, der Sohn eines Generals, ein gutaussehender, schlanker Bursche mit kräftigem, dunkelbraunem Haar. Oleg war energisch, er wollte Raissa haben. Da waren Parks mit einsamen Bänken, stundenlange Spaziergänge, zuweilen mit einer Freundin und

1951 – die Winter in Moskau sind kalt.
Raissa, zweite v. r., in ihrem neuen
dunkelblauen Mantel mit Persianer-
krägelchen.

Oleg zusammen. Es soll noch mal erinnert sein, daß Sitte und Moral strengen Regeln unterworfen waren. »Verhältnisse« mußten legitimiert sein, das bedeutete Eheschließungen. Aber bis dahin? Was machte man bis dahin? Die Russen sind leidenschaftliche Spaziergänger. In vielen sowjetischen Filmen laufen die Liebenden zu Fuß und schreiten durch die endlosen, lichtüberfluteten Birkenhaine ...

Es sieht ganz so aus, als ob die Beziehung zwischen Oleg und Raissa auch unter strahlenden Birken geboren wurde und als ob es besonders die Parkbänke waren, schöne weiße, mit geschnitzten Verzierungen ausgestattete Parkbänke, die Zusammengehörigkeit zuließen. Oleg war der erste Mann, zu dem sich Raissa bekannte, der nicht an ihrer mädchenhaften Sprödigkeit scheiterte, dem mehr gestattet war als ein kurzer Tanz, ein kleiner Blick.

Schließlich macht Oleg den ersten Schritt, er führt die Liebste nach Hause zur Mutter und stößt auf Widerstand. Dabei ist Raissa kein Mädchen, das der Mutter den Sohn wegnehmen will. Jetzt jedenfalls noch nicht. Die Generalsfrau fragt nach der Herkunft des jungen Dings, das sich da an den Sohn heranmacht. Fragt nach der Familie und findet heraus, daß die Freundin ihres stattlichen Sohnes nur die Tochter eines Eisenbahners ist. Eines ganz gewöhnlichen Eisenbahners, der sich durch keinerlei Verbindungen hervortut, der ein Nichts in ihren Augen ist, mit dem man in der besseren Gesellschaft verloren ist, ja sich nahezu lächerlich machen könnte.

Oleg ist ein braver Sohn, der gelernt hat, die Argumente der Mutter, der Frau des Generals, zu akzeptieren. Die weißen Parkbänke sehen von nun an Raissa und Oleg nie wieder zusammen, Raissa wartet vergebens, Oleg vergißt sie und wird von nun an seine Liebsten vorsichtiger auswählen. Raissas Stolz ist verletzt, und die Liebe zu Oleg wird tief im Inneren vergraben. Niemand wird sie in Zukunft mehr »Rajischka« nennen dürfen.

Raissa und Michail Gorbatschow begegneten sich erstmals Ende 1951 in einem Kurs für Gesellschaftstanz, zu dem der junge

Mann, der Rechtswissenschaften studierte, eigentlich nur mitgegangen war, um sich über die Tanzkünste seines Freundes lustig zu machen. Raissa fand schon während dieser ersten Begegnung an dem hübschen Burschen mit seinem nicht zu bremsenden Selbstbewußtsein Gefallen. Aber dabei blieb es zunächst auch. Ihre Freundschaft begann erst später: In der Sportstunde verletzte sich Raissa am Fuß und mußte ins Krankenhaus gebracht werden. Michail, der die erste Begegnung nicht vergessen hatte, besuchte sie im Krankenhaus. Als die Schwestern ihn sahen, scherzten sie:»Sieh mal, was für ein junger Mann! Laß den bloß nicht laufen!« Und daran hielt sich Raissa.

Michail war zu jener Zeit, was Frauen betraf, kein unbeschriebenes Blatt mehr. Erst als er Raissa kennengelernt hatte, beendete er die Beziehung zu seiner Jugendliebe Swetlana Korjaschkina. Vom Typ her sind sich die beiden »Rivalinnen« sehr ähnlich. Raissa kann heute noch sehr ärgerlich werden, wenn man sie mit Swetlana neckt. Sie mag diese Frau nicht.

Ein Jahr lang machte Michail Raissa den Hof. Er wurde zum Begleiter bei Theater- und Konzertbesuchen. Mit Raissa ging er zum Tanz, mit Raissa wurde er zum Akteur in den damals aufblühenden Studentenbühnen. Er las ihr Gedichte im Park und beim abendlichen Kerzenschein vor, er führte sie zu den nächtlichen Spaziergängen durch die Straßen Moskaus, trug das Kerzchen, das die Studenten mit sich führen, ein kleines Licht als Zeichen ihrer Romantik. Die Freundinnen meinen, Raissa hätte damals mit ihm den Grundstein gelegt zu einer Neigung, die der Kunst im allgemeinen gilt und bis zum heutigen Tage anhält.

Schließlich war die Hochzeit auf den 25. September 1953, zu Beginn des neuen Studienjahres, angesetzt. Nun waren es Raissas Eltern, die davor warnten, weil sie es lieber gesehen hätten, eine solche Ehe erst nach dem Studium zu schließen. Aber die Jugend macht, was sie will. Es wurde eine Studentenhochzeit, oder, wie die Sowjetrussen damals sagten, eine Komsomolzenhochzeit. Raissa war 21 Jahre alt und Michail nur zwei Jahre älter, die Liebe war groß, warum also nicht?

Es war eine Hochzeit ohne Eltern und Freunde aus den Heimat-
orten. Anschließend an das gesetzlich vorgeschriebene Trau-
ungsritual beim Stadtsowjet fanden sich in einer Ecke der Mensa
etwa dreißig Studienkollegen zur Feier ein. Auf den üblichen
Studententee – heißes Wasser mit Zucker – konnte man an
diesem Tag verzichten. Irgend jemand hatte einen Samowar
besorgt, Wurst und gepökeltes Fleisch gab es, das die Mutter des
Bräutigams aus Priwolnoje geschickt hatte. Lustig und fröhlich
ging es da zu. Das junge Paar verließ die Feier zeitig. Michails
Zimmerkollegen hatten sich an jenem Abend in ein anderes
Zimmer einquartiert. So hatte das junge Ehepaar für die Hoch-
zeitsnacht ein ganzes Zimmer zur Verfügung und außerdem die
Gewißheit, nicht gestört zu werden.

Ida Iwanowna Schulus erinnert sich: »Was Raissa und Michail
anbelangt, nun, sie liebten sich sehr, sie waren glücklich miteinander. Meiner Meinung nach ergänzten sie sich auch sehr gut.
Ich glaube sogar, daß Michail das alles nicht erreicht hätte, wenn
er eine andere Ehefrau gehabt hätte. Als Raissa Michail kennenlernte, war sie in ihren Gefühlen dem anderen Geschlecht gegenüber noch sehr unsicher, da sie gerade eine enttäuschende
Liebschaft hinter sich hatte. Sie fragte Nina oft, was sie machen
sollte . . .

Bei Raissa war es nicht Liebe auf den ersten Blick – im Gegensatz
zu Mischa. Ein Jahr lang mußte er sie umwerben, bis sie endlich
ja sagte. Im Laufe dieses Jahres nahm er ihr die Ängste, weil er
vernünftig war und es verstand, Achtung einzuflößen. Er war
willensstark, wirkte wie ein sehr ernsthafter junger Mann. Irgendwie hob er sich von den anderen Leuten seines Jahrgangs
ab. Für uns gab es auch keine Probleme, als er zu unserem Kreis
stieß. Er paßte eben zu uns. Von Anfang an konnte man sehen,
daß er ernsthafte Absichten in bezug auf Raissa hatte. Wenn sich
ein Mann so verhält, dann ist das sehr gut.

Der Mischa tauchte übrigens 1953 erstmals bei uns auf. Ich war
damals bereits verheiratet. Mein Mann brachte Mischa mit. Auf
der Etage hatten wir eine Wache rund um die Uhr, und man ließ

niemanden, schon gar keinen männlichen Besucher, in die Zimmer. Also trafen wir uns im Gästezimmer. Ausgelassen und lustig war die Hochzeitsfeier, die wir Kommilitonen in der Kantine der MGU (Moskauer Staatlichen Universität) der Zone B als Geschenk für das junge Paar Raissa und Mischa ausrichteten.«

Doch schon vom nächsten Tag an ging alles wieder seinen gewohnten Gang. Raissa und Michail mußten die Nächte wieder in den Betten zubringen, die ihnen von der Wohnheimverwaltung zugewiesen worden waren. Dieser Zustand sollte noch ein ganzes Jahr dauern. Erst dann wurde ihnen zugestanden, ein gemeinsames Zimmer zu beziehen. In der Zwischenzeit blieb der junge Ehemann aber nicht untätig. Auch in dieser Situation wußte er einen Ausweg. »Kollektive Maßnahmen« verordnete er seinen Zimmerkollegen, was ihm gestattete, gelegentlich mit seiner Frau allein zu sein.

1954 zog das junge Paar in das neue Wohnheim auf den Leninhügeln um. Die Stromynka und alle damit verbundenen Unannehmlichkeiten gehörten der Vergangenheit an. Hier fühlten sie sich wie in einem First-Class-Hotel. Die kurze Zeit, die sie hier noch bis zu ihrem vorläufigen Abschied aus Moskau verbringen sollten, gehörte zu der glücklichsten ihres Studiums. Viele Jahre später wird sich Michail Sergejewitsch über jene Jahre so äußern: »Das waren einmalige Jahre mit Raissa in Moskau, Jahre, ohne die es einfach unmöglich ist, sich vorzustellen, wie sich sonst mein weiteres Schicksal gestaltet hätte.«

Zum Studentenleben der Gorbatschows gehörte – wie bei allen ihren Kommilitonen – ein zusätzlicher wesentlicher Aspekt, den man in den kommunistischen Ländern dieser und späterer Zeit »gesellschaftliche Arbeit« nannte. Sie umfaßte die regelmäßige Teilnahme an den Versammlungen und Aktionen des kommunistischen Jugendverbandes, des Komsomol, Diskussionsveranstaltungen, bei denen die Richtigkeit der weltanschaulichen Doktrin bekräftigt werden mußte, sowie in den Jahren nach

Stalins Tod das Nachdenken über neue Wege. Gorbatschow war auf diesem Gebiet aktiver als seine Frau, kurzzeitig nahm er den Posten eines Studienbeauftragten in der Fakultätsleitung des Komsomol ein. Raissa Maximowna andererseits führte zwar gewissenhaft alle Aufträge aus, die ihr im Rahmen der gesellschaftlichen Arbeit übertragen wurden, aber eine Funktion hatte sie selbst offenbar nie inne, noch nicht einmal auf der untersten Ebene. Ungewöhnlich ist das schon, zumal sie in ihrer Schulzeit zu den in der gesellschaftlichen Arbeit besonders aktiven Schülern zählte.

Oft gingen Raissa und Michail Sergejewitsch in den Anfangsjahren ihrer Ehe ins Kino. Natürlich besuchten sie auch Vorstellungen des Bolschoi-Theaters, und an den Wochenenden waren sie nicht selten im Luschnikipark zu finden, wo sie den für die Sowjetunion so typischen »Estradenprogrammen«, einer Mischung aus Tanz, Gesang und Orchestermusik, zuhörten. Überhaupt bemühte sich Raissa schon in jenen Jahren sehr darum, bei ihrem Mann das Interesse für Kultur weiter anzuheben. Und wenn Michail Sergejewitsch anfänglich mehr seiner Frau zuliebe überallhin mitging, allmählich fand auch er Gefallen an den Veranstaltungen.

Die Moskauer Universität, die Studienzeit, das alles hat das Leben der Gorbatschows in vielerlei Hinsicht bestimmt. Konnten sie in jenen Jahren schon daran denken, eines Tages wieder nach Moskau zurückzukehren? Warum eigentlich nicht? Schließlich waren beide hochqualifiziert, sie verfügten über gute Voraussetzungen, in der Aufbruchzeit nach dem XX. Parteitag nach 1955 in diese oder jene Funktion nach Moskau geholt zu werden. Nach einer offensichtlichen Lähmung, die Stalins Tod 1953 ausgelöst hatte – wobei man sagen muß, daß viele Menschen am Grabe des Diktators aus ehrlicher Überzeugung trauerten und Tränen vergossen, denn man wollte ganz einfach nicht wahrhaben, was hinter vorgehaltener Hand schon lange über die Machenschaften des »Großen Führers« verbreitet worden war –, nach dieser

Lähmung begann das Land wie aus einem langen Schlaf zu erwachen. Und in ebendiese Zeit fielen die vorläufig letzten beiden Moskauer Jahre der Gorbatschows. Es war der junge Dichter Jewgeni Jewtuschenko, der die Wünsche und Hoffnungen der Jugend für die neue Zeit aussprach: auf neue Art leben, frei arbeiten, lieben und reisen.

Es sind immer wieder die Künstler und Künste, die mit besonderer Sensibilität und einem Seismographen gleich auf angestaute Probleme reagieren und sich dabei nicht selten an die Spitze

*1951– die jungen Damen wollen
unbedingt noch ein Erinnerungsfoto vor
dem Kinderheim, v. l. Chalida, Raissa
und Nina.*

einer progressiven Entwicklung stellen. Ihre Lieder und Gedichte, ihre Schriften und Stücke verändern zwar nicht, aber sie erzeugen Nachdenken und wirken dabei nicht selten wie ein blanker Spiegel, der schonungslos alle Falten und kahlen Stellen enthüllt.

Raissa Maximowna beendete ihr Studium ein Jahr vor ihrem Mann. Da sie auch in diesem Abschluß hervorragende Ergebnisse erzielte, bot ihr die Fakultätsleitung sofort die Weiterführung der Ausbildung in Form einer Aspirantur an. Das ist ein qualifiziertes Studium, an dessen Ende die Dissertation steht, eine Doktorarbeit. Sie nahm das Angebot an, auch in der Hoffnung, daß sie und ihr Mann auf diese Weise noch länger in Moskau bleiben könnten. Doch dieser Wunsch erfüllte sich nicht. »Der Genosse denkt, und die Partei lenkt«, lautet ein sowjetisches Sprichwort, dem sich auch die Gorbatschows unterwerfen mußten. Michail Sergejewitsch wurde nach Abschluß seines Studiums nach Stawropol vermittelt, Raissa mußte vorläufig ihr Ziel, einen Doktortitel zu erwerben, für mehrere Jahre zurückstellen, um sich nicht von ihrem geliebten Michail trennen zu müssen. Ohnehin verfügte Raissa über keine Empfehlungen, so daß es für sie schwer war, zu den Prüfungen zugelassen zu werden.

Stawropol

1955 beendete auch Michail Sergejewitsch Gorbatschow sein Studium an der Moskauer Universität. Doch schon lange bevor sie ihre Diplome ausgehändigt bekamen, mußten die beiden jungen Eheleute ein Problem lösen, das für ihre weitere Entwicklung nicht ohne Bedeutung sein sollte. Sie mußten nämlich die Entscheidung über den Ort ihres beruflichen Starts fällen. Allerdings gab es 1955 in der Sowjetunion für Berufsanfänger keine freie Wahl unter einer Vielzahl von Möglichkeiten, wie es bei uns der Fall ist. Es gab und gibt auch heute noch eine Regelung, nach der jeder Hochschulabsolvent – es sei denn, er genießt besondere Protektion – nach Abschluß seines Studiums für mindestens drei Jahre seine Tätigkeit dort aufnimmt, wohin ihn der Staat in Form einer Kaderkommission schickt.

Das Prinzip, das dieser Regelung zugrunde liegt, ist einfach: Der Staat bietet seinen Studenten eine kostenlose Ausbildung, stellt den Wohnheimplatz zur Verfügung und zahlt darüber hinaus noch ein Stipendium, als Gegenleistung müssen sie ihre Schuld dem Staat gegenüber abtragen. Schon bei Aufnahme eines Studiums unterschreibt der junge Mensch ein Papier, mit dem er sich verpflichtet, später seine Tätigkeit dort aufzunehmen, wo »Staat und Gesellschaft« ihn brauchen. Nur wer sich während seiner Ausbildung durch besondere Leistungen und durch besonders »prinzipienfeste Haltung« – sprich: durch bedingungslose Befolgung der Parteilinie – auszeichnet, kann über seinen zukünftigen Einsatzort zumindest Wünsche anmelden. Aus allem, was wir über die Gorbatschows wissen, können wir davon ausgehen, daß sie zu dieser Kategorie gehörten. Die Parteimitglieder Raissa Maximowna und Michail Sergejewitsch, die sich beide in der kommunistischen Jugendorganisation Komsomol besonders engagiert hatten, konnten durchaus darauf hoffen, zu denen zu gehören, die in der Hauptstadt bleiben durften.

Aber Michail Sergejewitsch war Realist genug, um – kühl kalkulierend – ein Sprichwort zu beherzigen: »Lieber der Erste auf dem Dorf als der Letzte in der Stadt.« Die Entscheidung ist beiden mit aller Sicherheit nicht leichtgefallen. Raissa vor allem wußte, daß ein Weggang von Moskau schmerzlichen Verzicht auf die Vorzüge der Metropole bedeutete: keine Theaterbesuche mehr, abgeschnitten vom Flair der Großstadt und fortan der geistig trägen Situation einer Provinzstadt ausgesetzt. Die Moskauer Jahre hatten ihre Erwartungen an das Leben stark verändert, eine Rückkehr in ländliche Regionen kam fast einem Rückfall ins Mittelalter gleich.

Dennoch fiel die Entscheidung für die Provinz. Die wenige Habe war schnell gepackt, und die Eisenbahn brachte die Gorbatschows in jenen Ort, den sie erst viele Jahre später wieder verlassen sollten, nach Stawropol, im Süden der Russischen Sowjetrepublik. Das Zimmer, das ihnen dort zugewiesen wurde, glich eher einer Abstellkammer: klein, ungemütlich, ohne Bad und Toilette. Verglichen mit dem Raum, den sie im Moskauer Wohnheim zuletzt bewohnt hatten, wurde dem jungen Paar der Unterschied zwischen Hauptstadt und Provinz vollends bewußt. Den einzigen Trost hielt die Landschaft bereit. Das Klima in der Stawropoler Gegend, am Nordrand des Kaukasus, ist bedeutend milder als in Moskau. Der Winter, in Moskau meist gefürchtet, dauert hier nicht länger als drei Monate. Bereits im April lassen die warmen südlichen Winde das Grün austreiben. Die Zypressen, in dieser Gegend schon beheimatet, signalisieren die Nähe zum Schwarzen Meer, auch wenn noch viele Kilometer dazwischen liegen. Malerisch sieht es aus, wenn sich die Silhouetten der schlanken Bäume von dem Hintergrund des violetten südlichen Abendhimmels abheben. Viel Grün gab es in Stawropol auch, das die niedrigen Häuser im Sommer fast vollständig bedeckte. Die Reize einer Landschaft können versöhnen, wenngleich sie auch nicht über alles hinweghelfen können.

Stawropol, wo damals kaum mehr als 100 000 Menschen lebten, war eine typische sowjetische Kleinstadt. In Zentrumsnähe standen einige mehrstöckige Ziegelhäuser, hier waren auch die Straßen befestigt. Je weiter man sich aber vom Zentrum entfernte, desto ländlicher wurde der Charakter des Ortes. Die Häuser wurden niedriger, sie waren meist von kleinen umzäunten Vorgärten umgeben, deren Erträge die Besitzer ernährten. Die bäuerliche Herkunft der meisten Bewohner ließ sich nicht verleugnen. Warf die individuelle Wirtschaft wirklich einmal einen geringen Überschuß ab, so verkaufte man ihn auf dem Markt, der sich im Laufe der Jahre für die einfachen Menschen auch zu einem Kommunikationszentrum entwickelt hatte. Hierher kam man nicht nur, um zu kaufen und zu verkaufen, sondern auch, um Neuigkeiten zu erfahren, um sich über die alltäglichen Dinge des Lebens auszutauschen, um Klatsch und Tratsch zu erfahren und weiterzugeben.

Obwohl sich die Gegend, in der nun Raissa Maximowna und Michail Sergejewitsch halb aus eigenem Antrieb, halb per Beschluß lebten, kaum von vielen anderen der riesigen Sowjetunion unterschied, sollte doch eine geologische Besonderheit der Stawropoler Region fortan nicht ohne Einfluß auf die weitere Karriere der beiden bleiben. Rund um Stawropol gibt es viele Quellen, deren Wasser Heilkraft bei körperlichen Gebrechen nachgesagt wird. Orte wie Mineralnyje Wody, Pjatigorsk und Kislowodsk, die alle der Stawropoler Verwaltung zugeordnet sind, hatten schon in der Zarenzeit einen guten Ruf, den sie auch unter der Sowjetregierung nicht einbüßten. Hier entstanden immer neue Sanatorien, und viele der Sowjetführer ließen sich in der Stawropoler Region von ihren Leiden kurieren. In fast achtzig Sanatorien und mehr als zwanzig Pensionen werden Trinkkuren, Moor- und Bäderbehandlungen verabreicht. Hier sind

Regierungs- und Parteiheime konzentriert, die kein normaler Sowjetbürger je betreten kann. Hierhin reisen nach alter vorrevolutionärer Sitte der russischen Aristokratie Kremlführer, Minister, einflußreiche Parteibosse, Redakteure großer Zeitungen, Generäle und Marschälle mit ihren Ehepartnern und Kindern »ans Wasser«. In Kislowodsk zum Beispiel gibt es spezielle Sanatorien für hohe Militärs und Datschen des KGB.

Die Mineralquellen erwiesen sich im Laufe der Jahre als doppelt nützlich: Den einen verhalfen sie zu Gesundheit, anderen zum Aufstieg auf der Karriereleiter. Es gehörte nämlich zu den Pflichten des obersten Parteichefs des Stawropoler Gebietes, sich um die Gäste aus dem fernen Moskau zu kümmern, die hier oft ihren gesamten Urlaub verbrachten. Nicht selten zitierten die hohen Herren aus dem Kreml den regionalen Parteiführer zu sich als Konversationspartner. So ergab es sich ganz einfach, daß der Stawropoler Parteichef trotz der großen Entfernung zur Hauptstadt weit mehr im Blickfeld der Kremlführung stand als irgendein anderer. Von Michail Gorbatschow ist bekannt, daß er und seine Frau diese Aufgaben mit besonderer Gewissenhaftigkeit erledigten, denn das Protokoll verlangte, daß bei derartigen Besuchen auch die Ehefrau mit anwesend sein mußte. Schnell hatten sich beide in das Bewußtsein der Kremlgäste eingeprägt, und die Beziehung zu ihnen wurde immer enger.
Besonders der im allgemeinen überaus unzugängliche KGB-Chef der Breschnew-Ära, Juri Andropow, erkannte, daß der junge Parteichef von Stawropol über Eigenschaften verfügte, die ihn zu höheren Aufgaben prädestinierten. Er wurde in den folgenden Jahren zum Förderer von Raissa Maximowna und Michail Sergejewitsch. Daß es nicht nur die intellektuellen Fähigkeiten Michails waren, die bei Andropow Aufmerksamkeit hervorriefen, sondern durchaus auch Raissa zu überzeugen verstand, gilt als sicher. Sie stellte für den Altkommunisten aus Moskau jenen neuen Typ Frau dar, die aufgrund ihrer Bildung aus dem Schatten ihres Ehemannes heraustreten und eine eigene gesellschaftliche

Rolle spielen konnte. Sie war diejenige, die den Mann im besten Sinne unterstützte, ihn nicht behinderte oder ihm zu einer Last wurde. Nicht auszuschließen ist, daß sich Andropow durch das Auftreten von Raissa Maximowna an die Krupskaja erinnert fühlte, jene Frau, ohne die der Vater des Sowjetstaates, Lenin, kaum sein Lebenswerk erreicht hätte. Man hat bei dem harten KGB-Mann nach seinem Tode Gedichte von eigener Hand gefunden. Zwischen ihm und Raissa hat es derlei Sensitives gegeben. Auch Raissa las mit Vorliebe Gedichte. Lieder und Gedichte liegen den Russen unter der Zunge, selbst Raissa wird zuweilen ihre bedachte Kühle, die nicht ohne Sentiment gewesen sein mochte, fallengelassen haben. So schließt sich der Kreis zwischen Tradition und Fortschritt, der im Leben der Gorbatschows noch manche wichtige Rolle spielen wird. Doch diese Überlegungen sind ein Vorgriff auf die Zukunft. Noch haben die Gorbatschows nicht mehr als die unterste Sprosse der Karriereleiter erreicht. Sie beginnen gerade erst, sich in Stawropol einzurichten.

Michail wurde stellvertretender Leiter der Abteilung Agitation und Propaganda des Komsomols der Stadt, und Raissa bekam eine Anstellung als Dozentin für Philosophie am Stawropoler Landwirtschaftlichen Institut. Raissa hatte sich an diesem Institut nicht beworben. Die Aufgabe war ihr von Moskau her zugeteilt worden. Die Fachrichtung war anfangs ein Kompromiß: Sie hatte Philosophie studiert, also sollte sie Philosophie lehren. Zunächst setzte man sie bei der Seminararbeit ein, sozusagen auf der untersten Stufe der Institutsmitarbeiter. Dennoch war ihr Tag ausgefüllt.
Nach mehr als dreißig Jahren erzählt Raissas Freundin Lidija über die Stawropoler Jahre: »Sie hat immer sehr viel gearbeitet, die Verantwortung ist in ihr. Ihre Seminararbeit und ihre spätere Position als Dozentin brachten Bücherberge ins Haus, die sie abarbeitete. Solange ich mich erinnern kann, gab es immer Gespräche darüber, daß sie noch etwas schaffen mußte, noch

etwas lesen mußte, sich noch auf eine Vorlesung vorbereiten mußte. Man hörte nur immer, daß sie etwas mußte und mußte und mußte ...« Der Haushalt, die Stunden der Gemeinsamkeit mit Michail, die Vorbereitung auf die Seminare und Vorlesungen im Institut, da kann man vermuten, daß Raissa viel Selbstdisziplin brauchte, um alles zu bewältigen.

Fast täglich besuchte Raissa Maximowna den Markt, weniger aus dem Bedürfnis, sich am lokalen Klatsch und Tratsch zu beteiligen, als vielmehr, um die tägliche Nahrung einzukaufen. Einen Garten besaßen die Gorbatschows nicht, der Obst und Gemüse geliefert hätte, und das Angebot der Geschäfte blieb weit hinter dem des Marktes zurück. Die Preise waren erschwinglich, denn der fruchtbare Boden Südrußlands produzierte im Vergleich zu vielen anderen Gegenden des Landes einen bescheidenen Überschuß. Die Schafzüchter des Kaukasusvorlandes ergänzten das Angebot des Marktes mit Fleisch, Milch und Käse, in den ehemaligen Kosakendörfern hatte man sich darüber hinaus auf die Haltung von Rindvieh spezialisiert. So war erstmals für die Gorbatschows Fleisch ausreichend vorhanden. Die Versorgungslage, die weitaus besser war als in Moskau, mag die junge Frau ein wenig für den Verlust Moskauer Möglichkeiten entschädigt haben. Vor allem das Obst- und Gemüseangebot kam ihr sehr gelegen, da sie damit viel eher ihre Vorstellungen von einer gesunden Ernährung verwirklichen konnte. Fast jeden Tag kamen Obst und Gemüse in unterschiedlicher Zubereitung auf den Tisch des jungen Paares. Im Gegensatz zur traditionellen russischen Küche verzichtete Raissa Maximowna auf kohlehydrat- und fettreiche Kost, eine Einstellung, die sie bis heute beibehalten sollte.

Eine gewisse Erleichterung bei der Erledigung der Alltagspflichten setzte ein, als Michail Sergejewitsch in der Nomenklatura, der Liste der Parteihierarchie, aufsteigen konnte. Als Erstem Sekretär des Stawropoler Komsomolkomitees stand ihm ein Dienstauto zu, mit dem seine Frau fortan auch den täglichen Weg zum Markt zurücklegen konnte. Doch immer wieder verglich Raissa

Maximowna das in ihren Augen verschlafene, hinterwäldlerische Provinzleben in Stawropol mit den reichen Möglichkeiten der Hauptstadt Moskau. Trotz aller Begrenzungen, die sich für die Studenten aus ihrem dauernden Geldmangel ergeben hatten, das wenige, was ihnen zur Verfügung stand, hatten sie sehr sinnvoll ausgeben können.

Michail Sergejewitsch hingegen fand sich viel schneller mit den

Stawropol 1963 – Raissa, zweite v.r., daneben Michail, bei der Hochzeitsfeier von Sarijewa und Alexander Sergejew, einem Mitarbeiter des Komsomolkomitees der Region Stawropol.

neuen Bedingungen ab. Dabei mag sicher auch der Umstand eine Rolle gespielt haben, daß er gewissermaßen wieder zu Hause war. In dieser Gegend hatte er seine Kindheit und Jugend verbracht. Zwar hatte er auch die Moskauer Zeit genossen, aber für ihn war sie doch eher ein Intermezzo geblieben. Die kulturelle Verschlafenheit Stawropols störte ihn nicht. Er hatte seine Arbeit, die ihn ausfüllte, viel mehr interessierte ihn nicht. Doch mit dieser Haltung provozierte er in den ersten Jahren in der Provinz nicht selten heftige Gefühlsausbrüche seiner Frau. Sie wollte sich ganz einfach nicht mit der phlegmatischen Einstellung ihres Mannes abfinden. So nahm sie auf doppelte Art Einfluß auf Michail Sergejewitsch: Einmal überzeugte ihn ihr Ehrgeiz, sich auch im Beruf nicht mit dem Erreichten abzufinden, zum anderen brachte sie ihrem Mann nahe, daß die Arbeit zwar wichtig, aber dennoch nicht alles ist. Resümiert man heute die Karriere des Kremlchefs, kann man nicht die Rolle außer acht lassen, die dabei seine Frau gespielt hat. Raissa Maximowna gebührt das Verdienst, die Talente ihres Mannes geweckt zu haben. Es ist müßig, darüber zu spekulieren, welche Entwicklung Michail Gorbatschow ohne seine unnachgiebige Frau genommen hätte. Registriert werden muß aber auf jeden Fall und mit allem Nachdruck, daß sie ihn in einer nicht zu unterschätzenden Weise gefördert, wenn nicht sogar aufgebaut hat.

Michail Sergejewitschs Tätigkeit als Erster Sekretär des Stawropoler Stadtkomitees des Komsomols brachte nicht nur ein Dienstauto, das junge Paar durfte auch in eine gut ausgestattete Wohnung umziehen. Türen und Tore der Geschäfte und Einkaufsläden, die der Nomenklatura vorbehalten waren, öffneten sich. Ebenso löste sich das Problem Urlaub. Die Gorbatschows, die in den ersten Stawropoler Jahren den Ort nicht verlassen durften, den zumindest Raissa Maximowna als Exil empfand, konnten auf einmal wegen der Funktion Michail Sergejewitschs für alle Prestigekurorte eine Zuweisung erhalten.

Die Zeit des Urlaubs und Reisen nach Moskau, wohin die junge Frau gelegentlich mitreisen durfte, stellten die einzige Abwechs-

Stawropol 1963 – Kongreß der Schüler-
brigaden. Zweite v. l. Raissa Maximowna,
dritter v. r. der Kosmonaut V. Bykowski.

lung in einem von Arbeit ausgefüllten Jahr dar. Der Mann verschwand von morgens bis in den späten Abend in seiner Dienststelle oder hielt sich bei den ihm anvertrauten Jugendlichen »vor Ort« auf, und Raissa Maximowna mußte mit allen Dingen des Lebens allein fertig werden. Die Einsamkeit der ersten Stawropoler Jahre blieb für sie viele Jahre ein Thema, an das sie sich auch heute noch sehr ungern erinnert.

Das Jahr 1958 stellte im Leben des Ehepaares Gorbatschow und insbesondere im Leben von Raissa Maximowna eine wichtige Zäsur dar: Am 6. Januar 1957 wurde die Tochter Irina Michailowna im Entbindungsheim in Stawropol geboren, sie verfehlte nur um 10 Stunden den Geburtstag ihrer Mutter.

Von dem bekannten russischen Publizisten Alexander Herzen stammt das Wort, daß eine Frau nach der Geburt eines Kindes automatisch eine »Staatsperson« wird, da die Mutterrolle die gesellschaftliche Hauptfunktion der Frau sei. Diese idealistische Formulierung stand allerdings in krassem Gegensatz zur sowjetischen Wirklichkeit. Der Kampf um das tägliche Leben und Überleben trübte die Mutterfreuden von Millionen Frauen damals in der Sowjetunion. Nur wenige Mütter konnten es sich überhaupt leisten, nach der Geburt eines Kindes ihre Berufstätigkeit für längere Zeit zu unterbrechen. Es war noch nicht einmal »nur« das Geld, auf das beim Schwangerschaftsurlaub verzichtet werden mußte. Viel schwerer wog die Tatsache, daß der Erhalt von Bezugsscheinen und Lebensmittelkarten an eine Anstellung gebunden war. Wer nicht arbeitete, mußte darauf verzichten oder sich mit oft nicht ausreichenden Unterstützungen zufriedengeben. Nur wenige Mütter fühlten sich deshalb nach der Geburt eines Kindes in dem von Herzen gewünschten Sinne als »Staatsperson«.

Raissa dagegen konnte sich weitgehend ohne die täglichen Sorgen mit ihrer Tochter beschäftigen – dank der herausgehobenen Position ihres Mannes, der Zugehörigkeit zur Nomenklatura, wenn auch in den ersten Jahren noch auf relativ untergeord-

*»Beiß nicht gleich in jeden Apfel . . .« Aber
in den Stawropoler Wäldern konnten
Michail und Raissa ungestört die Früchte
der Natur genießen – nur das Dienstauto
wartete (1975).*

neter Stelle. Allerdings galten die Vergünstigungen, die Raissa Maximowna in Stawropol für sich in Anspruch nehmen konnte, außerhalb der Region nicht. Freundinnen wissen zu erzählen, daß sich die Frau des Stawropoler Komsomolsekretärs im Moskauer Kinderkaufhaus Detski Mir genauso nach Strampelhöschen und Ausfahrgarnituren anstellen mußte wie jede andere Frau auch. Das Pech, in der Schlange zu weit hinten gestanden und von der Lieferung nichts abbekommen zu haben, mußte sie nicht selten mit den übrigen teilen.

Raissa ist eine von jenen scheinbar gewaltlosen Müttern, die nicht schreien, die nicht hysterisch werden, die sich und ihr Kind mit Ruhe, aber auch mit Strenge an die Kandare nehmen. Freundinnen erzählen heute noch kichernd von einem Zwischenfall auf einer Feier zum 8. März, dem Internationalen Frauentag: Es fand ein Empfang statt, an dem auch die Kinder teilnehmen durften, und es gab lauter schöne Sachen zu essen. Noch bevor die offiziellen Reden gehalten wurden, stürzte sich Irina lustvoll auf das Essen, ohne sich um die anderen zu kümmern. Raissa behielt die Ruhe, rief den Namen ihrer Tochter kurz und knapp durch den Saal. Die Kleine ließ augenblicklich alles aus der Hand fallen und verschwand hinter den Kulissen. Raissa hatte keinen Schritt getan und nicht gezetert. Nein, die Erziehung wirkte aus der Ferne.

Dennoch, wir brauchen uns überhaupt keiner Illusion hinzugeben: Die Frau des heutigen Kremlchefs ist in ihrem gesamten Habitus nicht *die* russische Frau. Sie ist und bleibt die First Lady eines Staates, der auch heute noch nicht allen anderen Frauen die Möglichkeit gibt, sich am Beispiel der ersten Dame zu orientieren. Ihr Sein und Schein ist – und bleibt wohl auch für lange Zeit noch – unerreichbar. Die Sympathie, die ihren Mann im Lande heute noch weitgehend trägt, überträgt sich nicht automatisch auf sie. Die Arbeiterin oder die Kolchosbäuerin, der Raissa Maximowna bei Reisen in der Sowjetunion begegnet, schaut in der Regel neidvoll auf sie. Denn zu unerreichbar ist die Frau, die Vorbild sein sollte. Selbst in den großen Geschäften der Hauptstadt sind die Kleider und Accessoires nicht erhältlich, die den Flair von Raissa Maximowna ausmachen. Verbürgt ist die Geschichte, daß es Frauen waren, die während eines Besuches der Gorbatschows in Krasnojarsk mit bitterer Ironie Raissas zweimaliges Wechseln der Kleidung kommentierten, während sie selbst insgesamt nur über zwei Kleider verfügten.

Nach der Geburt der Tochter veränderte sich Raissa Maximownas Leben in der Provinz allmählich. Sie wurde aufgeschlossener und geselliger. Immer häufiger schloß sie sich Einladungen zu Ausflügen in die kaukasischen Berge oder an die Strände des Schwarzen Meeres an. Doch es blieb immer derselbe Kreis von Menschen, die da zusammenkamen. Das Leben in der Nomenklatura hatte seine eigenen Gesetze, bestimmte, wer mit wem Umgang pflegen durfte. Raissas Freundin Lidija Budyka beurteilt dennoch im Rückblick diese Jahre positiv: »Das Leben war, wie das in der Provinz so ist, freier, offener. Michail hatte zunächst seine Komsomolarbeit, später seine Parteiarbeit, und natürlich gab es einen großen Freundeskreis. Es war die Zeit der Jugend, es gab Geselligkeit, nun, all das, was zum Jungsein mit dazugehört ... Wir feierten ziemlich groß alle Feiertage, da gab es dann immer eine große Gesellschaft, weil wir immer ein großer Freundeskreis waren. Wir versammelten uns jeweils bei einem von uns der Reihe nach und hörten Musik. Wir arbeiteten doch alle, und nach der Arbeit trafen wir uns bei irgend jemandem zu Hause, und die Frauen machten zusammen Pelmeni, auch die Männer halfen uns dabei. Es war ein offenes, ehrliches, gutes Leben.«
Michail war in den Stawropoler Jahren ein wahrer »Hausmann«, er bestand immer darauf, daß der Hausputz nicht ohne ihn gemacht wurde. Ebenso erlaubte er keinem, den Abfalleimer hinauszutragen – er hielt das für seine Pflicht. Raissa selbst erzählte ihrer Kollegin Jekaterina Dsybal: »Gestern kam Mischenkas Mama zu uns, Mischenka zog sich eine Schürze an und servierte selbst bei Tisch ...«
Lidija Alexandrowna Budyka ist eine langjährige Freundin von

Raissa Maximowna. Sie war einer meiner wichtigsten Interviewpartner, aber auch sie war nur in begrenztem Maße auskunftsbereit. Eine Rückkoppelung zu Raissa war nach fast jedem Gespräch notwendig. Raissa aber hatte nicht immer Zeit, oder Lidija kam nicht an sie heran, oder Raissa wollte diese oder jene Information nicht preisgeben, dieses oder jenes Bild nicht veröffentlicht wissen. Lidija Budyka ist Kinderärztin und hat regelmäßig die Tochter Irina behandelt, wenn sie krank war. Lidijas Mann war während der Stawropoler Jahre Sekretär für landwirtschaftliche Fragen im Stadtkomitee, und die Ehepaare waren über Jahre hinweg eng befreundet. Das hat bis heute gehalten, wenngleich die Begegnungen seltener geworden sind und Lidija mehrfach anrufen muß, will sie Raissa erreichen.

Sie haben einander am Sengilejewskojer See kennengelernt. »Es war sonntags«, erinnert sich Lidija. »Unsere Männer fuhren mit uns dorthin zum Ausspannen. Das ist in der Nähe von Stawropol, vielleicht zehn Kilometer hinter der Stadt. Unsere Männer arbeiteten ja zusammen, so fuhren wir auch zusammen dorthin, haben uns dort kennengelernt, hatten die Kinder mit und haben wunderbare Sonntage zusammen verbracht.

Mir persönlich gab das Zusammensein mit den Gorbatschows sehr viel, sie waren außerordentlich moralische Leute, klug und ihren Grundsätzen treu. Es war angenehm, mit ihnen die Zeit zu verbringen. Das gilt auch heute noch. Ganz allgemein ist Michail Sergejewitsch ein erstaunlicher Mensch und Raissa auch. Mit ihnen kann man über alles reden, mit ihnen kann man immer Streitgespräche führen. Sie lebten damals in Stawropol wie ganz normale Leute, sehr einfach. Sie waren gesellig und hatten einen großen Bekanntenkreis. Natürlich hat sich das jetzt verändert. Seine Stellung und seine immense Arbeit zwingen sie zu einer verschlosseneren Lebensweise. Aber dennoch ist mir Raissa eine treue Freundin geblieben. Und was mich am meisten begeistert, ist, daß sie sich mir gegenüber absolut nicht verändert hat. Ich kann ihr auch heute noch meine Meinung zu verschiedenen Dingen sagen, alles wird angehört, dann sind wir einer Meinung

Frühling 1976 – links Anatonija Wergans-
kaja, Anatolis Mutter, daneben mit Kappe
Michail Gorbatschow, Antatoli und Irina,
vorne Raissa mit ihrer Freundin Lidija
Budyka und deren Mann Alexander.

oder auch nicht, aber wir haben die beste Beziehung zueinander, vor allem die ehrlichste.«

Die Naturliebe der Gorbatschows, ihre bis heute anhaltende Lust zu langen Spaziergängen wurde in Stawropol auf sehr intensive Weise gepflegt. Am Sonntag ließen sich die Funktionäre in ihren Dienstwagen ins Grüne fahren. Man ließ sich an einer bestimmten Stelle absetzen, Essen und Trinken stand in großen Picknickkörben bereit, dann wurde gewandert, zwanzig oder dreißig Kilometer am Tag, es wurde gesungen, viel fotografiert, gescherzt, getrunken und gegessen. Die Freundinnen betonen immer wieder Raissas ausdauernde Kondition, besonders wenn es

Lagerfeueratmosphäre 1967 – zweite v. l. Lidija Budyka mit ihrem Mann Alexander, daneben Tamara Rybina, eine Ärztin, Raissa und Michail Gorbatschow.

ums Ersteigen von Bergen ging. Wenn die meisten Frauen, unter der Fülle ihres Gewichts keuchend, um Beendigung der Tour baten, so war es vor allem Raissa, die nie nachgab und erst Halt gewährte, wenn das Ziel der Wanderung erreicht war.

Auf Fotos von damals verkörpert sie jenen Typ von Russinnen, die man landläufig gewöhnt ist, stramm, scheinbar kurzbeinig, kräftig, die Haare etwas länger, von rötlichem Braun (frisch mit »Henna« gefärbt), aber mit deutlichem Anflug einer Frisur. Sie hebt sich von den korpulenten russischen Freundinnen ab, ihr Gesicht ist rund, sie muß aber damals etwas mehr als heute gewogen haben. Noch ist sie weit von jenem »Look« entfernt, den Europa ihr später beigebracht hat.

Noch einmal am Lagerfeuer –
v. l. Raissa Gorbatschowa, Galina
Wassilenko, Tamara Rybina und
Lidija Budyka.

Die meisten Funktionärsfrauen, mit denen Raissa Maximowna in jener Zeit Nachmittage und Wochenenden verbrachte, standen weit unter ihrem Bildungsniveau. Mehr oder weniger gezwungen, mußte sie sich an den oft belanglosen oder sogar langweiligen Gesprächen beteiligen. Kam die Rede auf die letzte Theatervorstellung, dann dominierte meist der Klatsch über die Garderobe dieser oder jener Gattin. Wenige nur konnten sich überhaupt zu den im allgemeinen mäßigen Stücken und deren Besetzung äußern. Zur regionalen Intelligenz – dazu gehörten die Lehrkräfte des Landwirtschaftlichen, des Pädagogischen und des Medizinischen Instituts, die allesamt in Stawropol ihren Sitz hatten – hatte Raissa nur selten Zugang. Denn die Gesetze der Nomenklatura gestatteten nur in Ausnahmefällen in der Freizeit den Umgang mit Vertretern dieser Einrichtungen. Der Fortschritt, vor allem der kulturelle, hatte diese Region – wie übrigens auch viele andere – noch nicht erreicht. Konservativer Mief bestimmte die Szene. Was in Moskau, Leningrad, Kiew und den anderen großen Städten des Landes schon lange gang und gäbe war, hatte in Stawropol längst noch nicht Einzug gehalten.

Die üblichen Zeitungen und Zeitschriften gab es allerdings, Bücher auch, und die, die nicht zu bekommen waren, schickten Freunde aus Moskau. Mit dem XX. Parteitag der KPdSU hatte nach Chruschtschows Aufbrechen des stalinistischen Systems auch für die Literatur ein neuer Frühling eingesetzt. Es erschienen Bücher, die lange Jahre versteckt gehalten werden mußten, und immer mehr Schriftsteller hatten den Mut, mit ihren Mitteln eine Vergangenheitsbewältigung einzuleiten. Die Gedichte der Achmatowa erschienen, Blok gab seine Tagebücher heraus, Solschenyzin und Granin rechneten mit dem System des GULAG ab. Das alles glich einer Sensation nach den Jahren physischen und psychischen Terrors. Die Befreiung davon sollte auch geistige Kräfte freisetzen.

Raissa Maximowna las viel und vieles. Unter ihren Bekannten innerhalb der Nomenklatura fand sie jedoch wenige Diskussionspartner. Zu weit gingen die Interessen auseinander, als daß sinnvolle Gespräche über Literatur zustande gekommen wären. Michail Sergejewitsch hingegen erwies sich zumindest als geduldiger Zuhörer. Verhaltensmuster bildeten sich heraus, die bis heute Bestand haben: Ausführlich berichtete Raissa über das Gelesene und schlug vor, welches Buch ihr Mann ebenfalls zur Hand nehmen sollte. So fand das Ehepaar für sich jene intelligente Entspannung, die die Abgeschlossenheit in den engen Zirkeln der Stawropoler Nomenklatura nicht bieten konnte.

Je höher Michail Sergejewitsch die Stufen der Macht erklomm, je reifer die Eheleute wurden, desto abgesonderter wurde Raissa Maximownas Leben. Die Energie jener zweifelsohne ungewöhnlichen Frau, ihr Streben, im Mittelpunkt der Ereignisse zu stehen, sich mit intelligenten und klugen Menschen zu treffen, erklärt sich in vieler Hinsicht dadurch, daß der aktiven, kreativen Natur Raissa Maximownas in den Stawropoler Jahren praktisch die Grundlage zur Selbstbestätigung entzogen war. Sie geriet nach den anspruchsvollen und intensiven Moskauer Universitätsjahren in Stawropol nicht nur in eine kleine Provinzstadt, sie geriet auch in ein besonders konservatives Funktionärsmilieu. Es ist schwer zu ergründen, mit welchen persönlichen Problemen der Eintritt in diese Kaste verbunden war. Fest steht jedoch, daß sich Raissa Maximowna in diese Welt einfügte, ihre Spielregeln annahm, die für die Frau eines Funktionärs nicht weniger kompliziert und zahlreich sind als für den Funktionär selbst.
Was waren das für Regeln, die ungeschrieben das Leben der Nomenklatura bestimmten? Die erste bestand in der hierarchischen Unterordnung des Jüngeren unter den Älteren. Wie sich der Sekretär des Stadtkomitees des Komsomol nicht gleichberechtigt neben einem Sekretär des Stadtkomitees der Partei fühlen konnte, so stand auch seine Ehefrau in der Frauengesellschaft unter der Ehefrau des höherrangigen Funktionärs. Innerhalb der Nomenklatura galt für die Ehefrauen, daß sie den Platz einzunehmen hatten, der ihnen aufgrund der Funktion des Mannes zugewiesen war. Diese Subordination durfte unter kei-

nen Umständen durchbrochen werden. Schon der Versuch, geringfügige Korrekturen vornehmen zu wollen, zog schwerwiegende Folgen nach sich: Eine solche Frau wurde von den anderen ausgegrenzt, Auswirkungen auf die Karriere des Mannes folgten unweigerlich.

Die zweite Regel betraf den obligatorischen Umgang. Wie die Ehemänner, deren Umgang ausschließlich von Arbeits- und Karriereinteressen bestimmt war und dabei selten über den engen Kreis der Nomenklatura hinausging, so unterhielten auch ihre Frauen nur in diesem Kreis Beziehungen. Sympathien oder Freundschaften gar zählten hier nicht. Einziges Kriterium blieb die persönliche Ambition des Ehemannes. Die Einladung der Frau eines Vorgesetzten zum Tee konnte man nicht ablehnen, selbst dann nicht, wenn man wußte, daß es ein sehr langweiliger Nachmittag werden würde. Umgekehrt konnte man auch nicht sagen: »Laß uns zu den Petrows gehen, dort werden immer sehr anregende Gespräche geführt«, wenn die Petrows nicht zum obligatorischen Umgang gehörten. Einladungen wurden angenommen oder ausgesprochen, man hatte hinzugehen oder zu empfangen, Vergnügen spielte dabei nur eine untergeordnete Rolle, die Teilnahme blieb das entscheidende.

Die dritte Regel des gesellschaftlichen Lebens in Stawropol lautete: »Tue dich unter keinen Umständen hervor.« Damit war klar die Rolle der Frau festgelegt, die sie bei Zusammenkünften und Empfängen zu spielen hatte, an denen auch die Ehemänner teilnahmen. Hier bestimmten endlos lange Gespräche die Abende, die Tische bogen sich nicht selten unter der Last der vielen Speisen und Getränke. Jeder, der das Wort ergriff, sprach einen meist sehr wortreichen Toast aus, der mit den üblichen »sto gramm wodki« (hundert Gramm) besiegelt werden mußte. Frauen blieben von dieser Sitte nicht verschont, und es gehörte schon eine ganze Menge List und Tücke dazu, halbwegs aufrecht eine solche Gesellschaft verlassen zu können. Es war aber nicht nur der Alkohol, der diese Veranstaltungen für eine intelligente Frau zu einer Anstrengung werden ließ. Sie durfte sich auch nicht in die Gespräche der Männer einmischen. Es ziemte sich auf keinen Fall, Äußerungen zu dienstlichen Angelegenheiten der Ehemänner abzugeben, Beschlüsse der Landesführung zu erörtern oder gar eine Entscheidung hoher und höchster Partei- und Staatsorgane zu kommentieren. Solist blieb einzig und allein der Mann. Ein richtiges Duett, das Zusammenspiel zweier gleichberechtigter Partner, konnte und durfte unter derartigen Bedingungen nicht funktionieren.

Und noch eine Pose fürs Familienalbum gefällig? V. l. Raissa, Tamara und Lidija.

Das alles stellte für eine Frau wie Raissa Maximowna eine große Belastung dar, denn die Rolle, die sie zu spielen hatte, konnte nur bei Aufgabe des eigenen Egos absolviert werden, ein Umstand, der der selbstbewußten Raissa nicht wenige Probleme bereitete. Zu oft fühlte sie sich innerlich gefordert, den von unmäßigem Alkoholgenuß getrübten Gedankengängen der Männer zu widersprechen, der geistig verfetteten Stawropoler Nomenklatura von ihren eigenen Erlebnissen auf dem Lande zu berichten, ihnen die statistisch belegbare, wahre Situation der Bevölkerung vorzuhalten, die den gelobten Kommunismus nur aus den Wunschschriften Lenins und der aufgeblasenen Agitation seiner Jünger kannte, aber kaum anders als unter dem Zaren lebte. Raissa mußte sich jedoch den ehernen Gesetzen der Funktionäre beugen, ein Ausbrechen hätte unweigerlich das Ende von Michail Sergejewitschs Karriere bedeutet.

So nutzte sie die wenigen Stunden der familiären Zweisamkeit, um ihrem Mann von all dem zu berichten, was sie bei der Vorbereitung ihrer Doktorarbeit, die sie inzwischen wieder in Angriff genommen hatte, auf dem Lande über den wirklichen Zustand der gelobten Gesellschaftsordnung ermittelt hatte, was sie als unbedingt notwendige erste Schritte, als Sofortmaßnahmen, ansah. Ihre intensive Beschäftigung mit theoretischen und praktischen Fragen der Soziologie, über die noch später ausführlicher zu berichten sein wird, ihr Einfluß, den sie dabei auf Michail Sergejewitsch ausübte, wurde so sehr frühzeitig zu einer wichtigen Quelle für politische Entscheidungen ihres Mannes. Raissa Maximowna nahm gewissermaßen bei ihrem Ehemann schon zu Beginn seiner Funktionärskarriere die Stelle einer »Ersten Beraterin« für Fragen des sozialen Zustandes der Bevölkerung ein. Nur gezwungenermaßen ordnete sie sich den ungeschriebenen Gesetzen der Nomenklatura in Stawropol unter, die allerdings nicht erreichen konnten, daß sie ihrem Geist Fesseln anlegte. Sie behielt trotz allem das Gespür für das Machbare und das Notwendige. Die Kommunikation, den regen geistigen Austausch mußte sie zu Hause suchen und finden.

Doch kehren wir noch einmal in das Stawropol der fünfziger Jahre zurück – mit den Sitten und Gebräuchen, die das Leben innerhalb der Nomenklatura bestimmten. Natürlich beherrschten nicht nur Tabus das Zusammenleben. Es gab auch Prinzipien, die sich positiv auf die Gemeinschaft auswirkten. Ein solches Prinzip war die Gastfreundschaft. Die Funktionärsfamilien besuchten sich in ihrem geschlossenen Kreis häufig gegenseitig. Dabei hatte sich die Gewohnheit herausgebildet, die Gäste sehr großzügig zu bewirten. Man lud nicht nur zum Tee und einer Pirogge ein. Die Einladung umfaßte ein Mittagessen, dem dann noch ein ausgiebiges Abendessen mit vielen Gängen erlesener Speisen und reichlich alkoholischen Getränken folgte. Die Stawropoler Gegend verfügte über einen eigenen guten Wein, man schätzte aber auch die Weine, die aus dem benachbarten Georgien stammten.

Um die Lebensmittel, die für solche Partys größeren Ausmaßes nun einmal benötigt wurden, brauchten sich die Gastgeber in den seltensten Fällen Sorgen zu machen. Praktisch jeder, der in Stawropol in einer leitenden Position tätig war, der in der Stadt lebte und wohnte, verfügte über Beziehungen zu Kolchosvorsitzenden oder Sekretären ländlicher Gebietskomitees des Komsomol oder der Partei. Nach dem Motto, daß eine Hand die andere wäscht, entstanden so reibungslose Versorgungslinien zwischen den dörflichen und den städtischen Funktionären. Es gehörte auch zu den ungeschriebenen Gesetzen, daß die Führung in der Stadt jeden Monat neben der fest vereinbarten Lieferung von Fleisch, Geflügel, Obst und Gemüse noch zusätzlich mit besonderen saisonabhängigen Delikatessen versorgt wurde. In den Herbstmonaten zählten dazu vor allem die frisch gefangenen Fische aus den klaren Gewässern der Region. In den Wintermonaten, nach dem Schweineschlachten, ließen die dörflichen Funktionäre für ihre Genossen in der Stadt wohlschmeckende und besonders sorgfältig zubereitete Knoblauchwürste anfertigen, nur das magerste Schweine- und das zarteste Hammelfleisch waren gut genug.

So herrschte in den Häusern der zur Nomenklatura gehörenden Familien nie Not, auch dann nicht, wenn Mißernten für die Lebensmittelversorgung der Bevölkerung ernste Situationen heraufbeschworen. Die Vorratskammern der Oberen blieben davon stets unberührt, die Trennung der Funktionäre vom Volke war auch in diesem Bereich vollkommen. Selbst die Aufbewahrung

Linke Seite: »Es darf gegrillt werden.«
Dritte v. l. Lidija Budyka, sechste v. l.
Raissa Maximowna mit ihrem Mann.
Rechte Seite: »Ballgymnastik.« Letzte
Reihe: D. Popow, Vorsitzender des regio-
nalen Exekutivkomitees in Stawropol, mit
Raissa.

der Vorräte bereitete in einer Funktionärsfamilie kaum Schwierigkeiten. Gefrierschränke und ähnliche Hilfsmittel gab es freilich noch nicht, aber dafür waren die Häuser so gebaut, daß sie über tiefe, kühle Kellerräume verfügten, in denen Lebensmittel langfristig aufbewahrt werden konnten.

Auch bei den Gorbatschows war in jenen Jahren der Tisch stets reichlich gedeckt und vor allem dann, wenn sie Gastgeberpflichten zu erfüllen hatten. Sie hatten nie Mühe, an den wichtigen Feiertagen – dem 1. Mai, dem 7. November (dem Revolutionstag), dem russischen Weihnachtsfest am 1. Januar – oder zu Geburtstagen von Familienangehörigen üppige Mahlzeiten aufzutischen.

Die bessere Versorgung mit Lebensmitteln war aber nicht das einzige Privileg des Lebens im Kreise der Nomenklatura. Obwohl in jenen Jahren das Modebewußtsein russischer Frauen noch weitgehend weniger von ihren Wünschen als vielmehr von der Realität bestimmt wurde, vom schmalen Stoffangebot in den Geschäften, so hatten die Funktionärsfrauen in der Regel doch bessere Möglichkeiten als andere Frauen. Schließlich gehörte die Repräsentation auch zu ihren Aufgaben, und die verlangte ihren Tribut. Aber auch in Fragen der Kleidung und der Mode mußte eine bestimmte Rangordnung eingehalten werden. Bestimmt wurde sie wiederum von der Funktion des Mannes, was nichts anderes bedeutete, als daß die Frau eines niederen Funktionärs nie besser gekleidet sein durfte als die eines höheren. Eine strenge Hackordnung herrschte auch hier, wehe dem, der sie durchbrach. Individuelles, das Mode eigentlich Ausmachende, konnte nur selten zur Geltung gebracht werden. Eine gewisse Langweiligkeit blieb lange Jahre das bestimmende Element der Kleidung.

War die weibliche Mode nur langweilig, so bestimmte die Kleidung der Männer eine von der Partei geprägte Uniformität. Michail Sergejewitsch und seine Genossen trugen im Herbst, Winter und Frühling dunkelblaue, schwarze oder dunkelgraue

Anzüge aus Garbardine. Der lange schwere Wintermantel war ebenfalls aus einem dunklen Stoff gefertigt, den Kragen zierte ein edler Pelzkragen. Obligatorisch war auch die Pelzschapka, die in der warmen Jahreszeit gegen einen unförmigen Hut ausgetauscht wurde. Die Sommerkleidung der Funktionäre bestand

Pjatigorsk 1973 – früh übt sich . . .
Repräsentationspflichten in der
Stawropoler Zeit. Raissa
Maximowna verabschiedet die
Frau des bulgarischen Botschafters
in der UdSSR, D. Zhulew.

aus einem hellgrauen Anzug, zu dem weiße Hemden mit Krawatten getragen wurden. Ein Strohhut schützte in den heißen Monaten vor Verbrennungen und Hitzschlag.

Von Raissa Maximowna ist bekannt, daß ihre Winterkleidung damals aus einem wattierten Mantel mit Pelzkragen und Pelzbesatz an den Ärmeln bestand. Fotos aus jenen Jahren zeigen sie uns außerdem mit einer Pelzschapka, die sie besonders frech zu tragen verstand. Als Schuhwerk dienten ihr wildlederne oder pelzgefütterte lederne Damenstiefeletten. Damenwinterstiefel trug man bis weit in die sechziger Jahre nicht, oder besser gesagt: Sie wurden bis zu dieser Zeit nicht produziert.

Tagsüber trug Raissa Maximowna meist ein strenges Kostüm, dazu eine weiße Bluse, an der stets eine wertvolle Brosche befestigt war. Die Abendkleider waren in einem unauffälligen Dunkel gehalten, der Stoff war oft Brokat oder Samt. Im Sommer bestimmte das warme Klima der Stawropoler Gegend die Kleidung. Die Stoffe von Kostümen oder geschlossenen Tageskleidern waren dann hell und bunt, die Farben paßten sich den freundlichen Tönen der Landschaft an.

Konfektionsware, zu jener Zeit ohnehin eine Rarität, kam für die Frauen der Nomenklatura nicht in Betracht. Ihre gesamte Kleidung wurde für sie angefertigt. Selbst bei der Auswahl der Schuhe brauchten sich diese Frauen nicht auf das zu verlassen, was in den Geschäften mehr oder weniger zufällig angeboten wurde. Ihr Schuhwerk wurde speziell für sie gearbeitet. In jedem Gebiet Sowjetrußlands gab es kleine Werkstätten, deren gesamte Produktion ausschließlich der Führungsschicht zugute kam. Das war auch im Stawropoler Gebiet nicht anders. Hier kannte man den Geschmack der Kundschaft recht gut, man hatte sich sogar darauf eingestellt, die individuellen Wünsche vor allem der Kundinnen, die durch die Funktion ihrer Männer bestimmt waren, zu berücksichtigen. Doch da das Leben in der relativ isolierten Provinz Vergleiche selten möglich machte, war es der Frau weitgehend selbst überlassen, ihren Stil zu finden. Modezeitschriften gab es noch längst nicht, getragen wurde, was gefiel, ob modisch oder nicht modisch. Nur unterscheiden mußte man sich von der Frau eines anderen Funktionärs. Die einseitige fett- und kohlehydratreiche Kost jedoch, die in den meisten Funktionärsfamilien vorherrschte, die Eintönigkeit des Lebens und die ausgiebigen Gelage ließen bei nicht wenigen Frauen schon in jungen Jahren einen gewissen Zug zur körperlichen Fülle entstehen, was einer attraktiven Kleidung Grenzen setzte. Obwohl sich Raissa Maximowna sehr – wie schon erwähnt – um eine bewußte Ernährung ihrer Familie bemühte, zeigen Fotos aus jenen Jahren, daß auch an ihr die opulenten Festmahle nicht ganz spurlos vorbeigegangen waren, aber sie von ihrer Figur her das Schlimmste verhindern konnte.

Erst nach dem XX. Parteitag der KPdSU im Jahre 1956 zogen neben einer relativen Liberalisierung des politischen Lebens auch im gesellschaftlichen Leben Veränderungen ein. Es intensivierten sich die Beziehungen zur Außenwelt, engere Kontakte zur Nachbarrepublik wurden möglich oder, in besonderen Fällen, ein Besuch in Moskau. Auch regionale Funktionäre bekamen allmählich von der Moskauer Führung den Auftrag zu Auslandsreisen. Normen bestimmten nicht länger die Geschmäcker der regionalen Größen, Vergleich war zum neuen Schlagwort geworden. So erkannte auch die Stawropoler Führungsschicht, daß der Lebensstandard in befreundeten »Bruderländern« nicht selten höher lag als zu Hause, daß sich dort selbst einfache Frauen geschmackvoller kleideten als im eigenen Land.

Noch etwas sollte das Aufbrechen des eintönigen Lebens in der Provinz begünstigen: Seit dem Ende des Zweiten Weltkrieges standen sowjetische Truppen in Ostblockländern, um dort den Fortbestand des kommunistischen Regimes zu gewährleisten. Den Offizieren hatte man gestattet, ihre Familien in die Stationierungsländer mitzunehmen, und von dort wußten vor allem die Frauen Erstaunliches zu berichten. Trotz allen Mangels, der auch in diesen Ländern in der Nachkriegszeit herrschte, gab es Dinge zu kaufen, von denen man in Sowjetrußland noch nicht einmal die Funktion beschreiben konnte. Vor allem die Frauen, die in der DDR gelebt hatten, brachten in ihren Reisekoffern und Umzugskisten regelmäßig wahre Schätze in die Heimat zurück, was den Neid der einheimischen Funktionärsfrau hervorrief, die von der Außenwelt weiterhin weitgehend abgeschnitten blieb. Ihre Erfahrung reichte kaum über den regionalen Schüsselrand, die Kreise, in denen sie sich bewegte, blieben trotz aller Öffnung eng. Sie verbrachte den Urlaub mit ihresgleichen in denselben Sanatorien und Heimen. Ihre Familien ließen sich in den eigens für sie gebauten Kliniken behandeln. Ihre Wohnungen waren mit Möbeln ausgestattet, die alle in derselben Werkstatt hergestellt worden waren. Selbst die Kinder besuchten dieselben privilegierten Schulen, in die sie mit den Dienstautos der Väter gebracht wurden. Der politische Nachwuchs kam stets aus den eigenen Reihen, eine Art Inzuchtbetrieb, der nur selten zu durchbrechen war.

Die Wohnungseinrichtung der Gorbatschows zu dieser Zeit sollte nicht mit den damals üblichen westlichen Standards verglichen werden. Aber sie war zweckmäßig und entsprach durchaus dem gesellschaftlichen Status. Lediglich an zwei Merkmalen konnte man die individuelle Handschrift der Gorbatschows erkennen. Einmal hatten sie sich schon zeitig ein Klavier zugelegt, an dem später einmal die Tochter Irina so manche Stunde verbringen sollte. Zum anderen glichen Wohn- und Schlafraum der Familie – vor allem auf Raissa Maximownas Betreiben – einer riesigen Bibliothek. Sorgfältig wachte die junge Frau darüber, daß ausgeliehene Bücher wieder zurückgegeben wurden, nicht weniger sorgfältig verfolgte sie aber auch das aktuelle Buchangebot. Sie hätte durchaus für sich die Möglichkeit in Anspruch nehmen können, Bücher aus der Bibliothek zu entleihen. Freunde aus jenen Jahren wissen aber zu berichten, daß man Raissa nur selten in einer Bibliothek sehen konnte, dafür um so häufiger in Buchhandlungen. Bücher waren und sind für sie auch heute noch unentbehrlich. Das bezieht sich nicht nur auf Fachliteratur, die für einen wissenschaftlich tätigen Menschen nun einmal

unverzichtbar ist. Schöngeistige Literatur gehört ebenfalls dazu.
So soll es kaum einen Abend gegeben haben, an dem Raissa
Maximowna nicht wenigstens ein paar Seiten gelesen hätte.
Erholung fanden die Gorbatschows in einer Datschensiedlung
unweit von Stawropol in einer reizvollen Waldgegend, dem Na-
turschutzgebiet Strischement, durch die sich ein malerischer

Auch das gehört zum Repräsen-
tieren: Eine Sightseeing-Tour durch
Pjatigorsk. Dritte v. r. Raissa Maximowna.
Der Dank: Ein bewundernder Blick von
Frau Zhulew.

Fluß schlängelte. Hier hatten alle Funktionäre ihre kleinen Häuschen, deren Ausstattungsgrad und Komfort natürlich der jeweiligen Position in der Nomenklatura entsprach. Diese Unterschiede wurden auch in der außerdienstlichen Sphäre streng eingehalten. So war die Datscha, die Michail Sergejewitsch zunächst in seiner Funktion als Erster Sekretär des Stadtkomitees des Komsomol zur Verfügung gestellt bekam, weitaus bescheidener als die der Parteikader. Doch in verhältnismäßig kurzen Zeitabständen konnten die Gorbatschows in immer besser eingerichtete Datschas umziehen, der Aufstieg vollzog sich stetig und konsequent.

Fünfzehn Jahre nach der Rückkehr in das Stawropoler Gebiet hatte Michail Sergejewitsch die höchste regionale Sprosse erreicht, er war Erster Sekretär des Gebietskomitees der KPdSU geworden und damit erster Mann in einem Gebiet, das in seiner geographischen Ausdehnung etwa der Fläche der Beneluxstaaten entspricht. Natürlich kann man diese Funktion nicht mit der Machtfülle vergleichen, die ein Generalsekretär in Moskau auf sich vereint. Vergleichbar ist aber auf jeden Fall die Struktur der Funktion, die nach dem Moskauer Beispiel organisiert ist. Der Erste Gebietssekretär ist uneingeschränkter Herrscher über sein Land. Nichts kann ohne seine Zustimmung gemacht werden, nichts, aber auch gar nichts führt an ihm vorbei. Rechenschaftspflichtig ist er nur der Moskauer Führung, wie er auch gleichzeitig deren Vollstrecker in dem ihm übergebenen Territorium ist. Doch auch hier wurde und wird nach dem Prinzip gehandelt: Moskau ist fern, und nicht alles ist kontrollierbar. Keineswegs soll Michail Sergejewitsch Gorbatschow hier unterstellt werden, daß er in seiner Funktion in Stawropol Machtmißbrauch getrieben hat. Es ist unbestritten, daß er sich auch schon damals an Prinzipien orientierte, die seinen gegenwärtigen Führungsstil in Moskau so nachhaltig geprägt haben. Viel mehr als seine Vorgänger nutzt er seine Fähigkeiten zum Wohle seines Volkes. In Stawropol hatte er hinlänglich Gelegenheit auszuprobieren, was er später in Moskau in Angriff nehmen sollte. Und dennoch, er war und ist ge- und befangen in den dogmatischen Strukturen, die ein totalitäres Regime hervorbringt. Er selbst konnte gegen Korruption angehen und die Annahme bestechlicher »Geschenke« verweigern, das starre sowjetrussische System konnte er aber weder in Stawropol noch bis jetzt in Moskau aufbrechen.

Michail Sergejewitschs Aufstieg in Stawropol war auch der Aufstieg seiner Frau Raissa Maximowna. Sie war zur ersten Dame des Gebietes geworden und gab fortan den Ton in der Damenwelt an. Sie stand im Mittelpunkt der Aufmerksamkeit und war – obwohl in einer kommunistischen Gesellschaft lebend – von »Speichelleckern« umgeben, die alle aus dem Umgang mit der Familie des Ersten Gebietssekretärs persönliche Vorteile ziehen wollten. Im System des realen Kommunismus jener Jahre verstärkte sich das Bestreben nach materiellem Wohlstand immer mehr – vor allem unter den Leuten, die im Parteiapparat tätig waren. Sie drängten nach Vergünstigungen oder gar der Protektion des obersten Parteiführers. Besonders augenfällig setzten diese Bestrebungen in der Zeit ein, als die große Abrechnung mit Stalin und seinem System das Land beherrschte. Jahrzehntelang hatte Stalin Askese gepredigt, dazwischen lagen die harten und entbehrungsreichen Jahre des Zweiten Weltkrieges. Nun endlich wollte die große Zahl der Funktionäre an dem Kuchen teilhaben, der, wenn auch noch recht bescheiden, inzwischen auf dem Tisch stand. Während Breschnews Regierungszeit von 1964 bis 1982 wurden diese für die Führungsschicht typischen Tendenzen besonders gefördert und perfektioniert. Die Korruption blühte im Lande mit einer unvorstellbaren Geschwindigkeit auf. Konnte man schon der ganzen Bevölkerung nicht den Weg in die lichte Zukunft des Kommunismus ebnen, so wollte man doch wenigstens für sich probieren, wie es sich im Paradies leben läßt. Dem guten Leben der Parteiführer und der sie stützenden, nach Mafiagesetzen organisierten Gruppierungen stand eine unbeschreibliche Armut breiter Kreise der Bevölkerung gegenüber. Die Differenzierung einer Gesellschaft, die sich kommunistisch nannte, in arm und reich nahm immer mehr zu.

Michail Sergejewitsch Gorbatschow gehörte zu der Generation von »Landesherren«, die in eben jenen Jahren zu regieren begannen. Es bedurfte schon eines starken Charakters, um sich den Versuchungen der Macht widersetzen zu können. Sollte Kommunismus Gleichheit für alle Menschen bedeuten, mußte man mit eigenem guten Beispiel vorangehen, und für sich selbst durfte man nur das in Anspruch nehmen, was man auch anderen zuzubilligen bereit war. In diesem Konflikt lebte die Familie Gorbatschow damals ständig, wobei Raissa Maximowna wohl die größere Last zu tragen hatte. Täglich erhielt sie mehrfach Angebote, deren Annahme das ohnehin sorgenfreie Leben noch angenehmer gemacht hätte. Aber daraus wären tiefste Verstrickungen in Korruption und Bestechlichkeit entstanden. Mit hundertprozentiger Sicherheit läßt sich nicht ausschließen, daß nicht auch Raissa Maximowna dieses oder jenes Geschenk angenommen hat und über die Macht ihres Mannes zu protegieren half. Andererseits ist es sicher nicht nur der Nimbus des heutigen Kremlchefs, der Zeitzeugen immer wieder zu Feststellungen veranlaßt, die den Bestechlichkeitsverdacht entschieden von den Gorbatschows nehmen. Es ist anzunehmen, daß sie nicht nur eine gereinigte, sondern eine weitgehend saubere Weste tragen. Falls dennoch Flecken auf ihr waren, blieben sie klein und belanglos.

Der Charakter eines Menschen läßt sich von heute auf morgen nicht so ändern, daß aus einem Saulus ein Paulus wird, und die Druckmittel und Repressalien, die früher zur Reinigung von Biographien eingesetzt wurden, greifen heute längst nicht mehr. So ist die Schreiberin dieser Zeilen auch geneigt, die folgende Geschichte zu glauben, die ihr im Zuge der Recherchen mitgeteilt wurde. In Pjatigorsk, einer mittleren Stadt in der Nähe von Stawropol, gibt es eine Fabrik für besonders köstliche Konditoreiwaren, deren Direktor es sich zur Gewohnheit gemacht hatte, dem Ersten Generalsekretär regelmäßig eine breite Kollektion von Schokoladen- und Konfektsorten zum »Kosten« zu bringen, was aber in Wirklichkeit nichts anderes als ein Bestechungsgeschenk bedeutete. Gorbatschow soll jedesmal das Paket an die Belegschaft der Fabrik zurückgegeben und ihr beim Verkosten der eigenen Produktion »guten Appetit« gewünscht haben.

Obwohl die Gorbatschows dieser Art von Geschenken eher

1983 – Neujahrsmorgen unter Partei-
sekretären. V.r. Michail Sergejewitsch,
Irina, dahinter Boldyrew, daneben Anatoli,
davor Inshijewskij, davor Raissa, daneben
Inshijewskaja, dahinter Alla Iwanowna
Kasnatschejewa und ihr Mann Viktor und
Alexander Raspopow mit seiner Frau.

abweisend gegenüberstanden, brauchten sie auf das angenehme Leben, das die Funktion eines »Landesherren« mit sich brachte, nicht zu verzichten. Ihre Vorgänger hatten schon dafür gesorgt, daß auch die »normalen« Umstände durchaus ein von materiellen Sorgen freies Leben garantieren konnten.

Aus der bisherigen kleineren Stadtwohnung in der Uliza Mira zog die Familie in ein geräumiges, zweistöckiges Stadthaus in die Uliza Derschinskowo um, das in einer stillen Gasse im Zentrum Stawropols lag. Es war aus Ziegelsteinen gebaut, mit Stuck verputzt und im traditionellen südrussischen Stil in hellen Tönen gestrichen. In der unteren Etage befanden sich Empfangszimmer, Speiseraum, eine Anrichte und die Küche. Die obere Etage beherbergte das Arbeitszimmer des Hausherrn, Schlafzimmer und die Bibliothek. In dem kleinen Garten, der das Haus umgab, wuchsen viele Blumen.

Bei meinen Recherchen hatte ich das Glück, die 22jährige grusinische Studentin Marina kennenzulernen. Marina war 1976 als kleines Mädchen zu Gast bei den Gorbatschows in Stawropol gewesen. Sie erinnert sich noch genau an ein zweistöckiges Haus »wie ein englisches Landhaus, sehr schöne Antiquitäten, überall Blumen, und Raissa selbst war gekleidet und benahm sich wie eine Gutsbesitzerin.« Marina war mit ihrem Vater gekommen, dem Direktor einer staatlichen Restaurantkette. Es handelte sich um einen inoffiziellen Besuch, Kontakte dieser Art galten als korruptionsverdächtig. Ihr Gastgeschenk, ein Teeservice aus dagestanischem Silber, wurde kaum gewürdigt – als ob sie nur einen Strauß Blumen mitgebracht hätten. Offenbar waren die Gorbatschows solche Geschenke gewöhnt. Gegen Ende unseres Gesprächs brach Marina in Tränen aus: Kurz nach dem Besuch bei den Gorbatschows – ein Zusammenhang zwischen beiden Ereignissen besteht allerdings nicht – war ihre Familie von der grusinischen Mafia umgebracht worden. Marina war dem Massaker nur deshalb entkommen, weil sie unentdeckt auf dem Heuboden spielte.

Anfang der siebziger Jahre wurden in allen Gebieten der Sowjetunion spezielle Verkaufsstellen eingerichtet, in denen ausschließlich die zur Nomenklatura zählenden Familien zu staatlich subventionierten Preisen Importwaren wie Kleidung, Schuhe, Haushaltsgeräte und Unterhaltungstechnik kaufen konnten. Wie begrenzt die Zahl derer war, die zu solchen Geschäften Zutritt hatten, läßt sich am Beispiel von Stawropol nahezu exakt belegen. Dort waren es nämlich nicht mehr als hundert Personen. Das Warenangebot in diesen »Kaderläden« erweiterte sich im Laufe der Zeit ganz beträchtlich, was nicht zuletzt damit zusammenhing, daß die UdSSR seit Anfang der siebziger Jahre aus dem Verkauf von Erdöl und Erdgas in westliche Länder über größere Deviseneinnahmen verfügte. Auch die Zunahme von Kompensationsgeschäften, eine Art Tauschhandel, mit westlichen Unternehmen füllte vor allem in den »Kaderläden« die Regale mit Waren aus dem Westen.

Mehr als die Hälfte der begehrten Artikel kam aus Finnland, denn sehr schnell hatten die Finnen begriffen, daß der sowjetische Markt auch für solche Waren aufnahmebereit war, die sich woanders nicht mehr absetzen ließen. Finnische Kleidung ist zwar recht bequem und praktisch und teilweise auch von guter Qualität, aber mit Ausnahme von Mänteln und Jacken wird in Finnland kaum Kleidung produziert, die den westlichen Trends entspricht. In die Sowjetunion wurden vor allem provinzielle Kleider und Kostüme exportiert, meist auch noch aus synthetischen Stoffen gefertigt, die vor allem für das südliche Klima völlig ungeeignet waren. Doch die Nachfrage nach diesen Produkten hielt unvermindert an, denn es gehörte zu den Insignien der oberen Schicht, diese für die Allgemeinheit unzugänglichen Produkte öffentlich vorzuführen und zur Schau zu stellen.

Auch das Netz der Versorgung mit Gütern des täglichen Bedarfs veränderte sich in dieser Zeit für die Angehörigen der Nomenklatura. War es bis Anfang der siebziger Jahre noch üblich, daß die Hausangestellten oder die Hausfrau selbst die Lebensmittel, Obst und Gemüse in den staatlichen Geschäften oder auf dem freien Markt einkauften, wurden nun auch dafür eigens »Kaderläden« eingerichtet, zu denen die übrige Bevölkerung natürlich keinen Zugang hatte. Auf dem Land ließ man Betriebe der Nahrungsgüterindustrie einrichten, die ausschließlich für die »geschlossenen« Läden produzierten. Die Preise, die für Einkäufe in solchen Läden zu bezahlen waren, hatten in der Regel nur symbolische Bedeutung. Ein Kilo Rindslende kostete hier nur ein Zwanzigstel des normalen Ladenpreises, aber zu dieser Zeit war es gar nicht mehr möglich, Fleisch dieser Qualität in einem öffentlichen Laden zu bekommen. Auch Obst und Gemüse kosteten nur ein Zehntel des Marktpreises. Auf diese Weise schuf sich die Nomenklatura von der Zentrale in Moskau bis hin in die entferntesten Gebiete ein sorgfältig ausgeklügeltes Versorgungsnetz, das ein angenehmes Leben ermöglichte.

Nachdem Michail Sergejewitsch Gorbatschow Erster Sekretär des Stawropoler Gebietskomitees geworden war, stiegen er und seine Familie auch in eine höhere Kategorie der medizinischen Betreuung auf. Von nun an kümmerte sich die 4. Hauptverwaltung des Gesundheitsministeriums der UdSSR um ihr Wohl und Wehe. Diese Verwaltung ist für die medizinische Versorgung der höchsten Führung des Landes zuständig, für Mitglieder und Kandidaten des Politbüros und des Zentralkomitees der Partei, für Minister und höchste militärische Führer. Von den Kadern der Provinzelite genießen nur die Ersten Sekretäre der Gebiets- und Regionalkomitees der Partei diese Vorzugsbehandlung, gehören sie doch qua Funktion dem Zentralkomitee der Partei an. Michail Sergejewitsch, Raissa Maximowna und Tochter Irina konnten sich nun jährlich einer gründlichen Untersuchung in der Zentralklinik der 4. Hauptverwaltung in der Moskauer Rubljowchaussee unterziehen, wodurch sich auch Probleme mit Defizitarzneien sowie guten Brillengestellen für Michail Sergejewitsch automatisch lösten – mit dem Begriff »Defizitwaren« wird alles umschrieben, was Mangelware bedeutet.
Die Versorgung in dieser Klinik hatte aber auch noch einen

anderen, nicht unwesentlichen Effekt, verfügte sie doch über ein breites Netz von Erholungsheimen und Sanatorien in allen Teilen des Landes, vom Fernen Osten bis zum Baltikum, von der südlichen Schwarzmeerküste bis zu den nördlichsten Gegenden Rußlands. Während der Breschnew-Jahre vergrößerte sich die Zahl derartiger Häuser ständig, es wurden immer neue gebaut. Am meisten wurden aber die alten, noch zu Stalins Zeiten gebauten Sanatorien geschätzt, die aus Marmor und Buntstein im Süden des Landes errichtet worden waren.

1971 durften die Gorbatschows zum erstenmal ihren Urlaub in dem der obersten Führung vorbehaltenen Nobelkurort Oreanda auf der Krim verbringen. Das Sanatorium »Nischnjaja Oreanda«, dem sie zugewiesen wurden, existiert heute noch. Es ist ein vierstöckiges luxuriöses Gebäude im Stil eines Palastes, aus hellgelben und rosafarbenen Steinen gebaut. Die breite Veranda im Parterre und die Balkone der Zimmer sind mit Marmor ausgestattet. Hier blühen südliche Rosen in ausladenden Steinschalen. Die Zimmer sind trotz der sommerlichen Temperaturen angenehm kühl. Die schweren Eingangstüren aus massivem Eichenholz öffnen und schließen sich automatisch. Das Personal ist für seine Aufgaben besonders ausgewählt und geschult, es versteht gut und diskret zu arbeiten. Die Kieselsteinwege im südlichen Park, der sich bis zum Strand hinunter erstreckt, sind eben und mit feinem dunklen Kies bestreut. Die besten Gartenarchitekten des Landes waren hier tätig, eine Idylle ist entstanden, die ihresgleichen sucht. Bäche durchziehen das Gelände, und an ihren Ufern stehen von Weinreben umrankte Pavillons. Am eingezäunten Strand gibt es Sonnenliegen und kleine Kabinen, die Schutz vor der brütenden südlichen Sonne bieten. Im Gegensatz zu Stränden in Jalta und Sotschi, wo »Normalsterbliche« ihren Urlaub verbringen, zeichnet sich der Strand von Oreanda durch seine ungewöhnliche Sauberkeit aus. Es scheint, als seien die Steine, einer wie der andere, mit Seife gewaschen und akkurat nebeneinandergelegt worden. Die Teestube am Strand bietet als Erfrischung einen aromatischen Tee, zu dem »Kremlkringel«, ein wohlschmeckendes Gebäck aus Weizenmehl, gereicht werden.

Das Sanatorium selbst ist nach den modernsten medizinischen Gesichtspunkten ausgestattet. Hier arbeiten nur hochqualifizierte Ärzte, Krankenschwestern, Masseure und Spezialisten für Heilgymnastik. An den Wegen sind verschieden lange Wanderrouten ausgeschildert, so daß jeder Urlauber nach eigenem Wollen oder dem Willen des Arztes Herz und Kreislauf bei Spaziergängen aktivieren kann. Die Küche ist traditionell üppig, auf dem Speiseplan stehen mehr als 25 Menüvarianten, die nach eigenen Wünschen oder den Empfehlungen der Diätologen kombiniert werden können. Die Gorbatschows verbrachten in der Regel in Oreanda den vorgeschriebenen Aufenthalt von vier Wochen, der bei einer intensiven Behandlung vor allem für die Prophylaxe ausreichte. Immer wieder kamen sie hierher, diese Gegend hatte es ihnen ganz besonders angetan.

Die Urlaubsmöglichkeiten des neuernannten Ersten Sekretärs des Regionskomitees von Stawropol beschränkten sich aber nicht nur auf die besten Kurorte und Sanatorien im eigenen Lande. Immer häufiger räumte die Moskauer Zentrale auch den hohen Provinzsekretären die Möglichkeit ein, in Heimen westlicher kommunistischer Parteien ihren Urlaub zu verbringen. Schon bald nach der Übernahme der höchsten Stawropoler Funktion wurde auch den Gorbatschows gestattet, einige Urlaubswochen in einem der Sanatorien der kommunistischen Partei Italiens am Mittelmeer zu verbringen.

Ihre erste westliche Auslandsreise machte Raissa 1974 mit Michail nach Italien. Sie erholten sich in einem Kurort am Fuße des Ätna vier Wochen, auf Einladung der italienischen KP. Raissa schwärmte vom bunten Paradies Venedig. 1976 hieß das Reiseziel von Michail und Raissa: Frankreich. Sie machten eine Rundreise durch Paris, Cannes, Nizza und Marseille. Sie schwärmten vom französischen Charme. Raissa war nach dieser Reise ein wenig geknickt. In Italien hatte man ihr wegen der Figur Komplimente gemacht. In Frankreich war das Schönheitsideal ein anderes. Deshalb brachte Raissa sich nur Stoffe mit, keine Kleider. Tochter Irina lernte 1977 das kapitalistische Ausland kennen. Sie fuhr mit der kommunistischen Jugendorganisation nach Finnland.

Die vielen Annehmlichkeiten des Lebens einer ersten Dame in einem großen Gebiet wogen dennoch nicht die Nachteile auf, die für Raissa Maximowna damit verbunden waren. Der Weg nach ganz oben und das Leben an der Spitze führten unweigerlich in die strenge Isolation, die Breschnew allen seinen hohen Funktionären verschrieben hatte. Die Privilegien, die die Nomenklatura genoß, durften unter keinen Umständen bekannt werden. Die Trennung der Führer vom Volk wurde perfektioniert.

Durch die langen Jahre an der Spitze einer ganzen Region entfernten sich auch die Gorbatschows immer weiter von den Realitäten des Lebens. Es galt, was sie sagten, die sie umgebende Umwelt nahm an, was sie taten. Niemand wagte, am Ersten Sekretär ernsthaft Kritik zu üben. Natürlich, gemunkelt wurde vieles, und vor allem Raissa Maximowna galt häufig als Zielscheibe von Klatsch und Tratsch. Damit mußten auch die Gorbatschows leben. Raissa Maximowna tat in dieser Situation das vermutlich einzig Richtige: Sie konzentrierte sich auf ihre Familie und versuchte dabei, die Redereien, die natürlich auch sie erreichten, abzuschütteln, sie einfach zu ignorieren.

Um der Isolation zu entgehen, begann Raissa darüber hinaus, sich eigene Aufgabengebiete zu suchen. Mit besonderer Intensität widmete sie sich dem weiten Feld der Kultur. Das entsprach ihrer langjährigen Neigung, die sich schon während des Studiums in Moskau herausgebildet hatte. Ihre besondere Vorliebe galt dabei dem Theater. Sie besuchte nicht nur alle Premieren in Stawropol, regelmäßig kam sie auch mit dem Intendanten und den Schauspielern zusammen, um Spielpläne zu beraten, Inszenierungen auszuwerten, Vorschläge für neue Stücke zu unterbreiten. Dabei kam ihr ihre breite Kenntnis nicht nur der russischen und sowjetischen Literatur, sondern auch der gesamten Weltliteratur zugute. Freilich gelang es ihr nicht, alle ihre Vorstellungen durchzusetzen. Schon die personelle Besetzung des Theaters setzte Grenzen, es waren auch nicht die besten Regisseure, die an einem Provinztheater tätig waren. Wer etwas auf sich hielt, wer etwas konnte, bemühte sich um eine Anstellung in den kulturellen Zentren des Landes, in Moskau, Leningrad, Kiew, aber auch in den großen Städten der asiatischen Republiken. Überall dort ließen sich individuelle Vorstellungen von Kunst und Kultur viel einfacher durchsetzen als in der doch weitge-

Warum mußten die Parteisekretäre und Ehefrauen am Neujahrsmorgen soviel Frischluft tanken? Feuchtfröhlich ging's zu auf der Silvesterfeier. Dieselbe Clique ist versammelt wie am Neujahrsmorgen: vierte v. l. Raissa Maximowna, dahinter Michail.

hend von Konservativismus behafteten Stadt Stawropol, die im übrigen auch über keinerlei kulturelle Tradition verfügte. Gerade das zeigte sich auch im Publikumsgeschmack. Die Zuschauer ließen sich viel eher von einer billigen Seifenoper oder einem platten Revolutionsstück in den Bann ziehen als von großen dramatischen Leistungen, die avantgardistische Autoren hervorgebracht hatten.

Dennoch ließ sich Raissa Maximowna von ihrem Vorhaben nicht abbringen, das kulturelle Brachland Stawropol zu bearbeiten. Mehr und mehr gelang es ihr, bedeutende Künstler des Landes

Höhepunkt der Silvesterfeier 1982: Väterchen Frost an der Hand von Raissa, daneben Michail und Irina, dahinter Anatoli und Viktor Kasnatschejew (heute Minister für soziale Sicherung).

zumindest zu Gastspielen nach Stawropol zu holen, Ausstellungen zu veranstalten, kurz gesagt, Kultur zu einer Institution werden zu lassen. Ob ihre Bemühungen dauerhaften Erfolg hatten, läßt sich nur schwer beurteilen. Fest steht jedoch, daß durch ihr Engagement erreicht werden konnte, daß die Zahl der regelmäßigen Theater- und Konzertbesucher stetig anstieg.

Besondere Aufmerksamkeit widmete Raissa Maximowna in den Jahren ihrer »Regentschaft« als erste Dame des Stawropoler Gebietes auch der Bildung der ländlichen Bevölkerung. Bei den soziologischen Untersuchungen, die sie zur Vorbereitung ihrer Doktorarbeit in Dörfern des Stawropoler Gebietes vorgenommen hatte, war sie mit einer erschreckenden Rückständigkeit konfrontiert worden. War schon die Hauptstadt Stawropol nicht gerade ein Hort der Kultur, so nahm von der Stadtgrenze an das soziale und kulturelle Gefälle noch mit atemberaubender Geschwindigkeit zu. Mitte der sechziger Jahre gab es in vierzig Prozent der Kolchosfamilien immer noch Familienangehörige ohne abgeschlossene Schulausbildung, die kaum lesen und schreiben konnten. Dieser Umstand trug nicht unwesentlich dazu bei, daß sich in den ländlichen Gebieten vor allem der Aberglaube in großem Maße erhalten hatte.
Die Härte eines dörflichen Arbeitstages, der in der Regel mehr als fünfzehn Stunden betrug, die Rückständigkeit in Fragen der Mechanisierung, das alles war auch der Grund dafür, daß auf dem Land Freizeit ein Fremdwort war. Wo sie jedoch fehlt, fehlt auch die Grundvoraussetzung für die Entwicklung kultureller Bedürfnisse. Die Tätigkeit des Lesens beschränkte sich auf die Zeitung, mit schöngeistiger Literatur beschäftigten sich in der Regel nur Schüler, die im Unterricht angehalten wurden, diese oder jene literarischen Werke zu lesen. Nur selten entwickelte sich daraus nach Abschluß der Schulzeit aber ein lebenslanges Bedürfnis nach Literatur, vor allem wenn der harte Arbeitsalltag auf dem Lande einsetzte.
Raissa Maximownas soziologische Untersuchungen deckten auf,

Auf, auf zum Neujahrsspaziergang, ihr Parteisekretäre! Im Hintergrund die Staatsdatscha in den kaukasischen Bergen, wo Silvester gefeiert wurde.

wo angesetzt werden mußte, wenn das kulturelle Niveau auf dem Lande gesteigert werden sollte. An erster Stelle mußte die Verbesserung der Arbeits- und Lebensbedingungen stehen. Dieser Prozeß ist bis heute noch nicht abgeschlossen, Rückständigkeit dominiert auch heute noch das Leben auf dem Dorfe, moderne Kommunikationsmittel wie Rundfunk und Fernsehen heben inzwischen aber den Grad der Informiertheit unter der ländlichen Bevölkerung.

Aus ihren Vor-Ort-Studien hatte Raissa Maximowna die Erkenntnis gewonnen, daß es nicht ausreicht, die Bestände dörflicher Bibliotheken aufzufüllen, um die Bevölkerung mit den Schätzen der Kunst und Kultur vertraut zu machen, sie mußten im wörtlichen Sinn »herangeführt« werden. Im wesentlichen ist es ihren Bemühungen zu verdanken, daß an den Stawropoler Kulturveranstaltungen, Theater-, Konzert- und Varietéabenden regelmäßig Besucher aus den ländlichen Gegenden teilnehmen konnten. Busse oder kolchoseigene Fahrzeuge brachten Menschen aus den Dörfern in die Museen der Stadt, Fahrten zu kulturhistorisch wichtigen Orten, Plätzen und Landschaften wurden organisiert. Damit leitete sie natürlich nicht gleich eine »Kulturrevolution« auf dem Lande ein, aber ihr Einsatz, die Konzentration ihrer Möglichkeiten auf das Machbare, wird noch heute gewürdigt. Selbst wenn sie nicht allen Rückschritt beseitigen konnte, es waren ihre Bemühungen, die dazu beitrugen, Stawropol einen weiteren Schritt an die Neuzeit heranzuführen.

Verdient noch etwas in jenen Jahren besondere Erwähnung, dann ist es der Einfluß, den Raissa Maximowna auf ihren Mann ausübte. Sie konnte Michail Sergejewitsch davon überzeugen, daß er in Stawropol noch nicht auf dem Höhepunkt seiner Karriere angekommen war. Bei ihrem Mann hatten sich nämlich in den Jahren seiner Tätigkeit als Parteifunktionär gewisse Genügsamkeitserscheinungen, Zufriedenheit mit dem Erreichten, breitgemacht. Er hatte in relativ kurzer Zeit Positionen erklommen, wozu andere ein ganzes Leben brauchten, wenn sie über-

*Pjatigorsk 1983 – dieses Foto
schoß Anatoli von seiner Frau
Irina Werganskaja auf dem
Neujahrsspaziergang.*

haupt so weit kamen. Raissa Maximowna aber wußte nur zu gut, daß Michail über Qualitäten und Eigenschaften verfügte, die ihn über die anderen provinziellen Funktionäre stellten. Er war klug, zugänglich und vor allem durch die Möglichkeiten der Macht noch nicht korrumpiert. Wir wollen Raissa Maximowna nicht unterstellen, daß sie bei all ihrem Drängeln, ihr Mann möge höhere Ziele anstreben, mit einem Auge immer in Richtung Moskau blickte. Bei den in der Sowjetunion herrschenden Strukturen ist es auch nicht vorstellbar, daß sie schon von Anfang an für ihren Mann die Position des Kremlführers anvisiert hätte. Aber sie bedrängte ihn unentwegt, an seiner weiteren Karriere zu arbeiten, Schritt für Schritt und Stufe um Stufe. Das Erreichte war für sie nie das letzte. Immer gab es noch etwas, das sich erschließen ließ.

Sie selbst setzte auch alle ihre Möglichkeiten ein, um ihrem Mann behilflich zu sein. Die Freizeit, die ihr zur Verfügung stand, nutzte sie unter anderem dazu, für Michail Sergejewitsch Literatur aufzuarbeiten, fachliche, die notwendig war, um neue Erkenntnisse in die Arbeit einbringen zu können, aber auch schöngeistige, die nicht ohne Einfluß auf die moralisch-charakterliche Entwicklung eines Menschen bleiben kann. Raissa Maximowna konnte ihren Mann aufgrund ihrer fachlichen Kompetenz durchaus sachkundig in vielen Fragen beraten. Was für ihren Ehemann aber mindestens genauso wichtig war, sollten die vielen häuslichen Gespräche sein, in denen er sich frei von allen ideologischen Zwängen über die ihn bewegenden Fragen äußern konnte. Das vermittelte ihm einen nicht unwichtigen Rückhalt für die Bewältigung der Tagesaufgaben. Bis heute hat sich an der Rolle Raissas als Gesprächspartnerin und Beraterin ihres Ehemannes nichts geändert.

Der aufmerksame Leser wird natürlich spätestens an dieser Stelle die Frage nach den Motiven von Raissas Handeln stellen. Sie mögen sicher vielfältig sein. Das Psychogramm dieser Frau vollständig zu erschließen würde den Rahmen einer wissenschaftlichen Arbeit in Anspruch nehmen, und es fehlen natürlich

dafür gesicherte Forschungen. Fest steht jedoch, daß sie aufgrund ihrer eigenen Ausbildung viel eher als andere Frauen von
hochrangigen Parteifunktionären schon frühzeitig die Chancen
erkannt hatte, die in politischen Veränderungen lagen. In ihrem
Mann sah sie einen potentiell erfolgreichen Reformer. Dazu galt
es aber nicht nur, alle seine Fähigkeiten zu entwickeln, sondern
auch Verbindungen und Protektionen aufzutun.

Doch bei allem Hintenanstellen des eigenen Tuns, eine Frau
wäre nicht eine Frau, würde sie nicht manchmal auch mit dem
Leben ganz oben kokettieren.

Raissa
als
Wissenschaftlerin

Nancy Reagan, die Frau des früheren Präsidenten der USA, machte eine höchst bemerkenswerte Entdeckung: Als sie sich auf ihr erstes Zusammentreffen mit Raissa Gorbatschowa vorbereiten ließ, mußte sie feststellen, daß das Russische überhaupt kein entsprechendes Wort für den Titel »First Lady« kennt. In einem Gespräch mit ihren Beratern hörte sie, daß die Rolle der Frau in der Sowjetunion nicht mit der in den USA zu vergleichen sei. Dort herrschen immer noch – fast siebzig Jahre nach der Revolution – Denk- und Verhaltensweisen aus der Zarenzeit, nach denen sich die Frau absolut und in jeder Beziehung dem Manne zu unterwerfen habe. Nancy Reagan erfuhr, daß es durchaus nicht ungewöhnlich sei, Frauen im Straßen- und Bergbau anzutreffen, sie schwere Gegenstände transportieren zu sehen, und zum Beweis wurden ihr Filme und Fotos gezeigt.

Mrs. Reagan war tief beeindruckt. Sie konnte kaum glauben, daß solche gravierenden Unterschiede zwischen zwei zivilisierten Ländern bestehen sollten. Zwar hatte ihr Mann, der Präsident der Vereinigten Staaten, noch gar nicht so lange vor dem ersten Gipfeltreffen davon gesprochen, daß das Land, mit dessen Führer sie zusammenkommen wollten, »das Reich des Bösen« sei. Er, seine Sicherheitsberater und andere führende Köpfe der Administration hatten laut darüber nachgedacht, die »Sowjetunion in die Steinzeit zurückzubomben«, es verging kein Tag, an dem nicht ein neues Bedrohungsszenarium in Zeitungsartikeln oder Büchern veröffentlicht worden wäre. Aber Nancy Reagan konnte sich kein klares Bild von der Frau machen, mit der sie einige Tage im Rahmen eines Damenprogramms zusammensein, an deren Seite sie im Beisein der Ehemänner fotografiert werden würde.

Wer ist diese Raissa Gorbatschowa, die auf Auslandsreisen Seite an Seite mit ihrem Gatten die Flugzeuggangway herunterschreitet, bei der Rückkehr nach Moskau aber hinter den Kofferträgern den außerhalb der Scheinwerferkegel liegenden Ausstieg des Flugzeuges benutzt? Selbstbewußt soll sie sein, auch hochgebildet, mit einem Doktortitel versehen. Aus London war übermittelt worden, daß sie bei einem ersten Großbritannienaufenthalt, noch vor der Zeit, als ihr Mann in das höchste Amt der Sowjetunion gewählt worden war, Reporter und Gastgeber durch ihre Englischkenntnisse verblüfft hatte. Vom früheren Kremlchef Andropow hatte man noch nicht einmal gewußt, ob er überhaupt verheiratet war. Erst zu seiner Beerdigung sendeten Fernsehstationen das Bild einer trauernden Frau an seinem Sarge, der Gorbatschow sein Beileid bekundete, so daß man annehmen konnte, daß sie die Ehefrau des verstorbenen Kremlführers gewesen sein mußte.
Der Aufbruch in die Zukunft, den Gorbatschow seinem Land verordnete, bedeutete auch, daß die Frau des neuen Herrschers in eine neue Rolle kam, daß sie zumindest im Ausland als First Lady auftritt, auch wenn es dafür im Russischen keine Bezeichnung gibt. Ja, Raissa Maximowna weiß zu verblüffen. Nichts ist mehr übriggeblieben von dem ungeschickt-linkischen Auftreten einer Nina Chruschtschowa, die 1961 auf dem Gipfeltreffen in Wien neben der eleganten Jacky Kennedy fast wie eine Zugehfrau wirkte, und das nicht nur, weil sie altmodisch gekleidet war. Sie vermittelte sogar den Eindruck, als fühle sie sich in der ihr zugewiesenen Rolle überhaupt nicht wohl.

Raissa Gorbatschowa hingegen läßt nie die Spur einer Vermutung aufkommen, als habe sie auch nur die geringsten Schwierigkeiten mit ihrer Rolle. Selbstbewußt ist sie, bestimmend – kurz, sie weiß, was sie will. Dabei übt sie auch für Außenstehende einen unübersehbaren Einfluß auf ihren Mann aus. Michail Sergejewitsch Gorbatschow, der in zwanglosen Gesprächen im privaten Kreis gern ins »Schwadronieren« gerät, wird dabei nicht selten von seiner Frau leise mit zur Ordnung rufenden »Befehlen« – »Mischa, Mischa!« – in die Schranken gewiesen. Eine Ursache für das Selbstbewußtsein der Raissa Maximowna liegt zweifellos in ihrem hohen Bildungsgrad. Ich hatte bereits darauf hingewiesen, daß sie ihre gesamte Ausbildung immer mit den besten Ergebnissen abschließen konnte. Selbst wenn sich das sowjetische Bildungssystem in vieler Beziehung von dem des Westens unterscheidet, eines gilt auch hier: Eine gute Bewertung erhält auch ein sowjetischer Student nur für gute Leistungen, selbst wenn in den ideologieträchtigen Fächern wie Philosophie und Soziologie natürlich noch einige systembedingte Faktoren in die Benotung einbezogen werden. Allein die Tatsache, daß Raissa bereits unmittelbar nach Beendigung des Studiums eine Doktorarbeit angeboten worden war, spricht für ein Bildungs- und Intelligenzniveau, das über dem Durchschnitt gelegen haben muß.

Ein riesiges Bücherregal, dessen acht Einlegeböden kostbare Schätze der Weltliteratur enthalten. Einzelbände, Gesamtausgaben, in Leder gebunden oder schon verschlissenes Leinen. Alles wohlgeordnet. Davor Raissa Maximowna, die zu beurteilen weiß, wovor sie steht. Mit sachkundigem Blick erfaßt sie die Bücherwand. Sekunden später wird sie mit Sicherheit eines der Bücher von seinem Standort nehmen. Das Foto, das vor mir liegt, läßt keinen Zweifel daran aufkommen, daß hier eine Frau steht, die mit Büchern umzugehen weiß, die beurteilen kann, welche Wissensschätze sich hier verbergen, eine Frau, der Bücher ein Lebensbedürfnis sind, die Leben und Bücher stets miteinander verbunden hat. Irgendwie verrät schon ihr Blick, daß hier jemand steht, der im wissenschaftlichen Umgang mit Büchern vertraut ist.

Bis zu ihrem Umzug nach Moskau im Jahre 1978 arbeitete Raissa Maximowna am Lehrstuhl für Philosophie des Stawropoler Landwirtschaftlichen Instituts. Daß sie ausgerechnet an diesem Institut eine Lehrtätigkeit aufnahm und nicht an einer der anderen drei Hochschulen der Stadt, beruht auf einer nicht nachzuvollziehenden Entscheidung der Moskauer Kaderkommission.

Ihre erste Aufgabe am Landwirtschaftlichen Institut bestand in der undankbaren Aufgabe, zu den Philosophievorlesungen Seminare abzuhalten. Denn die Studenten, die sich in erster Linie Wissen über die Landwirtschaft aneignen sollten, betrachteten das von Raissa vertretene Fach als ein mehr oder weniger notwendiges Übel. Freilich, keiner der Studenten sprach Vorbehalte gegenüber den Philosophielehrveranstaltungen offen aus, keiner wagte zu fragen, ob das Getreide eines zukünftigen Landwirts mit philosophischen Kenntnissen besser wächst als ohne sie, ob die Hennen der zukünftigen Leiterin einer Geflügelfarm wegen deren guten Noten im Fach Marxismus-Leninismus vollkommenere Eier legten als bei einer auf diesem Gebiete ungebildeten alten Bäuerin. Solche Fragen stellte man damals nicht.

Professor Michail Pankratowitsch Tschugujew arbeitete damals mit Raissa Maximowna zusammen, und auch heute unterhält er noch freundschaftliche Beziehungen zu ihr. In seinen Erinnerungen stellt sich die Frau des heutigen Kremlchefs so dar: »Obwohl Raissa über keinerlei Erfahrungen als Lehrerin verfügte, hatte man den Eindruck, als habe sie in ihrem bisherigen Leben nichts anderes gemacht als unterrichtet, so sicher fühlte sie sich. Damals kamen besonders viele Hospitationskommissionen an den Lehrstuhl. Ich weiß heute nicht mehr ganz genau, warum das so war. Raissa hatte immer darum gebeten, daß diese Kommissionen in erster Linie ihren Unterricht bewerteten. Sie strahlte viel Ruhe und Selbstsicherheit aus. Das war aber keine Überheblichkeit, sondern diese Sicherheit beruhte auf ihrem großen Wissen. Eigentlich lernte ich in meiner ganzen Praxis keinen Lehrer kennen, der nicht auch einmal einen schlechten Tag gehabt hätte, der unvorbereitet zu Seminaren und Vorlesungen gekom-

men wäre. Doch so intensiv ich auch überlege, Raissa Maximowna blieb da eine Ausnahme. Glauben Sie bitte nicht, daß ich
meine damalige Kollegin jetzt besonders hervorheben möchte,
weil ihr Mann heute Generalsekretär der KPdSU ist. Nein, das
dürfen Sie nicht glauben. Raissa war eben immer sehr gewissen-

*Raissa beim Lehrerausflug 1971 in
Stawropol. Raissa, zweite v.r., daneben
rechts G. S. Dmitrijew, links daneben
A. M. Charlamow, unten links
L. Alferowa, daneben G. Demidowa.*

haft und ehrgeizig. Und noch etwas: Ihre Kurse besuchten fast ausnahmslos Studentinnen, und zwar solche, die die Schule mit einer Goldmedaille abgeschlossen hatten. Und die verlangten schon ein bedeutend höheres Niveau als die anderen Studenten. Obwohl Raissa Maximowna in ihren Forderungen an die Studenten alles andere als großzügig war, genoß sie bei ihnen und bei ihren Kollegen hohes Ansehen.« Tschugujew erzählte aber auch von der Unerbittlichkeit Raissas gegenüber den Studenten, die ihr Fach vernachlässigten. Sie war eine sehr strenge Lehrerin, die wenig nachsah und Strafen forderte, wenn die Studenten sie ihrer Meinung nach verdienten, und sie bestimmte das Ausmaß der Strafe.

Professor Tschugujew betonte zwar ausdrücklich, daß die überaus positive Beurteilung seiner ehemaligen Kollegin nichts mit der Funktion ihres Mannes zu tun habe. Es fällt dennoch schwer, seine Überschwenglichkeit für bare Münze zu nehmen. Allzu penible Kritiker werfen Raissa Maximowna immer wieder vor, daß sie bei ihren heutigen öffentlichen Auftritten stets äußerst langsam und gedehnt spricht. Die Ursache dafür liegt zweifelsohne in ihrer langen Lehrtätigkeit, bei der es darauf ankam, langsam und gut akzentuiert zu sprechen. Das ist im übrigen eine Eigenschaft, die Raissa Maximowna mit vielen Kollegen auch anderer Länder teilt. Fast 22 Jahre Lehrerberuf lassen sich bei kaum jemandem verleugnen. Und vielleicht ist es nicht einmal die schlechteste Marotte, die Raissa Maximowna aus ihrem Beruf mit in das »zivile« Leben hinübergenommen hat.

Mit zunehmender Berufserfahrung übernahm sie auch eigenständige Vorlesungen, von denen ehemalige Studenten und Kollegen zu berichten wissen, daß sie nicht nur fachlich interessant gewesen seien. Die Dozentin habe vor allem auch für die schwersten Kapitel immer eine einfache, verständliche Sprache gefunden, anschauliche Beispiele hätten nicht selten zu hilfreichen Aha-Erlebnissen geführt, was bei einer trockenen Materie wie Ethik und Ästhetik – diese Fächer lehrte sie vor allem – nicht zu unterschätzen ist. Allerdings besaß Raissa Maximowna auch

1967 – die Dozenten feiern bestandene Prüfungen.

eine Eigenschaft, die bei Studenten nicht immer Anklang findet, sie verfolgte nämlich stets sehr genau die Entwicklung ihrer Studenten über mindestens das ganze Studienjahr, meistens jedoch über das gesamte Studium. Stellte sie dabei fest, daß einer der ihr Anvertrauten aus diesen oder jenen Gründen nur seine halbe Aufmerksamkeit dem Studium widmete, dann soll sie manchmal recht ungehalten geworden sein. Sie verlangte, daß auch die zukünftigen Landwirte Philosophie und die dazugehörenden Zweige mit der gleichen Zielstrebigkeit betrieben wie die berufsbezogenen Fächer. Trotz aller vollmundigen Lobe über sie und ihre Tätigkeit wird wohl gerade diese »Prinzipienreiterei« bei Studenten und Kollegen nicht selten Anlaß zu Kopfschütteln oder Unmutsbekundungen gegeben haben. Offen wird sie aber auch damals niemand kritisiert haben, schließlich hatte ihr Mann Michail Sergejewitsch wichtige Parteiämter inne.

Raissa Maximownas außerhalb jeder Kritik stehende Position in der Stawropoler Hochschulgesellschaft wurde nicht zuletzt dadurch noch gestützt, daß sie immer mit dem Dienstwagen ihres Mannes am Hochschulgebäude vorfuhr und unmittelbar nach dem Ende ihrer Vorlesungen oder Seminare den Wagen wieder bestieg. Vor allem in den letzten Jahren ihres Stawropoler Aufenthaltes wurde sie stets von einem »Schatten« begleitet, einem der Bodyguards ihres Mannes, der zum persönlichen Schutz der Gattin abkommandiert war.

Die Position, die Michail Sergejewitsch Gorbatschow als Erster Sekretär eines Gebietskomitees der KPdSU bekleidete, läßt sich vielleicht am ehesten mit der des Ministerpräsidenten eines Bundeslandes oder des Gouverneurs eines US-amerikanischen Bundesstaates vergleichen. Natürlich steht den Familienangehörigen dieser Mandatsträger auch Personenschutz zu, der vor allem in politisch extremen Situationen genutzt wird. In der Breschnew-Sowjetunion bedeutete Personenschutz aber in erster Linie ein Statussymbol, das Machtfülle und Wichtigkeit unterstreichen sollte. Es ist kein Fall bekannt, daß in jenen Jahren ein Provinzpolitiker oder Provinzfunktionär einer außergewöhnlichen physischen Bedrohung ausgesetzt gewesen wäre. Selbst wenn es damals noch möglich war, innere Vorgänge der Sowjetunion vor der Außenwelt bestens abzuschirmen, mit gewisser zeitlicher Verzögerung ist fast alles bekannt geworden, was sich damals hinter dem Eisernen Vorhang der Sowjetunion vollzog.

Nur im engsten Freundeskreis teilte Raissa persönliche Dinge mit. Sensationelles gab es sicher nicht zu erzählen. Die wenigen echten Freundinnen, die Raissa besaß, staunten immer wieder, wie harmonisch die Ehe der Gorbatschows funktionierte. Fremden gegenüber, dazu zählten auch die meisten Kollegen an der Hochschule und alle Studenten, war sie wenig mitteilsam. Mit ihnen sprach sie nur über fachliche, die unmittelbare Arbeit berührende Fragen und Probleme. Diese Zurückhaltung sollte sich als ein beinahe unüberwindbares Problem für mein Vorhaben erweisen, eine objektive Beschreibung des Lebens eines Menschen vorzulegen, der sich selbst nicht befragen ließ.

Doch Schritt für Schritt konnte ich im Lauf der Zeit alle Hindernisse nehmen – oder, besser gesagt, fast alle. Bei meinen Recherchen hatte ich schließlich doch noch bedeutend mehr Fotos erhalten, als ich ursprünglich zu hoffen gewagt hatte. Als ich mich in einer ruhigen Stunde gründlich damit beschäftigte, stellte ich fest, daß ich zwar die meisten Lebensstationen der Raissa Gorbatschowa mit ausreichendem Bildmaterial belegen konnte, über ihre Lehrtätigkeit in den Jahren von 1956 bis 1978 aber über so gut wie kein Bild verfügte. Vollständig fehlten Aufnahmen von Raissa im Kreise von Studenten, von Raissa am Katheder oder Raissa im Seminar. Sollte ich etwa auf einen nachträglich korrigierten Lebenslauf gestoßen sein, der – aus welchen Gründen auch immer – eine Zeit bewußt ausspart? Professor Tschugujew konnte mir Auskunft geben. Es sei eine von Raissas Eigenheiten gewesen, sich prinzipiell nicht mit Studenten fotografieren zu lassen. Wenn sie Abschlußfeiern von Studenten besuchte – was zwar nicht häufig der Fall war –, kam sie in der Regel erst dann, wenn das Abschlußfoto schon im »Kasten«

war. Der Grund: »Sie behauptete immer, auf Fotos nicht gut herauszukommen.«

Professor Tschugujew konnte nicht viel über die Zeit berichten, in der Raissa Gorbatschowa am Stawropoler Landwirtschaftlichen Institut arbeitete: »Geburts- und Festtage wurden am Lehrstuhl bescheiden gefeiert. Überhaupt war es damals nicht üblich, mit großem Aufwand solche Ereignisse zu begehen. Die Kollegen schlossen sich höchstens in einem der Hörsäle ein, rückten Tische zusammen, tranken Tee und aßen Torte. Ich weiß noch ganz genau, Raissa brachte einmal zu ihrem Geburtstag ein kleines Fläschchen Kognak mit. Das war für sie schon etwas ganz Besonderes, denn normalerweise lehnte Raissa alkoholische Getränke ab. Aber es war tiefer Winter in Stawropol, und viele Kollegen hatten ganz einfach Appetit, den Körper auch von innen zu wärmen.« Bei diesen Worten konnte ich ein verschmitztes Lächeln auf seinem Gesicht sehen.

Tschugujew führte mich auch durch die Hörsäle und Seminarräume, in denen Raissa Maximowna gearbeitet hat. Er zeigte mir Anschauungsmaterial, Zeitungsausschnitte und Skizzen, von dem er behauptete, daß es noch Raissa Maximowna selbst für eine Ausstellung zusammengetragen hätte, mit der der wissenschaftliche Leistungsstand des Instituts dokumentiert werden sollte. An einer Wand hing das Zeitungsfoto einer Frau, der Studenten einen Bart angemalt hatten. Raissa mit Schnurrbart! Vom Erscheinungsdatum der Zeitungen könnte die Behauptung des Professors stimmen, das Papier war auch schon leicht vergilbt, aber so ganz überzeugt war ich nicht. Als Professor Tschugujew meinen zweifelnden Blick sah, ereiferte sich der alte Mann in einer Art und Weise, wie ich es bei ihm überhaupt nicht vermutet hätte. Ob ich ihn einen Lügner nennen wollte? Ich bemühte mich, ihn zu beschwichtigen. Doch meine einmal gezeigten Zweifel hatten zur Folge, daß Tschugujew mich bei allen folgenden Erläuterungen höchst argwöhnisch beobachtete. Jedem

1964 – Raissa Maximowna bei einer Versammlung des Lehrkörpers des landwirtschaftlichen Instituts in Stawropol.

zweiten Satz fügte er nun demonstrativ hinzu: »Das ist die Wahrheit!« Einen Schreibtisch zeigte er mir, von dem er sagte, daß an ihm Raissa gesessen hätte. Junge Wissenschaftler setze man inzwischen an diesen Tisch mit dem Hinweis auf die frühere »Platzhalterin« und folgender Bemerkung: »Nehmen Sie ruhig Platz. Vielleicht können Sie auch einmal Großes erreichen.«

»Im allgemeinen vermied Raissa Maximowna Konflikte«, fuhr Tschugujew bei einer Tasse russischem Tee in seinen Erinnerungen fort. »Sie verabscheute Zankereien und Streit. Kam es dennoch dazu, dann blieb sie stets beherrscht und korrekt. Einmal jedoch konnte selbst sie sich nicht beherrschen. Mitte der siebziger Jahre muß das gewesen sein. Da gab es bei uns die demütigende Praxis, von den Vorlesungen heimlich Tonbandmitschnitte anzufertigen, die dann im wissenschaftlichen Rat des Instituts ausgewertet wurden. Das gefiel natürlich niemandem. Aber alle schwiegen, denn sie wollten es sich nicht mit dem Rektorat verderben. Als die Gorbatschowa erfuhr, daß auch ihre Vorlesungen heimlich mitgeschnitten wurden, glaubte ich, eine andere Frau vor mir zu haben. Zum einen war sie sehr enttäuscht, zum anderen fürchterlich aufgebracht. Sie ging sofort zum Rektor, um sich über diese ungesetzlichen Vorgänge zu beschweren. Leise ging es da gerade nicht zu. Der Rektor versuchte, sich damit herauszureden, daß es für das heimliche Mitschneiden einer Vorlesung eine Verfügung des Ministeriums gebe. Raissa Maximowna wollte ihm aber nicht glauben und verlangte Einsicht in dieses, die Würde eines Dozenten herabsetzende Gesetz. Natürlich konnte der Rektor ihr nichts Schriftliches vorlegen. Eine solche Verfügung existierte nämlich nicht. Seit diesem Gespräch wurde die illegale Praxis des Mitschneidens von Vorlesungen an unserem Institut eingestellt.«

In Stawropol traf ich auch Jekaterina Grigorjewna Dsybal, die mit Raissa Maximowna am selben Lehrstuhl zusammengearbeitet hatte. Als sie hörte, daß ich mich für die Dozentin Raissa Gorbatschowa interessierte, sprudelte sie sofort los: »Es war nicht ungewöhnlich, daß an unserem Institut Ehefrauen hoher Parteifunktionäre arbeiteten. Einige von ihnen ließen uns immer wieder spüren, daß sie sich eigentlich für etwas Besseres hielten. Das zeigte sich in ihrem Verhalten uns ›Gewöhnlichen‹ gegenüber, aber auch in ihrer Kleidung. Wissen Sie, wenn eine Frau am Tag mehrmals ihre Kleider wechselt, dann ist das denen gegenüber, die insgesamt nur über zwei oder drei Kleider verfügen, schon ein herabwürdigendes Verhalten. Raissa nahm sich diese Funktionärsfrauen nicht zum Vorbild, obwohl ich mir vorstellen kann, daß sie in der Anzahl der Kleider sicher hätte mithalten können. Doch im Institut fiel sie nie durch ihre Kleidung auf – was sich später in ihrer Rolle als Frau des Generalsekretärs der Partei noch in beträchtlichem Maße ändern sollte. Nicht einmal abwechslungsreich war sie in der Wahl ihrer Kleidung. Fast täglich erschien sie in einer Art ›Dienstkleidung‹ – schwarzes Kostüm und weiße Bluse. Im Winter bevorzugte sie einen orangefarbenen Mohairpullover und einen einfach geschnittenen schwarzen Rock. Während der Rock aus dem nur für Funktionäre zugänglichen Kleiderladen in Stawropol stammte, hatte sie den Pullover aus Italien mitgebracht, wohin sie 1974 ihren Mann zu einem Fest der kommunistischen Zeitung des Landes begleiten konnte.«

Die sowjetischen Frauen lieben Mohair. Niemals zuvor in meinem Leben habe ich so viele blaue, weiße oder graue ballonartige Mützen aus Mohair auf den Köpfen von Frauen gesehen. Früher roch man dazu immer noch das süßliche Kremlparfüm aus Veilchen und Maiglöckchen, das hat aber inzwischen nachgelassen – ein Nachschubproblem?

Jekaterina Dsybal erzählte weiter: »Sie war uns gegenüber nie überheblich. Allerdings, sehr gesprächig war sie auch nicht. Das ist aber eine ihrer Grundeigenschaften und hatte nichts mit ihrer Einstellung uns gegenüber zu tun. Als Michail Gorbatschow 1970 zum Ersten Sekretär des Gebietskomitees der Partei gewählt wurde, sagte Raissa Maximowna zu uns: ›Genossen, ich habe eine große Bitte an Sie. Wenden Sie sich bitte nicht mit persönlichen Bitten, Wünschen und Problemen an mich in der Hoffnung, daß ich sie meinem Mann vortrage. Bringen Sie mich nicht in eine unangenehme Lage. Ich habe kein Recht, auf meinen Mann einzuwirken.‹ Damit klärte sie ein für allemal die Fronten. Und soweit ich mich erinnere, versuchte auch keiner der Kollegen, über Raissa Maximowna Vergünstigungen zu erreichen, die über die Funktion ihres Mannes möglich gewesen wären.«

An dieser Stelle möchte ich ein Wort der Erklärung für die

Der Doktorvater von Raissa, G. W. Osipow, zeigt mir stolz, wo er sich mit seinen Aspiranten traf, nämlich »halb im Keller« in der Piszowaja-straße Nr. 16 in Moskau.

Leserin oder den Leser einfügen, die sich nicht mit den gesellschaftlichen Verhältnissen in der Sowjetunion auskennen. Für einen Sowjetbürger konnte der persönliche Kontakt zu einem hohen Funktionär oder einer ihm nahestehenden Person, wenn auch nicht gleich über Sein oder Nichtsein entscheiden, so doch zumindest eine ganze Reihe von Erleichterungen im täglichen Leben bringen. Wer »Beziehungen« hatte, kannte kaum »Versorgungsengpässe«, brauchte sich nicht immer am Ende einer Schlange anzustellen, um die täglichen Dinge des Grundbedarfs zu »erstehen«. Wie gelangte man aber in den Genuß von Beziehungen? Gehörte man nicht bereits einem bestimmten Klan oder der weitläufigen Familie eines hohen Funktionärs an, so konnte man versuchen, einen engen Kontakt auf- und auszubauen – durch Gefälligkeiten, die bis zu Spitzeldiensten reichten. Not macht nicht selten erfinderisch.

Raissa Maximowna versuchte von Anfang an, allzu enge Bindungen an Menschen zu vermeiden, die nicht zu ihrem engsten Familienkreis gehörten. Auf diese Weise vermied sie, in ein Netz von Leistung und Gegenleistung zu geraten, und konnte sich ihre Unabhängigkeit von Verpflichtungen bewahren. Ihre wenigen wirklichen Freunde suchte sie sich sehr sorgfältig aus. Auch für sich selbst nahm Raissa keine Sonderrechte in Anspruch. Ich konnte immer wieder erfahren, daß sie es mit der Gesetzlichkeit äußerst genau nahm. Als ihr Mann zum Beispiel zum XXIV. Parteitag der KPdSU nach Moskau fahren sollte, wurde sie eingeladen, ihn zu begleiten. Was drei Tage Moskau für die junge Frau bedeuteten, darüber hatte ich schon an anderer Stelle berichtet. Während andere berufstätige Funktionärsfrauen in einer solchen Situation ganz einfach ihrem Vorgesetzten mitteilen ließen, daß sie für einige Tage ihre Aufgaben nicht wahrnehmen könnten, wählte Raissa Maximowna den »vorgeschriebenen« Weg: Sie bat den Rektor ihrer Hochschule um einen Gesprächstermin und erwirkte bei ihm eine Freistellung von der Lehrtätigkeit für die Zeit des Moskauaufenthaltes. Obwohl sie durchaus hätte durchsetzen können, daß die dadurch ausfallenden Lehrverpflichtungen ersatzlos gestrichen wurden, bestand sie darauf, jede Stunde nachzuholen. Auch wenn die Tochter Irina einmal krank war, nahm sie für sich keinerlei Vergünstigungen in Anspruch, Ausgefallenes wollte sie stets nachholen. Mancher wird nun sagen, daß diese Einstellung übertrieben ist. Zugegeben, alltäglich ist sie zweifellos nicht. Aber gerade hierin liegt ein wesentlicher Punkt, der Raissa unangreifbar macht. Denn über Privilegien, die das Amt oder Beziehungen mit sich bringen, ist im nachhinein schon so mancher Politiker – und das nicht nur der Sowjetunion – gestolpert.

Doch kehren wir noch einmal zurück zu den Berichten der Hochschulkollegin Dsybal, die in ihrem Erzähleifer kaum zu bremsen war: »Einmal nahmen wir Raissa Maximowna kräftig auf die Schippe. Das war an einem 1. April, und da werden ja Menschen besonders gern genarrt. Raissa hatte einen Artikel an eine wissenschaftliche Zeitschrift geschickt und wartete ungeduldig auf eine Nachricht von dort. Sie wissen ja, jeder Wissenschaftler möchte seine Arbeitsergebnisse auch veröffentlicht sehen. Aus irgendwelchen Gründen verzögerte sich aber die Antwort. Wir gingen zur Post, nahmen einen Briefumschlag und brachten die Postangestellte dazu – nun ja, Sie wissen schon, wie so etwas läuft –, einen Stempel darauf zu setzen. Der Umschlag enthielt einen von uns vorbereiteten Brief, in dem die Zeitschrift angeblich mitteilte, daß der Artikel großen Anklang gefunden habe und man ihn veröffentlichen wolle. Mehr noch, der Chefredakteur äußerte den Wunsch, daß die Autorin dieses bemerkenswerten Artikels ihre Arbeitsergebnisse auf einem internationalen wissenschaftlichen Kolloquium in Moskau vortragen solle. Wir legten ihr den Brief unauffällig auf den Tisch und beobachteten ihre Reaktion. Raissa war außer sich vor Freude. ›Freunde, mein Artikel ist angenommen! Freut euch mit mir!‹ Lange konnten wir uns zurückhalten. Mit einem Male mußten wir aber alle laut lachen. Nun begriff Raissa Maximowna, daß wir uns mit ihr einen Scherz erlaubt hatten. Aber sie war keine Spielverderberin, sie lachte mit.

Ich erinnere mich auch noch an eine andere Geschichte. Die ist aber alles andere als fröhlich. Es muß Anfang der siebziger Jahre gewesen sein. Michail Sergejewitsch Gorbatschow arbeitete schon als Erster Sekretär des Gebietskomitees der Partei. Während einer Vorlesung wurde Raissa plötzlich ganz dringend am Telefon verlangt. Ich beobachtete, daß sie mit einem Male ganz bleich wurde und auf den Stuhl sank. Der Anrufer hatte ihr mitgeteilt, daß ihr Mann bei einem Autounfall ums Leben gekommen sei. Das sind eigentlich Dinge, mit denen man nicht spaßen sollte. Aber gefeit ist man dagegen nicht.«

Obwohl Raissas Leistungen als Dozentin an der Hochschule für Landwirtschaft in Stawropol allgemeine Anerkennung fanden, war es doch wohl mehr die Funktion ihres Mannes, die das Rektorat der Hochschule im Jahre 1973 bewog, der Dozentin den Lehrstuhl für Philosophie zu übertragen. Raissa Maximowna glaubte zunächst, daß die Ehre der neuen Position einzig und allein ihrer wissenschaftlichen und pädagogischen Leistung galt, und freute sich über die Beförderung. Doch nur vier Wochen brauchte sie, um das Spiel der Hochschulleitung zu durchschauen, die nicht an die Förderung einer begabten jungen Frau gedacht hatte, sondern in erster Linie an die Funktion ihres Mannes. Kurz entschlossen teilte Raissa Maximowna daraufhin dem Rektor mit, daß sie von ihrer Aufgabe wieder entbunden werden wollte. So etwas hatte es auch an einer sowjetischen Hochschule noch nicht gegeben, daß jemand freiwillig und ohne jeden äußeren Zwang auf ein hohes akademisches Amt verzichtete. Niemandem gelang es, Raissa von ihrem Entschluß abzubringen. Zu selbstbewußt war sie, als daß sie die Demütigung, die sich mit ihrer Beförderung verband, hätte länger ertragen können. Ihren überraschten Kollegen teilte sie lediglich wortkarg mit, daß ihr die Verwaltungsaufgaben nicht lägen. Frau Dsybal erzählte mir, daß Raissa ihr außerdem noch anvertraut habe, sie strebe nicht nach Karriere. Noch heute leuchtet ihr Gesicht bei der Erinnerung: »Sie war wieder eine von uns, eine

Gewöhnliche. Wir alle haben das damals sehr hoch einge-schätzt.«

1988 war Raissa wieder in Stawropol und hat auch ihr altes Institut besucht. Es muß wohl eine große Wiedersehensfreude geherrscht haben, es wurde viel gelacht, und man erinnerte sich an die gute alte Zeit. Die Kollegen hatten befriedigt festgestellt, daß Raissa sich nicht verändert hatte.

Schon kurz nach Beginn ihrer Lehrtätigkeit an der Landwirt-schaftlichen Hochschule in Stawropol begann Raissa Maxi-mowna, sich intensiv mit einem speziellen Problem zu beschäfti-gen, sie untersuchte die soziale Lage von Menschen, die in landwirtschaftlichen Gebieten leben.

Bei allen natürlichen Vorzügen, die das Gebiet um Stawropol für die Entwicklung der Landwirtschaft hatte, in einem unter-schied es sich von allen anderen Regionen nicht: Die Lage der Menschen, die in der Landwirtschaft arbeiteten, war mehr als erbärmlich. Früher als in anderen Teilen des großen Landes hatte jedoch die politische Führung in Stawropol erkannt, daß eine landwirtschaftliche Ertragssteigerung nur mit einer Verbes-serung der Lebenslage der Menschen erreicht werden konnte. Dazu brauchte man allerdings zunächst einmal eine Bestands-aufnahme der wirklichen Situation. Soziologische Erhebungen sollten das leisten, und ausgewählt für diese Aufgabe wurde Raissa Maximowna Gorbatschowa.

Dieses Thema lag der jungen Wissenschaftlerin, hatte sie sich doch schon an der Moskauer Universität mit soziologischen Fragen beschäftigt. Auch ihr Mann riet ihr zur Übernahme dieser Aufgabe, denn er war im Rahmen seiner Parteifunktion unter anderem auch für Fragen der Landwirtschaft zuständig. Immer wieder wird in unseren Medien darüber gerätselt, warum sich der gegenwärtige Kremlführer viel mehr als seine Vorgänger bei seinen Entscheidungen auf soziologische Erhebungen stützt. Ein wichtiger Grund dafür ist wohl darin zu sehen, daß ihn seine Frau von der Notwendigkeit dieser Wissenschaft für politisches Handeln überzeugt hat. Vor allem sie war es, die immer wieder darauf hinwies, daß Politik nicht nur spontanes Handeln sein darf, sondern das Ergebnis gesicherter Untersuchungen sein muß. Freilich, so sehr sich Gorbatschow auch bemüht, diesen zweifellos richtigen Rat seiner Frau zu beherzigen, auch vier Jahre Glasnost und Perestroika haben noch nicht ausgereicht, über siebzig Jahre Mißwirtschaft zu überwinden.

Im Verlauf ihrer soziologischen Untersuchungen für das Stawropoler Institut entschloß sich Raissa Maximowna, ihre in Moskau bereits begonnene Doktorarbeit im Fach Soziologie wieder in Angriff zu nehmen. Allerdings konnte die Hochschule in Stawropol die Arbeit nicht betreuen. Die Soziologie als Wissenschaftszweig mußte sich nach den schweren Deformationen, die ihr in der Stalinzeit zugefügt worden waren, erst wieder entwickeln. Im Moskauer Pädagogischen Lenin-Institut »Rotes Arbeitsbanner« waren damals die weitesten Fortschritte gemacht worden, so daß es nahelag, die Doktorarbeit mit Unterstützung dieses Instituts zu schreiben. Mehrmals im Jahr fuhr Raissa Maximowna nun nach Moskau, nahm an wissenschaftlichen Veranstaltungen teil, trug ihre Arbeitsergebnisse vor, diskutierte mit erfahrenen Wissenschaftlern. Das alles vollzog sich unter Aufrechterhaltung ihrer Lehrtätigkeit in Stawropol.

Bei diesen Aufenthalten in Moskau lernte Raissa auch den Inhaber des Lehrstuhls für Philosophie am Pädagogischen Institut kennen, Professor Wladimir Spiridonowitsch Gott, den sie bis heute als einen ihrer Mentoren hoch schätzt. Der inzwischen achtzigjährige Wissenschaftler besucht noch heute in den Sommermonaten die Gorbatschows in ihrer Datscha im Schwarzmeerort Pizunda. Das ist ein Zeichen besonderer Wertschätzung, denn es gibt nur ganz wenige Menschen, die zur privaten Sphäre der Gorbatschows Zutritt haben. Gott hat ein wechselvolles Leben hinter sich. Einst als Wissenschaftler, der sich besonders mit philosophischen Fragen der Naturwissenschaften beschäftigte, hochgeschätzt, vereinnahmte ihn das Stalinregime sehr schnell für seine Zwecke. Gott gehörte bald zu den engsten Mitarbeitern des unter Stalin dienenden Außenministers Molotow und nahm in dieser Eigenschaft an den wichtigsten politischen Verhandlungen und Gesprächen Molotows teil.

Es ist schon sensationell, was mir Raissas Doktorvater, Gennadi Wassiljewitsch Osipow, über den engen Vertrauten der Familie Gorbatschow erzählte. In Gotts Privatbesitz befindet sich noch heute eine authentische Abschrift des Hitler-Stalin-Paktes. Er ist einer der noch wenigen lebenden Zeitzeugen, der das Geheimnis dieses Paktes mit seinem Zusatzabkommen kennt, in dem sich Hitler und Stalin über die Aufteilung von Interessensphären einigten. Neben diesem historischen Dokument besitzt Gott auch das Testament Molotows, das Fakten und Details zu den wichtigsten Fragen Stalinscher Außenpolitik enthält. Doch alle meine Bemühungen, die Dokumente sehen und den Professor befragen zu dürfen, scheiterten an einem entschiedenen und keinen Widerspruch zulassenden Njet. Gotts einziger Kommentar: Das sei Geschichte, ein schlimmes Kapitel für sein Land, und damit solle die Familie Gorbatschow nicht in Beziehung gebracht werden.

Molotows Sturz bedeutete auch den Sturz seines Beraters Gott, dessen Erfahrung und Intelligenz ihm aber nicht alle Wege versperrten. Nach einigen Jahren durfte er wieder in die Wissenschaft zurückkehren und übernahm schließlich Anfang der sechziger Jahre den Lehrstuhl für Philosophie am Moskauer Pädagogischen Lenin-Institut. Von 1965 bis 1967 leitete er persönlich die Vorbereitung der Doktorarbeit von Raissa Maximowna und stand in seiner Funktion als Vorsitzender des Gelehrtenrates schließlich jener Kommission vor, die über die Annahme der Doktorarbeit zu entscheiden hatte. Trotz seines hohen Alters hat er sich bis heute noch nicht von der Wissenschaft zurückgezogen. Nach wie vor ist er verantwortlicher Redakteur der Zeitschrift »Philosophische Wissenschaft« und leitet auch noch den Lehrstuhl für Philosophie der sowjetischen Akademie der Wissenschaften.

Im Jahre 1964 hatte Raissa Maximowna Gorbatschowa die Vorbereitungen für ihre Doktorarbeit so weit abgeschlossen, daß sie offiziell in eine »Aspirantur« aufgenommen werden konnte. Die dazu nötigen Prüfungen bestand sie mit Bravour. Anschließend mußte die schriftlich-wissenschaftliche Arbeit angefertigt werden. In der Sowjetunion wird jeder Doktorand einem ausgewiesenen Wissenschaftler zugeteilt, der über einen akademischen Rang und einen Titel verfügen muß. Die Rolle dieses Doktorvaters ist ausgeprägter als in anderen Ländern. Er nimmt nicht nur Einfluß auf das wissenschaftliche Ergebnis, er ist auch nicht unwesentlich an der weltanschaulichen Erziehung seines Zöglings beteiligt und ist dafür verantwortlich, daß sein Aspirant zur Wissenschaft ein sehr ernsthaftes Verhältnis entwickelt. So war ich sehr gespannt auf die persönliche Begegnung mit Gennadi Wassiljewitsch Osipow, der Raissas Doktorarbeit in seinem wissenschaftlichen Bereich betreute.

Ein durchaus sympathischer Mann saß mir da gegenüber, um die sechzig Jahre, also nur einige Jahre älter als seine ehemalige Aspirantin. Bereitwillig gab mir Osipow Auskunft über sein Leben; er ist zum zweitenmal verheiratet, seine jetzige Frau ist fast dreißig Jahre jünger als er. Gennadi Wassiljewitsch Osipow gilt in der Sowjetunion als »Papst« der soziologischen Wissenschaft. Über ihn schrieb die Zeitschrift »Soziologische Forschung«, unter seiner Leitung seien in der Sowjetunion erstmals konkrete soziologische Untersuchungen durchgeführt worden, er sei es gewesen, der die Soziologie von der Philosophie »abgespaltet« und dieser Wissenschaft eine eigene Daseinsberechtigung gegeben habe. Anfang der sechziger Jahre initiierte er in einem moldauischen Dorf erstmals eine soziologische Untersuchung, die er 25 Jahre später noch einmal wiederholte und in einem Buch veröffentlichte. Von Osipow stammen solche grundsätzlichen Arbeiten wie »Die Soziologie der UdSSR«, »Handbuch des Soziologen« und »Marxistisch-Leninistische Soziologie«. Unter seiner Leitung entstand an der Akademie der Wissenschaften erstmals ein Institut für Soziologie. Heute ist Osipow selbst Mitglied der Akademie der Wissenschaften.

Osipow erläuterte mir in unserem Gespräch ausführlich den

Stellenwert, den die Soziologie unter der Stalinschen Herrschaft einnahm: »Damals galt die Soziologie als Pseudowissenschaft. Soziologen gab es praktisch nicht. Da Stalin aber die Berechtigung der Soziologie nicht vollständig verneinen konnte, reduzierte er sie auf soziale Philosophie, was in Wirklichkeit nichts anderes bedeutete, als Soziologie durch Philosophie zu ersetzen. Die Philosophie beschäftigt sich jedoch nur auf einer sehr abstrakten Ebene mit der Gesellschaftsanalyse. So wurden alle Versuche von Wissenschaftlern, sich mit den konkreten Erscheinungen der Gesellschaft zu beschäftigen, als Abgleiten von der marxistischen Philosophie angesehen, als ideologische Sabotage, als die Tendenz, Philosophie auf Positivismus zu reduzieren. Der Vorwurf der ideologischen Sabotage bedeutete im günstigsten Falle den Verlust der Arbeitsstelle, meist hatte er aber viel weitreichendere Konsequenzen«, bemerkte Professor Osipow bitter. Dabei dachte er wohl an die vielen Wissenschaftler, deren physische Vernichtung in den Lagern des GULAG Stalin angeordnet hatte.

»Als Stalins Epoche zu Ende ging, ermöglichte uns das kleine Tauwetter, das Chruschtschows Machtantritt brachte, der Soziologie wieder einen eigenständigen Rang zu geben«, berichtete Osipow weiter. »Aber auch dieser Prozeß vollzog sich nicht schmerzlos. Sofort hatten wir eine große Schar von Philosophen gegen uns, die immer noch dem stalinistischen Dogmatismus verhaftet waren. Sie griffen die alten Vorwürfe von der ideologischen Sabotage wieder auf und beschuldigten uns, mit unserer Forschung das bestehende sozialistische Gesellschaftssystem untergraben zu wollen. Mit vielerlei Mitteln und Methoden versuchten diese konservativen Kräfte, Druck auf uns auszuüben und unsere Wissenschaft im Keime zu ersticken. Das machte vor allem jungen Soziologen das Leben schwer. Nicht wenige gaben deshalb auf und verließen uns wieder. Wer blieb, mußte damit rechnen, daß er kaum eine Chance hatte, seine Doktorarbeit zu verteidigen. Nur zehn von hundert Kandidaten gelang dies, aber stets dem Vorwurf ausgesetzt, ein Feind der marxistischen Philosophie zu sein. Dieser Zustand hielt in unserem Lande noch bis in die sechziger Jahre an. Und es gehörte schon eine ganze Portion Mut dazu, sich zur Soziologie zu bekennen und ihr trotz aller Widrigkeiten die Treue zu halten.«

Noch in den sechziger Jahren war Osipow selbst einer heftigen Welle von Repressionen ausgesetzt. Der damalige Leiter der Abteilung Wissenschaft und Hochschulen im Zentralkomitee der KPdSU, F. P. Trapesnikow, konnte durchsetzen, daß Osipow in kürzester Zeit alle seine wissenschaftlichen Funktionen verlor. In nur einem Jahr erhielt Osipow nicht weniger als fünf Verweise der Partei und der für ihn zuständigen staatlichen Verwaltungen. Damit war ein wichtiger Vorwand für eine offizielle Verurteilung gegeben. Auf Anweisung des damaligen Vizepräsidenten der Akademie der Wissenschaften, Millionschtschikow, wurde gegen Gennadi Wassiljewitsch Osipow unter einem Vorwand ein Strafverfahren eingeleitet, das einzig und allein dazu dienen sollte, ihn als Wissenschaftler und als Persönlichkeit zu vernichten. Das Verfahren wurde dem Volksgerichtshof in der Brester Straße in Moskau übertragen. Nur weil die Absurdität des Verfahrens allzu offensichtlich war, wurde schließlich auf die Durchführung des Prozesses verzichtet. Osipow aber stand auf einer »schwarzen Liste«, wodurch ihm für längere Zeit der Weg ins Ausland verschlossen blieb und seine wissenschaftliche Betätigung stark eingeschränkt war.

Als Raissa Maximowna beschloß, ihre Doktorarbeit im Fach Soziologie zu schreiben, wird sie sich keine Illusionen gemacht haben. Sie wußte, daß sie sich auf ein schwieriges Gebiet wagte und daß nicht wenig Zivilcourage dazugehörte. Der Ausflug in die Soziologie konnte sich negativ auf die politische Position ihres Ehemannes auswirken. Zudem mußte sie in Kauf nehmen, daß der Ausgang ihrer Doktorarbeit und ihres weiteren wissenschaftlichen Weges völlig unklar war. Es beunruhigte sie aber auch nicht, daß Professor Gott sich entschied, sie unter die wissenschaftliche Obhut von Gennadi Wassiljewitsch Osipow zu stellen, der von seinen Wissenschaftlerkollegen, die ihn

»bourgeoiser Ideen« bezichtigten, offen geringschätzig behandelt wurde.

Osipow hatte bei seiner Erläuterung der soziologischen Forschungsbedingungen in der Stalin-Ära die Formulierung gebraucht, die Wissenschaft sei damals nicht nur »halblegal« gewesen, sondern habe sich auch »halb im Keller« befunden. Über den Ausdruck »halb im Keller« ließ er mich nicht lange im unklaren. Er führte mich in die Piszowajastraße in Moskau, wo wir gemeinsam nach dem Gebäude Nr. 16, Eingang 2 suchten. Er selbst war über zwanzig Jahre nicht mehr da gewesen, und so dauerte es doch eine ganze Weile, bis wir das Haus fanden. Im Keller dieses Hauses hatte sich früher die Abteilung für soziologische Untersuchungen befunden, eine Unterabteilung des Instituts für Philosophie der sowjetischen Akademie der Wissenschaften. Daher die Bezeichnung, daß sich die Soziologie »halb im Keller« befand. Der Keller sei sehr feucht gewesen, erzählte Osipow, im Winter seien die Wände mit Reif bedeckt gewesen. Eine Wissenschaft, der die offizielle Anerkennung versagt ist, hätte natürlich keinen Anspruch auf geeignetere Räume erheben können. Der Optimismus und wissenschaftliche Forschungsdrang seiner Kollegen hätten aber allen Widrigkeiten getrotzt.

In diesem Keller, berichtete Osipow weiter, habe auch sein erstes Zusammentreffen mit Raissa Maximowna stattgefunden. Er habe seiner zukünftigen Aspirantin zunächst einmal alle Probleme offen dargelegt, die mit der Beschäftigung der Soziologie verbunden waren. Die junge Frau ließ sich davon aber nicht abschrekken. Sie hatte sich ein Ziel gesetzt, und daran wollte sie festhalten. Osipow war beeindruckt. Das war nicht nur blinder Eifer, der da von ihr ausging, sondern sachliche Entschlossenheit. Osipow glaubte, schon damals erkannt zu haben, daß Raissa für ihr Vorhaben die Rückendeckung ihres Mannes hatte. Daß dahinter ein durchaus wechselseitiges Interesse stand, konnte er zum Zeitpunkt der ersten Begegnung allerdings noch nicht ahnen. Regelmäßig kam Raissa Maximowna in der Folgezeit zu Konsultationen nach Moskau und traf sich mit Osipow in den feuchten Kellerräumen der Piszowajastraße, wo sie Zwischenergebnisse vortrug, Arbeitsthesen diskutierte und erste Entwürfe der Kapitel vorlegte. Manchmal begleitete sie ihr Mann zu diesen Gesprächen, begrüßte Osipow, und nicht selten schwätzten sie gemeinsam über dieses und jenes, meist aber über die Fragen, die Raissa Maximowna in ihrer Dissertation behandeln wollte. Gorbatschow

Prof. Wladimir Spiridonowitsch Gott beim Lesen der Dissertation von Raissa Maximowna Gorbatschowa.

brachte in diese Gespräche seine praktischen Erfahrungen und Kenntnisse über die Lage der Kolchosbauern ein und zog den Schluß, daß dringend Veränderungen notwendig seien. Das sichtbare Zeichen, daß Gorbatschow sich ebenfalls in Moskau aufhielt, war der schwarze Wolga, sein Dienstauto, das dann vor dem Haus parkte, in dessen Keller Raissa Maximowna mit Osipow über ihre Doktorarbeit diskutierte.

Ich bin Professor Osipow sehr dankbar, daß er mir als erster westlicher Journalistin die Möglichkeit gab, die Doktorarbeit von Raissa Maximowna Gorbatschowa einzusehen, und daß er mir die wesentlichen Ergebnisse erläuterte.

Einige Tage nach unserem ersten Zusammentreffen war es endlich soweit. Ich durfte die erste und bisher einzige Doktorarbeit einsehen, die je die Frau eines Kremlchefs geschrieben hat. Mit Hilfe einer Dolmetscherin begann ich mit dem Lesen.

Als erstes mußte ich feststellen, auch sowjetische Doktorarbeiten zeichnen sich durch äußerst komplizierte Titel aus: »Die Formierung neuer Züge der Lebensweise der Kolchosbauern. Nach Materialien soziologischer Untersuchungen in der Stawropoler Region.« Das Hauptziel der Arbeit sollte es sein, wie es die Autorin formulierte, Antworten auf folgende Fragen zu finden: »Welche grundlegenden Züge und Tendenzen gibt es bei der Entwicklung der Lebensweise des Kolchosdorfes, worin bestehen die Schwierigkeiten und Widersprüchlichkeiten bei der Entwicklung einer neuen Lebensweise der Kolchosbauern, welche möglichen Wege zu deren Lösung gibt es, und welchen Einfluß haben sozial-ökonomische Besonderheiten des Kolchossystems auf familiäre Alltagsbeziehungen?«

Ich muß gestehen, daß mich diese Fragen zunächst einmal irritierten. Ich dachte natürlich sofort daran, wie diese »trockene Materie« und schwerfällige Sprache in das geplante Buch über Raissa Maximowna Gorbatschowa aufgenommen werden könnten. Schließlich sollte es ja das erstemal sein, daß diese Arbeit überhaupt außerhalb der Sowjetunion in Auszügen veröffentlicht wurde. Ich entschied mich dafür, den Inhalt der einzelnen Kapitel in Kurzform wiederzugeben, um dem Leser einen Einblick in die von Raissa geleistete Arbeit zu ermöglichen.

Im ersten Kapitel, »Entstehung neuer materieller Formen der Lebensweise«, werden Daten über die Konsumstruktur der Kolchosbauernfamilie und entsprechende Vergleichsdaten zur Überprüfung des Budgets von Bauernfamilien in der Zeit vor 1917 analysiert. Diese Daten umfassen die Entwicklung eines Netzes von Handelsunternehmen, die Versorgung der Bevölkerung mit Lebensmitteln und Dienstleistungen, das Anwachsen des Dienstleistungsnetzes und des Warenangebotes in den ländlichen Gebieten des Stawropoler Gebietes sowie die Auswertung der dazu benötigten statistischen Untersuchungen. Dabei kommt Raissa Maximowna zu dem Ergebnis, daß die wachsende Rolle gesellschaftlicher Formen bei der Befriedigung alltäglicher materieller Bedürfnisse der Kolchosbauern für die Lebensweise des modernen Kolchosdorfes zum charakteristischen Merkmal wurde. Gleichzeitig weist sie aber auch auf den »widersprüchlichen Charakter des Entstehungsprozesses gesellschaftlicher Organisationsformen des Lebens der Kolchosbauern« hin. Aufgrund der territorialen Zerstreutheit der Siedlungen, der weiten Entfernungen zu den Dienstleistungsunternehmen, aufgrund des schlechten Zustandes der Straßen und fehlender Transportmittel hat ein bedeutender Teil der Landbevölkerung keine Möglichkeit, den Dienstleistungssektor ständig zu nutzen. Raissa Maximowna unterstreicht auch die Tatsache, daß es in den Dienstleistungsbereichen an qualifizierten Kräften mangelt und daß der Mechanisierungsgrad der Produktionsprozesse nur ungenügend entwickelt ist, was letztlich dafür verantwortlich ist, daß Preise und Qualität in keinem Verhältnis zur geleisteten Arbeit stehen. Bei der Auswertung dieser Tatsachen kommt sie zu dem Ergebnis, daß nur mit Überwindung der hemmenden Faktoren die Lebensbedingungen auf dem Lande allmählich an das Niveau der Stadt herangeführt werden können.

Im zweiten Kapitel ihrer Arbeit, »Wachstum der geistig-kulturellen Bedürfnisse im Alltagsleben der Kolchosbauern. Form und Grad ihrer Befriedigung«, analysiert Raissa Maximowna die Bedeutung von Kunst und Kultur im Leben der Bauern. Bei ihren Untersuchungen in verschiedenen Dörfern des Stawropoler Gebietes stellt sie eine Zunahme geistig-kultureller Bedürfnisse unter den Bauern fest. Sie konnte eine steigende Zahl von Entleihungen in den Bibliotheken und eine Zunahme von Konzert-, Theater- und Kinobesuchern erkennen. Neben den quantitativen Veränderungen bei den ästhetischen Bedürfnissen gibt es aber auch qualitative Veränderungen, Wünsche nach Niveausteigerungen werden artikuliert. Dennoch mußte Raissa feststellen, daß die großen Differenzen zwischen den gestiegenen Bedürfnissen und den Möglichkeiten zu ihrer Befriedigung unübersehbar sind, daß das Niveau der auf dem Dorfe vorhandenen Kultureinrichtungen insgesamt niedrig und nicht ausreichend ist.

Im dritten Kapitel, »Veränderungen des Charakters der Wechselbeziehungen in der Lebensweise der Familie«, untersucht Raissa Maximowna die Motive für Eheschließungen auf dem Dorfe und soziale Wechselbeziehungen in der Ehe. Sie weist darauf hin, daß soziale Schranken bei der Wahl des Ehepartners fast vollständig verschwunden sind, daß sich eine Tendenz zur Angleichung der Ehe in Stadt- und Landgebieten abzeichnet. Gleichzeitig kommt sie aber auch nicht umhin, eine Reihe objektiver Widersprüche in der Entwicklung familiärer ehelicher Beziehungen offenzulegen: »Einige Aspekte der realen Stellung der Kolchosbäuerin (die Beschäftigung mit häuslichen Angelegenheiten neben der Arbeit in der Kolchose) bringen nicht nur Hindernisse bei der geistigen Vervollkommnung der Kolchosbäuerin mit sich, sondern auch bei der Überwindung von Überresten der ökonomischen Ungleichheit.«

Die Autorin zieht aus ihren Untersuchungsergebnissen folgende Schlußfolgerungen: Die Qualität des Lebens in den Dörfern hat sich seit der Revolution geändert, die soziale Ungerechtigkeit wurde beseitigt. Kleidung, Mobiliar und Wohnungen sind von besserer Qualität. Die Arbeit bildet die Grundlage des Wohlstandes. Das Handelsnetz auf dem Lande wurde erweitert, die Gemeinschaftsverpflegung eingeführt. Die Kultur hielt Einzug im Dorf. Die Menschen auf dem Lande sind gebildeter geworden, es gibt nur noch bei alten Leuten Analphabetentum. Das Buch, Rundfunk und Fernsehen haben die Bauern erreicht. Neue zwischenmenschliche Beziehungen haben sich durchgesetzt.

Aber dennoch gilt: Bei der Befriedigung der materiellen und geistig-kulturellen Bedürfnisse bleibt das Dorf hinter der Stadt zurück. So besteht noch ein erhebliches Defizit auf dem Gebiet der Dienstleistungen, des Handels und der Versorgung, bei Einrichtungen der Gemeinschaftsverpflegung, in der medizinischen Betreuung, bei Vorschuleinrichtungen, auf dem Gebiet der Wohnverhältnisse und der Kultur. Die Individualwirtschaften verringern die Freizeit zusätzlich.

Viele Hemmnisse, die eine Überwindung der ungleichmäßigen Entwicklung zwischen Stadt und Land im Wege stehen und die Raissa in ihrer Doktorarbeit analysierte, sind bis heute noch nicht überwunden. Noch immer ist die ökonomische Struktur des großen Landes zu schwach entwickelt, um mit allen Disproportionsproblemen fertig zu werden. Noch heute ist dieses riesige Land nicht in der Lage, ausreichend Nahrungsmittel zu produzieren, obgleich die Bedingungen dafür nicht schlechter als in den USA sind. Mangel herrscht an allen Ecken und Enden. Auch die geistig-kulturellen Bedingungen haben sich nur unwesentlich weiterentwickelt. Unter diesen Aspekten mutet die Dissertation von Raissa Maximowna Gorbatschowa, die im Jahre 1967 verteidigt wurde, beinahe wie ein »Jahrhundertprogramm« an, mit dem ein unterentwickeltes Land in die Neuzeit geführt werden soll.

Ein Gedanke in Raissa Maximownas Dissertation verdient noch besondere Erwähnung, die Überlegung, daß es unumgänglich sein könnte, kulturell niedrig entwickelte Dörfer einfach aufzulösen und die Bevölkerung um diejenigen Dörfer zu konzentrieren, die zu großen Produktions- und Kulturzentren werden könnten, ihrer Art nach »Agrostädte«.

Was den Stawropoler Bezirk angeht, so ist dieser Gedanke nicht abwegig, und seine Durchführung könnte einen positiven sozialen und ökonomischen Effekt haben. Allerdings hat Raissa Maximownas Vorschlag zur Gründung großer Produktions- und Kulturkomplexe in der Landwirtschaft nichts gemein mit der Theorie der Akademikerin T. I. Zaslawskaja, die die Liquidation aller unrentablen Dörfer im Land verlangte, insgesamt etwa 100000 (das sind 20000 Dörfer mehr, als von 1941 bis 1945 zerstört wurden).

Raissa geht es nicht um Vernichtung, sondern um die Gründung von Produktions- und Kulturzentren, um die Wachstumsförderung von Produktion und Kultur auf dem Lande, um eine Anhebung des Lebensstandards. Insofern haben die Kritiker Raissa Maximownas unrecht, die immer wieder versuchen, ihre These mit der der Zaslawskaja zu vergleichen und Übereinstimmungen zu unterstellen.

In den vier Jahren ihrer Aspirantur war Raissa Maximowna alles andere als eine »Stubengelehrte«. Sooft sie konnte, trug sie ihre Forschungsergebnisse in Vorlesungen leitenden Mitarbeitern der Partei und des Staatsapparates vor, machte auf ungünstige Entwicklungen aufmerksam und versuchte, Künstler für eine aktive Betätigung auf dem Lande zu gewinnen. Sie hielt sich auch immer wieder längere Zeit in den Kolchosen auf, die sie für ihre Untersuchungen ausgewählt hatte. Dort führte sie nicht nur statistische Erhebungen durch und füllte Strichlisten aus, sie leistete auch aktive Hilfe bei der Organisation der Freizeit und legte immer wieder Vorschläge zur weiteren Verbesserung der Lebensbedingungen der auf dem Dorfe lebenden Menschen vor. Auch der nur kurze Einblick in die wissenschaftliche Arbeit von Raissa Maximowna zeigt, daß sie trotz der schwierigen Bedingungen, denen sie damals gegenüberstand, in der Lage war, eine relativ objektive Arbeit vorzulegen. Ihre Dissertation war übrigens die erste wissenschaftliche Untersuchung der sozialen Probleme der Kolchosbauern. Natürlich bewegte sich Raissa Maximowna Gorbatschowa mit ihrer Arbeit im wesentlichen in dem Rahmen, den die damalige Zeit zuließ. Nicht wenige Formulierungen lassen erkennen, daß sie dem Zeitgeist Tribut zollte.

Auch heute ist diese Dissertation durchaus noch interessant, nicht zuletzt wegen des umfangreichen Faktenmaterials, wegen der insgesamt ehrlichen Analysen und der für die damalige Zeit mutigen Fragestellung.

Gegenüber ihrer Schneiderin S. Karetnikowa äußerte sich Raissa Maximowna manchmal über Erlebnisse, die sie bei den Interviews auf dem Lande hatte. Frau Karetnikowa erzählte mir: »Unter anderem verteilte Frau Gorbatschowa einen Fragebogen, auf dem die Frauen eintragen sollten, ob sie die chemische Reinigung benutzten. Eine Kolchosbäuerin füllte die entsprechende Spalte mit der Bemerkung aus: ›Ja, ich färbe meine Augenbrauen.‹« So lustig diese kleine Geschichte auch klingen mag, sie hat einen durchaus ernsten Hintergrund: Vieles, was in der Stadt schon längst gang und gäbe war, war auf dem Dorfe noch immer weitgehend unbekannt.

Auch während ihrer Aspirantur bestand Raissa Maximowna alle notwendigen Examen mit den besten Ergebnissen. In den Pflichtfächern Dialektischer und Historischer Materialismus sowie Philosophie erreichte sie ebenso wie in den Wahlfächern Geschichte und Englisch stets das Prädikat »sehr gut«. Ihre Doktorarbeit, die, wie es offiziell heißt, »Dissertation zur Erlangung des akademischen Titels eines Kandidaten der philosophischen Wissenschaft«, verteidigte sie 1967 am Moskauer Staatlichen Pädagogischen Institut »W. I. Lenin«. Einer der Gutachter war Professor Sergej Timofejewitsch Gurjanow, der heute an der Moskauer Lomonossow-Universität am Lehrstuhl für Philosophie tätig ist. Auch mit ihm halten die Gorbatschows noch heute Kontakt.

In seinem Gutachten bescheinigte Professor Gurjanow unter

anderem, daß Raissa Maximownas Arbeit ein ernsthafter wissenschaftlicher Beitrag zur Lösung theoretischer und praktischer sozialer Probleme in ländlichen Gegenden sei. Ihre Arbeit sei nicht nur das Ergebnis abstrakter Überlegungen, sondern das Resultat umfangreicher empirischer Erhebungen und Analysen über die Probleme der Lebensweise der Kolchosbauern. Auch alle anderen Mitglieder des Gelehrtenrates, die über die Annahme der Dissertation zu befinden hatten, fanden nur positive Urteile. Einstimmig wurde Raissa Maximowna Gorbatschowa von der Fakultät der Doktortitel verliehen.

Michail Sergejewitsch Gorbatschow ließ es sich natürlich nicht nehmen, seine Frau an diesem wichtigen Tag in die Universität zu begleiten. Ein großer Blumenstrauß war sein Glückwunsch an seine »Frau Doktor«. Die frisch gebackene Doktorin wurde dreifach gefeiert. Unmittelbar nach der Verleihung des Titels fand ein Empfang statt, an dem auch Michail Sergejewitsch teilnahm. Das offizielle Bankett am Abend im Hotel Junost (Jugendhotel) mußte allerdings ohne ihn stattfinden, da dringende Aufgaben ihn zurück nach Stawropol gerufen hatten. Aber Gorbatschow war auch in privaten Angelegenheiten ein guter Organisator. Er beauftragte seinen Freund Viktor Aleksejewitsch Kasnatschejew, damals Komsomolsekretär des Regionskomitees Stawropol und heute Minister für soziale Sicherheit der Russischen Republik, mit der Ausrichtung der Feier. Viktor war an diesem Abend Raissas »Mann für alle Fälle«. Mit ihm zusammen flog sie am nächsten Tag auch zurück nach Stawropol, an seiner Schulter schlief sie während des Fluges ein. Die dritte Feier fand einige Tage später in privatem, lockerem Rahmen im Haus von Professor Gurjanow statt, wo es feucht-fröhlich zuging. Diesmal war auch Michail Sergejewitsch wieder an der Seite seiner »Frau Doktor«.

Bei meinen Recherchen über das Leben der Frau des heutigen Kremlchefs stieß ich auch noch auf weitere Publikationen von Raissa Maximowna. Da war zunächst die populärwissenschaftli-

*Die Welt der kleinen RAJA TITARENKO:
Hier in der Eisenbahnersiedlung in dem
kleinen Ort Wesselojarsk im Altaigebirge
verbrachte sie ihre ersten Lebensjahre.*

*Frühling 1950. Raissa und
ihre erste Liebe Oleg verbringen Stunden auf Park-
bänken.*

*Stolz lassen sich Raissa und
ihre Freundin Chalida mit
dem gutaussehenden Oleg
fotografieren.*

Oleg ist auch kein schlechter Fotograf. Die
beiden Freundinnen Chalida Sijautdinowa
und Raissa Titarenko (vorne) posieren
gern. Oleg hat Blumen für Rajischka
gepflückt, doch Raissa schaut noch
verlegen zur Seite.

Michail Gorbatschow mit seiner Jugendliebe Swetlana bei einer Laienspielaufführung 1949.

Die Soziologiestudentin Raissa und der Jurastudent Michail heirateten am 25. September 1953.

Die goldenen siebziger Jahre – sonntägliches Freizeitvergnügen im Naturschutzgebiet von Stawropol. Michail Gorbatschow, zweiter v. l., davor Raissa.

Michail auf dem Weg nach oben, gestützt von der lächelnden Raissa.

Frühjahr 1969 – Raissa und Michail verliebt wie in den Studentenjahren. Mit von der Partie: Raissas beste Freundin Lidija Budyka.

Stawropol, Mai 1977: Die Tochter des »Ersten« heiratet.

Raissa Maximowna in der Meißener Porzellan-Manufaktur.

Raissas Lieblingsbeschäftigung: lesen und schmökern . . .

1984 – Raissa bei einem Empfang im Kongreß-palast des Kreml, links neben ihr Frau Ryschkowa.

3. November 1989 – Raissa als First Lady bei einer Fest-sitzung im Kongreß-palast des Kreml.

In diesem Haus auf den Leninhügeln in Moskau bewohnen die Gorbatschows zwei Etagen.

Rückblick auf 25 Ehejahre: Michail und Raissa – alte Liebe rostet nicht.

Dieses Foto mit Seltenheitswert entstand bei einem Besuch von Michail und Raissa bei Gorbatschows Mutter Marija in Priwolnoje 1987. Raissa genießt die Sonnenstrahlen auf der frisch gestrichenen Gartenbank.

*November
1989 –
Moskau auf
Annäherungs-
kurs mit dem
Vatikan.*

*Raissa hat
Michail mit
ihrer Liebe
zum Theater
angesteckt.*

Dezember 1989 – Gipfeltreffen Malta. Zwei, die sich respektieren: Raissa und George Bush.

13. Juni 1989 – Bundesrepublik Deutschland. Zwei, die sich mögen: Raissa und die Verlegerin Aenne Burda.

Zwei, die sich nicht mögen: Nancy Reagan und Raissa Gorbatschowa im Weißen Haus.

Zwei, die die Natur lieben: Michail und Raissa im Park ihrer Datscha.

*Der
Gorbatschow-
Clan.*

*Sascha Gor-
batschow mit
seiner Lieb-
lingsnichte
Xenija*

Schritt für Schritt gemeinsam – der Takt stimmt bei Michail und Raissa.

Exportartikel Raissa Maximowna und der Import von westdeutschen Ohrclips.

che Fassung ihrer Doktorarbeit, die 1969 unter dem Titel »Die Lebensweise der Kolchosbauern. Ein sozialer Abriß« in Stawropol erschienen ist. Dieses Veröffentlichungsverfahren ist durchaus üblich, denn es bietet eine gute Gelegenheit, einem breiten Publikum die Ergebnisse wissenschaftlicher Forschung vorzustellen.

Vier Jahre später veröffentlichte Raissa Maximowna in Stawropol die Broschüre »Der XXIV. Parteitag der KPdSU und die weitere Entwicklung der sozialistischen Kultur«. Mit dieser Broschüre signalisierte sie, daß ihr wissenschaftliches Interesse nun vornehmlich Fragen der Kultur galt. Darin befaßte sie sich intensiv mit den konkreten Aufgaben, die auf dem Gebiete der Kultur in Stawropol sowie in dem gleichnamigen Gebiet gelöst werden sollten. 233 Schulen seien zu bauen oder zu renovieren, mindestens vierzig Internate in Betrieb zu nehmen. In jedem Dorf müsse ein Haus der Kultur eröffnet werden, und die Zahl der ländlichen Bibliotheken sei völlig unzureichend. Im Grunde genommen enthielt Raissas Forderungskatalog nichts anderes als die Ziele, die sich ihr Mann als Erster Sekretär des Stawropoler Gebietskomitees der KPdSU zu realisieren vorgenommen hatte.

Die Position, die Raissa Maximowna 1986 als Präsidiumsmitglied des sowjetischen Kulturfonds übernahm, war nur die logische Konsequenz ihrer wissenschaftlichen und gesellschaftlichen Tätigkeit. Von Gennadi Wassiljewitsch Osipow wissen wir dazu das folgende: »Von Raissa Maximowna geht ein spürbarer Einfluß auf die Wiederherstellung der russischen Kultur aus ... Ein Mensch kann Einfluß auf das soziale und kulturelle Leben ausüben. Das geschieht aber nicht durch die Veröffentlichung von Büchern und Artikeln, auch nicht durch irgendwelche Ratschläge, die er erteilt. Einfluß nimmt er auf das soziale und politische Leben durch seine Denkweise. Raissa Maximowna ist Vizepräsidentin des Kulturfonds, und was bei der Wiederherstellung der Kultur geschieht, der Wiederherstellung kultureller Traditionen, geschieht nicht ohne Raissas Einfluß. Kultur ist immer ein soziales Phänomen, ja, Kultur ist sogar das wichtigste Element der

Soziologie. Soziologie ist die Wissenschaft von den Gesetzmä-ßigkeiten des menschlichen Sozialverhaltens. Das Maß, in dem Menschen kultiviert sind, über kulturelles Erbe verfügen, prägt ihr Verhalten. Das bedeutet nichts anderes, als daß der Mensch in seinem Verhalten bestimmten sozialen Normen und Werten, aber auch unsozialen Normen und Werten folgt. So ist es nur natürlich, daß auf die Beschäftigung mit der Lebensweise von Kolchosbauern die unmittelbare Beschäftigung mit der Kultur folgte. Raissa Maximowna hat unter Hunderten von Menschen, Männern wie Frauen, eine wichtige progressive Arbeit geleistet, indem sie die soziologische Bewegung unseres Landes unter-stützte, die immerhin die erste *soziale* Bewegung unseres Landes war. Unter den damaligen Bedingungen war das neu, ungewöhn-lich, mutig, stark und beeindruckend.«

Nun wollte ich von Professor Osipow noch wissen, ob Raissa mit ihrem bewußten Engagement ein Signal für die verstärkte Teil-nahme von Frauen an gesellschaftlichen Entscheidungsprozes-sen gesetzt hätte? Er berichtete: »An der Akademie für Gesell-schaftswissenschaften wurde im Jahre 1988 ein Symposium über die aktivere Beteiligung der Frau im Leben der sowjetischen Gesellschaft durchgeführt. Raissa Maximowna sollte und wollte daran auch teilnehmen. Aber irgendwas kam dazwischen, was wir alle sehr bedauerten.

Aber, wissen Sie, die öffentliche Einstellung zur Ehefrau eines hohen politischen Führers ist bei uns anders als im Westen. Und Raissa Maximowna als Soziologin muß das auch berück-sichtigen. Jedes auffällige Signal, das sie geben würde, könnte die öffentliche Meinung nur negativ beeinflussen, es würde als Einmischung in fremde Bereiche angesehen werden. Wenn sich Raissa als Gattin des Staatsoberhauptes zum Beispiel mit der Frauenbewegung beschäftigen würde, dann erhöben sich nicht wenige Stimmen, die meinten, es gäbe doch eine ganze Reihe von anderen Problemen, um die sie sich kümmern sollte. Man darf unsere Traditionen nicht außer acht lassen, auch wenn ich persönlich sie nicht für gut halte, es wäre ein schwerer Fehler.

Daß Raissa Maximowna bei Teilen des Volkes trotz guten Wollens nicht ankommt, hat viele Gründe, sie wird sogar »Zariza« genannt. Da wirkt in erster Linie noch die zu Zeiten Stalins entstandene Überzeugung nach, daß die Ehefrau eines Staats- oder Parteichefs von jeglicher politischer und sozialer Tätigkeit fernzuhalten sei. Zweitens ist der Einfluß einer alten russischen Tradition noch sehr stark, nach der die Frau eine niedere Stufe auf der sozialen Rangleiter einzunehmen hat als ihr Ehemann. Heute wird durch die moslemische Bevölkerung diese Tradition wieder verstärkt aufgegriffen.

Nicht zuletzt spielt aber auch die spießbürgerliche Einstellung der sowjetischen Frauen selbst eine wichtige Rolle. Wenn diese Frauen sehen, daß sich die Ehefrau eines Führers unseres Landes auf irgendeine Weise hervortut, auch im positiven Sinne, dann wird das verurteilt. Wenn sich im Westen, in Amerika zum Beispiel, die Ehefrau eines Präsidenten unachtsam, unmodisch oder altmodisch kleidet, wäre die Empörung darüber so groß, daß das Einfluß auf die nächsten Wahlen hätte. Wenn bei uns dagegen eine hochrangige Frau nur öfters ihre Kleider wechselt, wenn sie sich um ein modisches Auftreten bemüht, dann wird sie aufs schärfste verurteilt – um so mehr, als es bei uns diese Tradition der Eleganz bei Politikerfrauen nicht gibt, denken Sie doch nur an die Frauen von Chruschtschow, Breschnew oder Andropow. Es heißt dann: Wie kann sich eine Frau nur so schön und modisch kleiden, wenn es im Lande nicht genügend Waren für alle gibt.

Ähnlich ist es natürlich auch, wenn sich eine Politikerfrau wie Raissa Maximowna durch wissenschaftliche Leistungen auszeichnet. Viele reagieren negativ, werfen ihr vor, sie wolle nur im Mittelpunkt der Aufmerksamkeit stehen. Dieses spießbürgerliche Denken, das viel mit Neid zu tun hat, führt dazu, daß Raissa Maximowna nicht selten im Feuer der Kritik steht. Das alles sind primitive barbarische Traditionen. Es wird wohl noch eine ganze

Weile vergehen, bis wir unsere Denkweise verändert und uns in die europäische Kultur integriert haben.« Ob das Raissa Maximowna noch erleben wird? In dieser Frage bin ich doch eher ein Pessimist. Schade nur, daß auch in dieser Beziehung die Bibel wieder einmal recht behält, wonach der Prophet im eigenen Lande nichts gilt.

Intermezzo –
Die Sterne weisen den Weg
in den Kreml

Die Karriere des Michail Sergejewitsch Gorbatschow war von wechselvollen Ereignissen geprägt, auch Zufälligkeiten spielten eine Rolle. Zweifellos hatte er sich in Stawropol durch überdurchschnittliche Leistungen hervorgehoben. Unter seiner Leitung konnte sogar die Landwirtschaft seines Gebietes, ansonsten überall im Lande ein Sorgenkind, Ertragsverbesserungen aufweisen. Hinzu kam, daß sein Vorgänger im Amte des Ersten Sekretärs des Gebietskomitees der KPdSU, Kulakow, der inzwischen als Landwirtschaftssekretär in die Moskauer Parteizentrale beordert worden war, von dieser Position aus seinen Stawropoler Nachfolger protegierte. 1978 jedoch starb Kulakow plötzlich – gerade sechzig Jahre alt. Niemand von der Parteispitze nahm an seiner Beisetzung teil, und deshalb wurde von sonderbaren Vorkommnissen, von Auseinandersetzungen und sogar von Selbstmord gemunkelt. Da die »Großen« nicht konnten oder wollten, hielt ein bis dahin nahezu Unbekannter die Trauerrede für den Mann aus dem Politbüro – Michail Gorbatschow.

Aber Gorbatschows eigene Leistungen und die Fürsprache Kulakows allein hätten wohl nicht für einen Ruf nach Moskau ausgereicht. Den Weg nach oben verdankt Gorbatschow vor allem einer Krankheit. Sie haben richtig gelesen, einer Krankheit, allerdings nicht einer eigenen, sondern dem Nierenleiden von Juri Wladimirowitsch Andropow, das den damaligen Geheimdienstchef zu regelmäßigen Kuraufenthalten im Stawropoler Gebiet zwang, wo er häufig mit Gorbatschow zusammentraf. Gorbatschow spielte gerne den aufmerksamen Gastgeber für die Herren aus Moskau – auch Ministerpräsident Kossygin besuchte häufig die Mineralquellen – und knüpfte so viele nützliche Kontakte, wobei Raissa ihm nach Kräften half.

Raissa verstand ihre Rolle zu spielen. Sie war *die* Überraschung für die hochgestellten Herren. So etwas hatte man in dieser Gegend, an der Seite dieses Mannes, nicht vermutet. Lange Spaziergänge mit der Frau Andropows, in denen sich Raissa über ihr geliebtes Moskau berichten ließ, brachten ihr zusätzliche Sympathien ein, mehr als zunächst vonnöten waren. Die Gorbatschows wußten genau, die rechte Balance zwischen Vertrauen und Zurückhaltung zu wahren. Sie ließen die Gäste ungestört alles Gute genießen und standen für den Bedarfsfall zur Verfügung. Das Ehepaar Gorbatschow war ein Team, wie man es sich besser nicht wünschen konnte.

Die Fraulichkeit Raissas zog die Andropows so in ihren Bann, daß beide Ehepaare 1977 sogar gemeinsam Urlaub in Kislowodsk machten. Andropows wohnten damals in dem attraktiven Sanatorium »Rote Steine«, genauer: in der dort für sie eigens errichteten Datscha, tief im Naturschutzpark verborgen. Gorbatschows wohnten etwas entfernt, im Sanatorium »Blaue Steine«, nicht ganz so teuer, nicht ganz so pompös. Aber: Man konnte sich sehen, täglich, wenn man wollte, man konnte miteinander spazierengehen, solange man wollte. Man verstand sich gut. Vielleicht war es eben jener Urlaub, der schließlich Andropow bewog, in Moskau an Michail Gorbatschow zu denken.

Den Zeitpunkt des Wechsels konnte er allerdings noch nicht genau bestimmen. Es mußte sich schon eine günstige Gelegenheit ergeben, um den Transfer zu vollziehen.

Am 28. November 1978 meldete die »Prawda«, daß Genosse Michail Sergejewitsch Gorbatschow zum Sekretär des ZK der KPdSU gewählt worden sei. Sein Aufgabenbereich und die Umstände, die zu dieser Wahl geführt hatten, wurden allerdings im dunkeln gelassen. Bei dieser Beförderung hatte sicher auch

Raissa Maximowna ihren Mann unterstützt. Nicht nur, daß sie ihn immer wieder drängte, sich mit dem Erreichten noch nicht zufriedenzugeben, wo sie nur konnte, half sie ihm auch durch ihr sicheres, selbstbewußtes Auftreten. Wie sagte doch ihre Freundin Lidija – und ich zitiere sie wörtlich –: »Raissa hatte beschlossen, daß das Wichtigste in ihrem Leben sei, ihrem Mann auf jede nur mögliche Weise zu helfen. Ihre Beziehung zueinander ist so geartet, daß Michail sie stets in seiner Nähe wissen möchte, um mit ihr reden zu können, um sich mit ihr zu beraten. Sie ist ihm ein treuer Freund.« Raissa Maximowna verfügte – und verfügt auch heute noch – über die Gabe, in jeder Situation stets das Richtige tun zu können. Sie kann sich anpassen, aber sie kann auch sehr selbstbewußt auftreten. Beides weiß sie ganz genau zu kalkulieren. Wenn man also die inneren Faktoren berücksichtigen will, die Gorbatschow an die Spitze gebracht haben, dann darf auf keinen Fall das Teamwork zwischen Raissa und Michail vergessen werden.

Nicht nur das Gepäck war umfangreicher, als sich die Gorbatschows 1978 auf den Rückweg nach Moskau begaben. Auch die Familie war größer geworden. Bei ihrer Ankunft in Stawropol hatte ihr ganzes Hab und Gut aus kaum mehr als zwei Koffern und einigen Bücherkisten bestanden. Inzwischen benötigten sie schon einen ganzen Umzugswagen, zumal ja auch der Besitz von Tochter Irina und Schwiegersohn Anatoli mit nach Moskau genommen werden mußte. In der Alexei-Tolstoi-Straße bezogen die Gorbatschows eine 200 Quadratmeter große Fünfzimmerwohnung in einem Hochhaus der Partei, das gerade erst für ZK-Mitglieder gebaut worden war. Doch auch kommunistische Regime machen strenge Unterschiede in dem, was qua Funktion zur Verfügung gestellt wird. Die neue Wohnung in Moskau war zwar um einiges luxuriöser ausgestattet als das Haus, das die Familie des Ersten Sekretärs des Gebietskomitees in Stawropol bewohnt hatte, aber sie war bei weitem nicht so komfortabel wie die Stadtwohnungen der Politbüromitglieder. Ende der siebziger

Jahre hatten auch die Sowjets begonnen, internationale Erfahrungen im Wohnungsbau zu übernehmen. Sie bauten nicht mehr nur einfache Übernachtungsstätten für Menschen, sondern achteten auch auf Ästhetik und Komfort. Die ersten, die davon profitierten, waren hohe Parteifunktionäre, und ihnen blieben diese Fortschritte im Bauwesen auch über eine lange Zeit ausschließlich vorbehalten.

Raissa Maximowna betrachtete nie eine Wohnung nur als Zwischenlösung, als ein vorübergehendes Quartier. Schon wenige Tage nach dem Einzug strahlten alle ihre Wohnungen sehr viel Persönliches aus, Blumen und Pflanzen schleppte sie heran, Bilder zierten die Wände, die vielen kleinen Dinge, die eine Wohnung erst gemütlich machen, vergaß sie nie. Auch in diesen Fragen mochte sie keine Halbheiten, ein »Oder« gab es in ihrem Sprachschatz nicht. Mit dieser Eigenschaft unterscheidet sich Raissa Maximowna von den meisten sowjetischen Frauen, die eine Wohnung und deren Einrichtung nur selten Aufmerksamkeit schenken können, da ihnen Zeit, Kaufmöglichkeit und Geld fehlen. Ihr Bedürfnis nach einem gemütlichen Heim liegt wohl vor allem in dem unsteten Leben ihrer Kindheit begründet, das sie fast ausschließlich in Eisenbahnwaggons verbrachte. Damals hatte sie von der Mutter lernen können, wie auch die ärmlichste Behausung wohnlich gemacht werden konnte.

Vom Balkon vor den großen Wohnräumen in der Tolstoi Straße konnten die Gorbatschows auf einen der vielen Moskauer Parks schauen, auf alte Straßen und Gassen und viele historische Gebäude. Die Ausstattung der Wohnung hatten die besten sowjetischen Innenarchitekten vorgenommen, wobei sie mit dem Einsatz westlicher Materialien und Geräte nicht zu sparen brauchten. Von außen gleicht das ehemalige Wohnhaus der Gorbatschows vielen anderen Moskauer Wohnhäusern. Diese Unscheinbarkeit ist Absicht. Allenfalls ein Milizionärshäuschen vor der Toreinfahrt verrät dem geschulten Auge, daß hier nicht Iwan Iwanowitsch – oder, wie wir sagen, Otto Normalverbraucher – wohnt.

Rechts neben dem Gebäude steht das Dom Prijomow, ein spezielles Haus für Empfänge. Die anderen Häuser in der Nachbarschaft gehören meist dem KGB, dem sowjetischen Geheimdienst. Ganz in der Nähe befindet sich auch das berühmt-berüchtigte genossenschaftliche Restaurant »Namenlos«, das Schieber und Spekulanten, die es in der Sowjetunion natürlich auch gibt, zu ihrem Hauptquartier erkoren haben. Aber es sind keine »kleinen Fische«, die hier verkehren. Ihre Namen verraten engste Beziehungen zum Apparat der kommunistischen Partei der UdSSR. Zu den Stammkunden zählten der Enkel von Chruschtschow, der Schwiegersohn des ehemaligen Ministerpräsidenten Kossygin und die Tochter von Breschnew, die wegen ihrer Affären und Korruptionen schon des öfteren mit dem Gesetz in Konflikt gerieten. Ans Tageslicht kamen diese Vergehen aber alle erst in den Zeiten von Glasnost und Perestroika.

In der Tolstoi Straße lebten die Gorbatschows bis Ende 1980, bis Michail Sergejewitsch Vollmitglied des Politbüros wurde und in eine diesem Personenkreis vorbehaltene Wohnung ziehen mußte. Ich hatte mir in den Kopf gesetzt, das Haus in der Tolstoi Straße für die Geschichte der Raissa Maximowna zu fotografieren, wenn ich auch wußte, daß es schwierig sein würde. Aber wie der Zufall so spielt, ein Freund kennt einen anderen Freund und dieser wiederum den Hausmeister des gegenüberliegenden Hauses. Und eine Stange Marlboro tut ein übriges.
Wohl ist mir nicht mit meinem Fotoapparat in einem klapprigen Fahrstuhl. Er wackelt und schlackert, schließlich hält er in der obersten Etage. Um mich herum liegen nur Schutt- und Bautrümmer, der Holzboden unter meinen Füßen knarrt und ächzt und droht, jeden Augenblick, bei jedem Schritt, nachzugeben. Der Wind pfeift durch alle Ritzen dieses baufälligen Restgebäudes. Ich wage kaum weiterzugehen. Dazu stelle ich mir vor, daß aus den Häusern des KGB mir längst genüßlich zugeguckt wird. Schließlich laufe ich auch noch gegen einen herunterhängenden Balken. Ich finde keine Position, von der aus ein gutes

Foto zu schießen wäre. Resigniert möchte ich aufgeben. Da öffnet sich plötzlich eine Stahltür, und der Hausmeister erscheint. Er reicht mir seine Hand. Ich bin versucht zu schreiben: seine warme, breite, vertrauenswürdige Hand, so jedenfalls kam sie mir damals vor. Wir steigen beide hoch zur Dachterrasse. Da liegt nun das Haus in der Alexei-Tolstoi-Straße 15 in seiner ganzen Klotzigkeit vor mir. Für einen Moment fühle ich das Glück der Reporter, wenn sie ihr Ziel erreicht haben. Aber nur für einen Moment. Der Hausmeister geht, geht schnell, und hinter ihm fällt die Stahltür ins Schloß. Sehr wohl in meiner Haut fühle ich mich nicht. Plötzlich bemerke ich auch die Baufälligkeit der Dachterrasse, das lockere Geländer, an das man sich besser nicht anlehnt, das auch keinen Schutz bieten würde, wenn man hinuntergestoßen würde. Wer fragt schon nach einer einsamen deutschen Frau, die sich auf baufälligen Moskauer Dachterrassen herumtreibt; wer fragt hier überhaupt nach mir? Doch ich reiße mich zusammen. Mir genau gegenüber befindet sich mein Fotomotiv: die siebente Etage, wo die Gorbatschows wohnten, als Moskau sie wieder in die Arme nahm. Sie ist unbewohnt, die Fenster sind verschlossen, Rollos oder Gardinen gibt es nicht. Nun will das Fehlen von Gardinen bei Russen nichts heißen, sie haben ihre eigene Art, ihre Fenster zu dekorieren. Doch alle Fenster der Wohnung sind leer und blind, da wohnt niemand, das ist deutlich zu erkennen. Man hat mir erzählt, es sei der ausdrückliche Wunsch der Gorbatschows gewesen, keine Nachmieter zu haben. Ich muß an die Wohnungsnot in Moskau denken. Meine sowjetischen Freundinnen wohnen zu sechst und zu acht in zwei bis drei Zimmern. Drei Generationen teilen sich eine Wohnung, und die Enkel haben sich längst den Gedanken an eine neue, eigene Wohnung aus dem Kopf geschlagen. Allerdings hätten meine Freundinnen mit ihren Familien auch nie die Chance, eine solche Wohnung zu beziehen. Sie sind nun einmal nicht Mitglieder des Politbüros. Und nur für solche ist diese Wohnungskategorie vorgesehen.

Ich mache meine Aufnahmen und taste mich vorsichtig über die

*1984 kam Michail Gorbatschow mit
Raissa zu einem dienstlichen Besuch
nach Stawropol zurück. Schon damals
verstand es Raissa, Michail – mehr oder
weniger direkt – auf etwas hinzuweisen.*

Terrasse hinweg zum Fahrstuhl zurück. Er klappert auch wieder mit mir hinunter. Meinen Fotoapparat stecke ich vorsorglich in die Tasche. Die Straße ist still, die Bäume zeigen ihr schönes, volles Laub. Ich gucke noch mal hoch zur Siebenten: Eine leere Wohnung, und in ihr haben einmal die Gorbatschows gewohnt. »Na und?« sagen meine Freundinnen, »wir haben heute sechs Stunden nach Fleisch angestanden, bis wir endlich welches bekamen.« Sie machen daraus Pelmeni. Ich freue mich. Das ist ein russisches Gericht, das ich ungeheuer gern mag, Fleischklößchen in Teigtaschen. Das verbindet mich nun wieder sehr mit Raissa. Pelmeni ist auch ihr Lieblingsgericht.

Ende 1980 zogen die Gorbatschows in eine neue Wohnung in der Schtschussew-Straße. Sie gehörte ebenfalls zur »Politbürokategorie« und maß 350 Quadratmeter. Wieder war es ein Hochhaus, in das die Gorbatschows einzogen, diesmal eines aus der Breschnew-Ära. Die Sowjets wissen die Baustile ihrer Regierungsoberhäupter gut zu unterscheiden. Die Breschnew-Ära zeichnet sich durch gewaltige Betonklötze mit riesigen Fenstern und überdimensionalen Hauseingängen aus. Hier verbrachten sie die nächsten Jahre, bis Gorbatschow in das höchste Parteiamt aufstieg. In diesem Haus wohnten ausschließlich die privilegiertesten Mitglieder der Moskauer Gesellschaft, zu denen 1980 auch die erste sowjetische Kosmonautin Valentina Tereschkowa und die Breschnew-Tochter Galina zählten. Während die Kosmonautin noch heute in diesem Hause wohnt, ist es um die Breschnew-Tochter inzwischen sehr ruhig geworden. Nach Gorbatschows Machtantritt hatte ein konsequentes Aufräumen mit den Korruptionspraktiken seiner Vorgänger eingesetzt. Öffentlich war bekannt geworden, daß Galina Breschnewa und ihr Ehemann Juri Tschurbanow, zu Breschnews Zeiten Generaloberst und erster Stellvertreter des Innenministers, ihre Machtposition für eine unglaubliche persönliche Bereicherung ausgenutzt hatten, daß sie in Schmuggel und Korruption verwickelt waren, kistenweise teure Wertgegenstände und unersetzbare Kunstgegenstände außer Landes gebracht und sich, wo es immer nur möglich war, auf Kosten des Volkes bereichert hatten. Berichten zufolge fand man in ihrer Wohnung 200000 Dollar in bar und Juwelen im Wert von rund einer Millionen Dollar. Tschurbanow wurde 1988 zu zehn Jahren Gefängnis verurteilt. Seine Frau verlor alle ihre Privilegien. Heute ist sie Alkoholikerin und lebt ständig in einer Nervenklinik.

Am 11. März 1985 wurde bekanntgegeben, daß Michail Gorbatschow zum Generalsekretär gewählt worden war. Er war der achte in der Linie nach Lenin.

Gromyko, dem man einen solchen Satz nach über fünfzigjähriger Amtszeit auf dem internationalen Parkett nicht zugetraut hätte, sagte in seiner Begründung, daß dieser Gorbatschow ein sehr charmantes Lächeln habe und über ausgezeichnete Zähne verfüge.

Dieses Kompliment kann man ohne weiteres an Raissa weitergeben: Ein charmantes Lächeln und tadellose Zähne hat auch sie vorzuweisen, wenn auch der Natur ein wenig dabei nachgeholfen wurde. Die tadellosen Zähne sind irgendwann in der Moskauer Zeit gewachsen, denn die Stawropoler Sommerbilder zeigen freimütig alles, was Karies und Parodontose so zustande bringen – nicht zu vergleichen mit dem Jacketkronen-Angebot der späteren achtziger Jahre.

Raissa Maximowna hatte mit dem Umzug nach Moskau ihre Berufstätigkeit aufgegeben. Zwar hätten sich in Moskau allerlei Gelegenheiten geboten, ihre Lehrtätigkeit als Soziologin fortzuführen – schließlich ist Moskau die Stadt der bedeutendsten Lehreinrichtungen des Landes. Aber sie verzichtete auf alle diese Möglichkeiten und konzentrierte sich ausschließlich darauf, die Arbeit ihres Mannes zu unterstützen. Sie wurde, obwohl es für die Ehefrau eines ZK-Sekretärs und Mitglieds des Politbüros eine solche Funktion offiziell nicht gibt, die wichtigste Mitarbeiterin ihres Mannes. Sehr aufmerksam verfolgte sie in- und ausländische Neuerscheinungen zu Fragen der Soziologie und fertigte, wo nötig, auch Übersetzungen an. In ihren Gesprächen mit ihrem Mann ließ sie immer wieder neueste Erkenntnisse ihres Fachgebietes einfließen. Das alles hat sicher nicht unwesentlich zur Formierung der Gedanken beigetragen, die nach Michail Sergejewitschs Übernahme des höchsten Amtes in der Sowjetunion unter dem Namen Glasnost und Perestroika bekannt und zu einem Programm wurden.

Der Lebensstil
der Moskauer Führung

An dem Tage, als Gorbatschow Generalsekretär wurde, änderte sich abrupt das Leben seiner Familie, es wurde ein Leben »an der Spitze«. Für die Herrschenden in Partei und Staat besteht ein seit Jahrzehnten funktionierendes System, an dem sich auch wenig geändert hatte, als Gorbatschow 1985 an die Macht kam. Es bestimmt den Maßstab des Wohlstands in Abhängigkeit vom Rang des Funktionärs. In diesem System genießt ein Mitglied des Politbüros zum Beispiel mehr Vergünstigungen als ein Kandidat für einen Posten im Politbüro, und dessen Lebensstandard unterscheidet sich wiederum von dem eines Sekretärs des Zentralkomitees usw. Die materiellen Vergünstigungen in den höchsten Kreisen der sowjetischen Führung umfassen einmal die Bereitstellung von großzügigem Wohnraum, der sonst für jeden, sogar für sehr wohlhabende sowjetische Menschen unerreichbar ist. Dazu kommen die Versorgung mit Lebensmitteln höchster Qualität und kostenlose Dienstleistungen: Köche und Aufwartefrauen, Serviererinnen, Chauffeure und Ärzte. Die sowjetischen Spitzenfunktionäre haben außerdem die Möglichkeit, mit der Familie auf Staatskosten am Schwarzen Meer oder im Baltikum Urlaub zu machen.

Die Höhe des Einkommens eines sowjetischen Spitzenfunktionärs ist zur Bewertung seiner materiellen Situation eher zweitrangig. Ein Mitglied des Politbüros verdient im Monat 1200 Rubel – der Durchschnittslohn eines Arbeiters beträgt 234 Rubel. Aber jeder bedeutende Wissenschaftler, Schriftsteller oder Künstler verdient mehr als ein Spitzenfunktionär, und der Besitzer eines genossenschaftlichen Restaurants kann sogar ein Monatseinkommen von 5000 bis 8000 Rubel erreichen.

Ein prinzipieller Unterschied zwischen dem Leben in der Sowjetunion und dem Leben bei uns im Westen besteht in der unterschiedlichen Kaufkraft des Geldes. Bei uns sind 100 DM in der Tasche eines einfachen Arbeiters genausoviel wert wie 100 DM in der Tasche eines Ministers. Raissa Maximowna Gorbatschowas 100 Rubel sind dagegen eine ganz andere Währung als die 100 Rubel einer sowjetischen Hausfrau. Eine hohe Funktionärsfrau wie Raissa kann mit ihrem Geld jegliche Waren aus jedem beliebigen Land kaufen, eine einfache Frau dagegen nur das, was in den spärlich bestückten Auslagen der sowjetischen Geschäfte liegt. Diese Seite des sowjetischen Lebens erschließt sich einem Menschen aus dem Westen, der von Kindheit an daran gewöhnt ist, daß man mit Geld jedes beliebige Bedürfnis befriedigen kann, nur schwer.

Wie wichtig der Faktor »Privilegien« gegenüber dem Faktor »Geld« in der Sowjetunion ist, läßt sich am deutlichsten an der Wohnraumsituation ablesen. Auch ein wohlhabender Sowjetrusse kann keine der luxuriösen Wohnungen oder Häuser erwerben, die der Führungsspitze vorbehalten sind, wenn er nicht zum privilegierten Kreis der Spitzenfunktionäre gehört, und gäbe er auch sein ganzes Vermögen dafür her.

Seit 1985 lebt das Ehepaar Gorbatschow nach der Tradition der sowjetischen Führung praktisch ständig außerhalb der Stadt auf einer Datscha. (Die wörtliche Übersetzung »Wochenendhaus« wäre hier zu bescheiden, es handelt sich um einen großen Besitz auf dem Lande.) Die Mehrheit aller Regierungsmitglieder lebt auf Datschen, die im Umkreis von dreißig bis vierzig Kilometern Entfernung von Moskau liegen. Die Datschen der Partei- und Regierungsspitze liegen westlich von Moskau an der Rubljowchaussee.

Bis vor kurzem waren das Leben und die Lebensweise der ersten

Familie der Sowjetunion für die Öffentlichkeit tabu. Aber durch die neue Politik Gorbatschows, Glasnost und Perestroika, wurden die Menschen in der Sowjetunion kritischer, sie fragten nach der Notwendigkeit von Privilegien und wollten Aufklärung über die Lebensweise ihrer Führung. Diese Kritik kam besonders auf dem Volksdeputiertenkongreß im März 1989 zur Sprache. Dort beschrieb Michail Sergejewitsch Gorbatschow die eigene Wohnsituation: »Wir haben eine Stadtwohnung. Weder ich noch meine Familienangehörigen hatten je eine Privatdatscha. Unter Berücksichtigung ihrer Arbeitsaufgaben werden Mitgliedern der Führung des Landes jedoch staatliche Datschen zur Verfügung gestellt. Zu der Datscha, die dem Generalsekretär des ZK der KPdSU und Vorsitzenden des Obersten Sowjets der UdSSR zugewiesen wird, damit er seine Pflichten erfüllen kann, gehört eine entsprechende Ausstattung. Es gibt Räumlichkeiten für Sitzungen des Politbüros und des Präsidiums des Obersten Sowjets der UdSSR sowie für die Begegnung mit führenden Repräsentanten anderer Staaten. Es gibt ein Arbeitszimmer und eine Bibliothek sowie eine mit modernsten Mitteln ausgestattete Funkzentrale. Es gibt auch noch andere technische Einrichtungen, die zur Ausübung der Funktion des Vorsitzenden des Verteidungsrates des Landes notwendig sind. Nur ein Teil der Räume in der Datscha wird für persönliche Zwecke der Familie benutzt.«

Die Rubljowchaussee ist nicht breit. Sie ist sehr gepflegt, von Alleebäumen gesäumt und romantisch angelegt. Es fällt schwer zu glauben, daß man nur einige Kilometer von dem stickigen, umweltverschmutzten, lauten Industrie-Moskau entfernt ist. Keine Hektik, nur wenige Autos passieren die schmale Chaussee. Es gibt nur eine Spur für jede Fahrtrichtung. Lastwagen befahren diese Straße überhaupt nicht. Die Mehrzahl der passierenden Autos sind schwarze Wolgas oder Tschaikas; hin und wieder kommt ein SIL vorbei. Das bedeutet, daß jemand aus den höchsten Führungskreisen zu seiner Datscha fährt oder von dort kommt. Wenn ein SIL vorbeirauscht, eine der größten sowjetischen Regierungslimousinen, die nur von Mitgliedern des Politbüros, von Kandidaten für einen Posten im Politbüro und von Sekretären des Zentralkomitees benutzt werden, dann kann es sein, daß in der gepanzerten Limousine Gorbatschow oder ein Mitglied seiner Familie sitzt. Von außen kann man in den SIL nicht hineinschauen, er hat getönte Scheiben. Ist Michail Sergejewitsch Gorbatschow selbst unterwegs, begleitet ihn eine ganze Autokolonne mit hoher Geschwindigkeit – voran der Mercedes der Sicherheitspolizei, dahinter ein oder zwei schwarze Wolgas, danach zwei SILs, auf den letzten SIL folgt ein SIL-Kombi, der Krankenwagen, hinter dem ein schwarzer Wolga die Kette abschließt. Aus Sicherheitsgründen wird nie bekanntgegeben, in welchem der Fahrzeuge Gorbatschow allein oder mit seiner Familie sitzt. Er und seine Familie werden ständig von einer Gruppe von Sicherheitsoffizieren begleitet, zirka sieben bis zwölf Personen, deren Leiter wie ein Schatten im selben Auto mit seinem Schutzbefohlenen sitzt; die anderen Mitglieder dieser Bodyguard befinden sich in jenen schwarzen Wolgas, die vor und hinter dem Hauptauto fahren. Ein Teil der Wachen des Generalsekretärs fährt im zweiten SIL mit, und in dem SIL-Kombi, dem Krankenwagen, sitzen Ärzte und Krankenschwestern.

Daß die Sicherheitspolizei einen Mercedes fährt, rührt daher, daß in den siebziger Jahren vom Innenministerium der UdSSR eine beachtliche Anzahl dieser Wagen angekauft wurde, was der ehemalige Minister Scholkow veranlaßt hatte. Dafür wurde in Moskau die einzige und bis heute existierende technische Servicestation für diesen Wagentyp, Nr. 7, eröffnet. Auch heute fahren noch Söhne der höchsten Kreise einen Mercedes. Gorbatschows Schwiegersohn Anatoli fährt zum Beispiel einen grauen Mercedes 280 S Automatik.

Raissa steht für ihre Privatfahrten ein Tschaika zur Verfügung. Allerdings fährt auch sie stets in Begleitung von ein oder zwei Sicherheitsoffizieren. Einen solchen Offizier nennt man im Russischen »Prikrepljonnyi«, was wohl am ehesten mit »der zweite Schatten« zu übersetzen ist.

Das Innenleben
der sowjeti-
schen Luxus-
limousine SIL.

Ein typisches
Bild: Die war-
tende Menge
jubelt. Raissa
steigt elegant
aus dem SIL.

163

Die Frauen der Gorbatschow-Familie, Raissa und Irina, besitzen keinen Führerschein. Es ist in der Sowjetunion wenig üblich, daß eine Frau privat Auto fährt. Außerdem würden es die Bodyguards weder Michail Sergejewitsch noch Raissa Maximowna gestatten, sich selbst hinter das Steuer zu setzen. Das Risiko wäre einfach zu groß. Dennoch, Ausnahmen bestätigen die Regel. Folgendes sah ich mit eigenen Augen: Am 14. Juli 1989 tagte der Oberste Sowjet bis spät in den Abend. Gorbatschow lud die Regierungsmitglieder zum Dinner in seine Stadtwohnung in der Uliza Kossygina ein. Der Fuhrpark aus SILs wartete bis 23.00 Uhr auf dem Regierungsgrundstück. Dann fuhren alle SILs stadtauswärts Richtung Rubljowchaussee. Einen Tag später, am Samstag, um 10.30 Uhr, fuhr ein einzelner SIL ohne Sicherheitseskorte vor dem Eingang in der Uliza Kossygina vor: Michail Sergejewitsch Gorbatschow im hellen Sommeranzug stieg aus und verschwand im Haus. Der SIL fuhr ein paar Meter vor, ein paar Meter zurück. Es schien, als suche der Chauffeur die geeignete Position zum Einsteigen. Nach weniger als fünfzehn Minuten kamen Michail Sergejewitsch und seine Frau Raissa im weißen lässigen Leinenkostüm lachend Arm in Arm aus dem Haus. Raissa hatte die Nacht in der Stadtwohnung bei ihrer Tochter Irina verbracht. Der Fahrer, hemdsärmelig, sprang aus der Staatskarosse, um die Wagentür aufzumachen; Gorbatschow winkte ab, half seiner Frau selbst in den SIL und stieg dann ebenfalls ein. Keine Sicherheitsbeamten weit und breit. Es passiert also durchaus, daß die erste Familie auch schon einmal ganz privat durch Moskau fährt.

Die Fahrt vom Kreml, vom Kulturfonds oder vom Gebäude des Zentralkomitees der KPdSU auf dem Alten Platz in Moskau bis zur Datscha der Gorbatschows dauert etwa 25 Minuten, nicht mehr. Von der Rubljowchaussee zweigt eine schmale asphaltierte Straße ab, auf der man mit dem Auto in wenigen Minuten zur Umzäunung der Datscha gelangt. Die Zäune aller Regierungsdatschen sind fast gleich – sehr hoch, oben verläuft ein dünner Stacheldraht, der elektrisch geladen ist. Das Tor der

Datscha ist massiv und doppelflügelig, dahinter steht ein Wachhäuschen, das rund um die Uhr besetzt ist. Ein Offizier der Wache nimmt mich in Empfang.

Für die Bewachung des Generalsekretärs und seiner Familie sind Offiziere zuständig und Soldaten, die sich freiwillig für den Dienst im KGB verpflichtet haben. Diese Bodyguards lassen sich in zwei Gruppen unterteilen: die sogenannte »auswärtige Gruppe«, zirka zwölf Personen, die Michail Sergejewitsch Gorbatschow und Raissa Maximowna auf allen Reisen und Ortswechseln innerhalb der Stadt, des Landes und im Ausland ständig begleiten.

Die zweite Gruppe bewacht die Datscha und die Stadtwohnung der Familie Gorbatschow ununterbrochen oder, wie es im Jargon heißt, »bewacht das Objekt«. Die Anzahl der Wachposten auf der Datscha hängt davon ab, ob der »Hausherr« anwesend ist. Wenn nicht, so sind außer der Wache hinter dem Tor drei bis vier Posten um das Haus aufgestellt, die gemeinsam Wache halten. Hält sich Gorbatschow selbst in der Datscha auf, sind auch am Zaun Wachen in regelmäßigen Abständen postiert. Die Zugangswege zum Haus (von der Datscha bis zur Umzäunung sind es drei bis vier Kilometer in jeder Richtung) werden durch ein elektrisches Warnsystem kontrolliert. Im Wald, der das Territorium der Datscha umgibt, sind in geringem Abstand vom Boden dünne, kaum zu bemerkende Drähte gespannt; wenn jemand versucht, sich dem Haus zu nähern, und die Drähte berührt, schaltet sich die Warnanlage an, und sofort wird eine operative Gruppe mit abgerichteten Wachhunden zu dieser Stelle ausgeschickt.

Auf der Datscha herrscht ein Kommandant, der die Verantwortung sowohl für die Überwachung als auch für den Zustand des Hauses und des Territoriums trägt. Gewöhnlich ist dies ein Oberst: Die Wache besteht aus Berufssoldaten der 9. Behörde des KGB, die für die Familien von Mitgliedern des Politbüros, des Zentralkomitees der KPdSU, der Kandidaten für die Mitgliedschaft im Politbüro und der Sekretäre des Zentralkomitees der KPdSU zuständig ist. Das gesamte Dienstpersonal, einschließlich

Köchen, Aufwartefrauen, Gärtner usw., hat ebenfalls militärische Dienstränge, in der Regel sind auch sie Berufssoldaten.

Wenn man das Eingangstor hinter sich gelassen hat, fährt man langsam über eine schmale Allee bis zum Haus. Das Grundstück der Gorbatschow-Datscha ist sehr groß. Es ist fast ganz von Mischwald bedeckt, in dem Fichten und Kiefern überwiegen, aber auch viele Sträucher wachsen. Vor dem Haus und auf dessen Rückseite, von wo aus man auf den Weg blickt, der zum Fluß hinüberführt, gibt es Blumenbeete, die zum Teil in Form geschlossener, symmetrischer Figuren bepflanzt sind. Die Architektur des Gartens bestimmt die Hausherrin Raissa Maximowna selbst. Sie liebt alle Arten von Blumen und Pflanzen. Auf ihrer Kubareise fragte sie ihre Dolmetscherin immer wieder nach Blumen- und Pflanzennamen, und sie erkundigte sich, ob manche dieser tropischen Gewächse auch in Moskau angepflanzt werden könnten. Im Garten der Gorbatschows gedeihen Gladiolen, Astern und Tulpen. Auch Rosen, die sich im allgemeinen in der Umgebung Moskaus nicht wohl fühlen, sind bei Raissa Maximowna in großer Zahl zu finden. Rund um das Haus sind Fliedersträucher angepflanzt. Den Flieder nennt man im Westen die »Russische Blume«, da diese Pflanze gerade in Rußland in besonderem Maße kultiviert wurde. Die weißen und violetten Trauben des Flieders duften im Mai/Juni, und ihren Duft liebt Raissa Maximowna besonders. Auf dem Grundstück befindet sich auch ein großes Treibhaus, in dem immer feuchter Sommer herrscht. Neben Gemüse wie Gurken, Tomaten und Kürbissen wachsen auch hier Blumen: exotische Orchideen, Rosen, Nelken, Narzissen, Krokusse, Blumen, die Raissa Maximowna teilweise von ihren Reisen mitgebracht hat. Nahe der Umzäunung schließlich gibt es auch einen Obstgarten mit Äpfel- und Birnbäumen, Pflaumen- und Kirschbäumen, selbst Himbeer-, Johannisbeer- und Stachelbeersträucher gedeihen hier. Durch die Gartenanlagen spazieren Pfauen, Fasane und Perlhühner. Die Pfauen und Fasane, deren Heimat der Süden ist, haben sich offenbar an den russischen Winter gewöhnt und überstehen auch den Frost. In

Kuba beispielsweise, wo es der liebe Gott mit der Fauna und Flora nun wirklich gut gemeint hat, kam Raissa aus der Be- und Verwunderung über die Exotik des Schönen nicht heraus. Dementsprechend hat sie auch ihre Dolmetscherin Digna mit ihren Fragen nach Namen und Pflegetechniken geplagt. Man hätte ihr zum Dolmetschen einen Gärtner geben sollen und ein Extra-Flugzeug, um sachkundig den Süden in die Moskauer Kühle zu verpflanzen.

Um diesen Garten, die Blumen, das Treibhaus kümmern sich die Parkarbeiter und Gärtner unter Anleitung der pflanzenkundigen Hausherrin Raissa Maximowna. Es heißt, daß Michail des öfteren bei der Arbeit im Garten oder im Wald zu beobachten ist. Alles muß sorgfältig gepflegt sein. Die Stämme der Obstbäume sind unten geweißt, die Beete sind sorgfältig gejätet. Auch der Wald wird ständig in Ordnung gehalten: Kranke und abgestorbene Bäume werden abgeholzt, überflüssige Sträucher entfernt. Dennoch macht der Wald einen natürlichen, »wilden« Eindruck. Man merkt, daß ihn nur wenige Menschen betreten. Er ist erfüllt von Vogelstimmen und allen Arten kleiner Waldlebewesen. In seiner Art ist er ein kleines Naturschutzgebiet, wo der Mensch wenig Unruhe schafft. Der Wald reicht fast bis an das Haupthaus. Kleine Wege führen in alle Richtungen. Welchen man auch nimmt, nach einer halben Stunde schnellen Schrittes gelangt man auf den »Kreis«, einen breiteren und gepflegten Waldweg, der entlang der gesamten Umzäunung verläuft. Wenn man den ganzen Waldweg abschreiten möchte, braucht man dazu gut zwei Stunden.

Geht man um das Haupthaus herum, entdeckt man, daß weitere Gebäude mit ihm durch geschlossene Galerien verbunden sind. Eine dieser Galerien führt zu einem niedrigen einstöckigen Gebäude aus Glas und Metall, wo sich ein Schwimmbecken und eine Sauna befinden. Im Sommer kann die Wand des Schwimmbeckens automatisch beiseite geschoben werden, so daß sich die Badenden im Freien befinden, direkt neben dem Wald und der Blumenanlage. Um das Becken herum sind leichte finnische Korbmöbel aufgestellt, Schaukelstühle, Liegen mit Kissen, die geblümte Muster haben. Je nach Wunsch kann die Farbe des Wassers im hellblau gekachelten Becken geändert werden: von Dunkelblau wie das Meer bei gutem Wetter bis Hellgrün, der Farbe des stürmischen Meeres in der Nähe des Ufers. Das erinnert die Gorbatschows an ihre Datscha in Pizunda an der Schwarzmeerküste. Abends und nachts wird das Becken durch Bullaugen von Scheinwerfern erleuchtet.

Um vom Schwimmbecken in die Sauna zu gelangen, muß man einige Stufen auf einer Marmortreppe hinuntersteigen. Man kommt in einen ziemlich großen Raum, der in hellem Holz getäfelt ist. Darin befinden sich ein Kamin, ein recht großer Holztisch sowie Bänke und Hocker. Alles wurde aus Finnland importiert. In einem Halbkreis um den Kamin sind bequeme, weiche Möbel angeordnet. Eine schwere massive Tür mit Holzgriff führt in die eigentliche Sauna. Es ist eine finnische Sauna mit trockenem Dampf. Seit ungefähr zwanzig Jahren herrscht in der Sowjetunion geradezu ein Bauboom für finnische Saunen. Kleinere und höhere Funktionäre begannen, Saunen auf den Datschen und in der Stadt zu bauen. Das ging so weit, daß derjenige, der keine eigene Sauna hatte, sich nicht zur »vornehmen Gesellschaft« zählen konnte.

Eine weitere Galerie, die von einem anderen Seitenflügel des Hauses ausgeht, führt zu den Wirtschaftsräumen: zur Küche, den Vorratskammern, den Erholungsräumen für das Dienstpersonal. Die Küche ist groß und professionell ausgestattet. Die gesamte Technik kommt aus dem Westen. Ein großer Herd, Arbeitstische, eine große Anzahl verschiedener Elektrogeräte. Die Erholungsräume für das Dienstpersonal sind bequem, allerdings einfach eingerichtet. Sie erinnern an einfache sowjetische Hotelzimmer. In einer kleinen Halle steht ein Fernsehapparat, außerdem gibt es einen Personalspeisesaal.

Die Regierungsdatscha ist ein großes, zweistöckiges Gebäude. Die Staatsdatschen stammen im wesentlichen aus der Zeit zwischen den dreißiger bis zum Anfang der fünfziger Jahre, das heißt aus der Stalin-Ära. Sie haben viel gemeinsam, was Architektur, Gestaltung und Innenausstattung betrifft. Meist sind sie rechteckig mit einer großen Veranda an der Rückseite. Es sind Ziegelbauten, deren Außenwände stuckverputzt und gelblich gestrichen sind. Das Dach ist aus Metall, dunkelgrün gestrichen. Fast immer ist ein Teil des Daches flach. Dort kann man sonnenbaden, sich im Sommer erholen oder Sport treiben. Wenn man den Baustil dieser Datschen architektonisch einordnen will, dann kommt man auf den Konstruktivismus oder Modernismus der dreißiger bis vierziger Jahre. Es ist der Stil Le Corbusiers. Denn die sowjetischen Architekten, die diese Häuser entworfen und gebaut haben, standen unter dem Einfluß dieses bedeutenden französischen Architekten. Le Corbusier arbeitete selbst mehrmals in der UdSSR; einige Moskauer Gebäude sind nach seinen Entwürfen gebaut worden, so auch das Hotel Moskwa im Zentrum Moskaus in der Nähe des Roten Platzes. Stalin gefiel der Stil Le Corbusiers, und deshalb verordnete er ihn den sowjetischen Architekten.

Die Kosten für die Errichtung der Staatsdatscha von Gorbatschow in Radory, so heißt der Datschenkomplex an der Rubljowchaussee, betrugen sechs Millionen Rubel (ohne Innenarchitektur und sanitärtechnische Ausstattung). In diesem Betrag ist allerdings auch ein Hubschrauberlandeplatz, ein eigenes Gebäude für die Nachrichtenzentrale sowie ein Empfangshaus für Gäste eingeschlossen. Das Haupthaus hat ungefähr zwanzig Zimmer. Zu den größten zählen der Speisesaal und der Kinosaal mit dem Billardzimmer, Schlafzimmer und Kabinette sind natürlich kleiner. Zur Innenausstattung und Dekoration gehören heute wie in den dreißiger, vierziger und fünfziger Jahren die Holzverkleidung der Wände, massive Ledermöbel und schwere Stores. Auch heute noch werden die Möbel für die Regierungsdatschen in der Moskauer Fabrik »Lux« hergestellt – wie zu Stalins Zeiten. Charakteristisch für alle Staatsdatschen ist, daß die Korridore mit sogenannten »Kremlläufern« bedeckt sind, das heißt, mit langen, schmalen, himbeerfarbenen Teppichläufern, die beidseitig dunkelgrün eingefaßt sind und ganz am Rand einen schmalen sandfarbenen Streifen haben. Der Fußboden der Datscha besteht aus großflächigem dunkelsandfarbenen Eichenparkett. In den Gästezimmern ist das Muster des Parkettbodens zweifarbig: sandfarben und dunkelbraun.

Wie im Garten der Datscha findet man auch im Inneren des Hauses überall Blumen, viele Blumenbouquets und dekorative Gewächse in Töpfen und Schalen. Es gibt einen großen Wintergarten, wo die verschiedensten, für Rußland außergewöhnlichsten Blumen und Bäume wachsen. Im Wintergarten sind Temperatur und Luftfeuchtigkeit höher als in den anderen Räumen. Wenn alles ringsum von Schnee und Eis bedeckt ist, wirken Palmen und Apfelsinenbäume besonders exotisch.

Im großen und ganzen ist die Datscha der Gorbatschows bequem und luxuriös, aber dennoch ist die Atmosphäre etwas kühl. Man spürt, daß hier nicht eine einzige Familie von Generation zu Generation gelebt hat, daß das Haus auch für die jetzigen Bewohner vor allem ein »staatliches« Gebäude ist.

Um ein so großes Anwesen in Ordnung zu halten, sind zahlreiche Arbeitskräfte nötig. Das ständige Bewirtschaftungspersonal der Staatsdatscha kann in vier Kategorien unterteilt werden: Neben den Parkarbeitern und Gärtnern gibt es die Gruppe der Köche und Serviererinnen, dann die Aufwartefrauen und schließlich das technische Personal wie Elektriker, Klempner, Heizer, Möbeltischler etc. Als Köche werden sowohl Männer als auch Frauen eingesetzt. Chefkoch ist allerdings gewöhnlich ein Mann. Das Kommando über das häusliche Dienstpersonal hat die sogenannte »Sestra-Chozjaika«, die Wirtschafterin. Sie kontrolliert die Sauberkeit im Haus und die Arbeit der Köche und Serviererinnen. Die »Sestra-Chozjaika« ist dem Verwalter der Datscha unmittelbar untergeordnet. Bevor überhaupt jemand in der Datscha arbeiten kann bzw. hier eingestellt wird, muß er eine lange Prozedur über sich ergehen lassen, bei der er auf Herz und Nieren auf seine Verläßlichkeit überprüft wird. Erst wenn er unterschrieben hat, über sein Arbeitsfeld und seine Tätigkeit strengstes Stillschweigen zu bewahren, auch nach Beendigung des Arbeitsverhältnisses mit der Regierung, dann wird er eingestellt. Alles muß top-secret bleiben.

Ein solch großes Haus in hervorragendem Zustand zu halten ist sehr aufwendig. Winters wie sommers wird in jedem der Zimmer täglich staubgesaugt und staubgewischt. Einmal im Monat findet ein »Großreinemachen« statt. In weiße Kittel gekleidete Frauen verrichten die Putzarbeiten mit professioneller Schnelligkeit – im Unterschied zur allgemein lustlosen Arbeitsmoral der Durchschnittsbevölkerung. Das Wirtschaftspersonal des Hauses arbeitet schichtweise. Jede Schicht dauert 24 Stunden, dann sind zwei Tage frei. Es versteht sich von selbst, daß das gesamte Wirtschaftspersonal der Staatsdatscha nicht jener Dienstleistungsfirma angehört, die normale sowjetische Bürger in Anspruch nehmen können und für die manchmal im Fernsehen Reklame gemacht wird.

Raissa Maximowna liebt Meißner Porzellan. In den Vitrinen der Wohnräume stehen Meißner Figuren und Meißner Vasen, die sie zum Teil auf ihren Reisen in die DDR, wo sich die Meißner Porzellanmanufaktur befindet, geschenkt bekommen hat. Ihre Vorliebe für dieses kostbare Porzellan machte sich auch bei einer Besichtigung in der Altstadt von Kuba bemerkbar. Entzückt nahm sie zum Entsetzen des Museumsdirektors eine wertvolle Vase von ihrem Sockel: »Oh, Meißner Porzellan« und referierte in knappem Stil, was sie bei einer Führung in der Meißner Porzellanmanufaktur über die »Schwerter« gelernt hatte. Zur Porzellansammlung der Gorbatschows gehören auch Einzelstücke, die noch aus der Zeit vor der Russischen Revolution, also vor 1917, stammen. Das älteste Stück kommt aus der Gardner-Fabrik, einer ehemaligen deutsch-holländischen Manufaktur in Petersburg, wo auch das berühmte Kusnezow-Porzellan hergestellt wurde, das im Besitz der Romanow-Zaren war. Eine weitere Vorliebe hat Raissa Maximowna für »Fabergé-Silber«. Nur von Raissa selbst ausgewähltes Personal darf das kostbare Silber putzen bzw. das Porzellan pflegen und decken.

Die gesamte Versorgung der ersten Familie mit Lebensmitteln geschieht auf Staatskosten. Seit Michail Sergejewitsch Gorbatschow Generalsekretär ist, kauft die Familie nicht mehr selbst in den Spezialgeschäften für Spitzenfunktionäre ein. Sie bestellen nur noch, und alle Waren werden direkt ins Haus geliefert. Raissa stellt selbst den Speiseplan für ihre Familie zusammen. Mit dieser Liste geht sie einmal in der Woche zum Diätologen. Nur er kann die Menüwahl von Raissa Maximowna ablehnen. Im Grunde bestimmt er, was gekocht bzw. was nicht gekocht wird. Es gibt einen Erlaß des Politbüros, der dem Diätologen das Recht der letzten Instanz einräumt.

Unter Kontrolle des KGB wird auf der Staatsdatscha bzw. in der Stadtwohnung gekocht und die Speisen werden probiert. Die Vorkoster, die das Essen probieren müssen, nennt man im Russischen »Gribnoi Tschelowek«, »Pilzmensch«, sie wären die ersten, die zum Beispiel an einer Pilzvergiftung erkrankten. Raissa ist es verboten, selbst zu kochen. Während sie manche Verbote gelassen hinnimmt, trifft sie dieses hart. Schließlich gehört Kochen zu einer ihrer Leidenschaften, in Stawropol sammelte sie alle Backrezepte von ihren Hochschulkolleginnen. Diesem Hobby darf sie als erste Dame im Staate leider nicht mehr nachgehen, denn theoretisch könnte es sein, daß Raissa ihren Mann vergiften wollte.

Die Prozedur der Speisenkontrolle wird übrigens nicht nur in der Heimat Moskau streng befolgt, nein, auch in jeder anderen Stadt im In- und Ausland. Selbst in Michail Sergejewitschs Heimatort Priwolnoje darf seine geliebte Mutter, die er zärtliche »Baba Manja«, Großmütterchen Manja, nennt, nicht für den Generalsekretär kochen. Vergeblich bat sie im Sommer 1988 bei seinem Besuch: »Laßt mich doch nur noch einmal für meinen Sohn kochen.« Die Wachoffiziere lehnten ihren Wunsch ab. Diese Prozedur des Testens von Nahrungsmitteln wiederholt sich stündlich und täglich. Dieselben Wachen, die die Gefäße mit der Nahrung gebracht haben, nehmen sie auch wieder mit und bringen sie in die jeweilige Küche zurück. Unter weiterer Aufsicht wird das Essen dann serviert.

Die Lebensmittelversorgung der Familie Gorbatschow ist auf folgende Art und Weise organisiert: Als Hausfrau bestellt Raissa Maximowna über die »Sestra-Chozjaika« die Produkte in einem speziellen Lebensmittellager in der Tranowskistraße bzw. in der 9. Abteilung des Kaufhauses GUM. Bestellungen werden täglich aufgegeben. Frische, verderbliche Lebensmittel werden schnell geliefert; Produkte, die man ohne Qualitätsverlust lagern kann, ein- bis zweimal im Monat.

Dazu fällt mir eine Anekdote ein, die mir Freunde in Moskau erzählten und die die Situation treffend widerspiegelt: Es treffen sich zwei Bekannte. Einer fragt den anderen: »Hast du die letzte Fotografie von Raissa Maximowna Gorbatschowa gesehen?« – »Nein, warum?« – »Auf dieser Fotografie weint sie bittere Tränen.« – »Nicht möglich, was ist denn passiert?« – »Man sagt, sie hat ihre Bezugsscheine für Zucker verloren.« Diese Geschichte hat durchaus einen ernsten Hintergrund und macht den Sinn des Wortes »Defizitware« deutlich: In Moskau erhält nämlich seit Mai 1989 jeder Bewohner der Stadt pro Monat jeweils einen Bezugsschein für den Kauf von Zucker. Für jeden Bezugsschein kann man zwei Kilo Zucker kaufen. Der Preis pro Kilogramm beträgt 94 Kopeken, das sind umgerechnet rund 3 DM. Der Grund für diese Maßnahme hängt mit der Antialkoholkampagne Michail Sergejewitsch Gorbatschows zusammen. Um die Arbeitsmoral zu steigern, erließ er ein absolutes Verbot für den Verkauf von Alkohol. Das führte dazu, daß Alkoholiker sich ihren Schnaps selbst herstellten und zu diesem Zwecke Zucker in solchen Mengen aufkauften, wie das bisher noch nie der Fall gewesen war.

Im Prozeß der Perestroika wurde das System der Lebensmittelversorgung der Funktionäre einer scharfen Kritik von seiten der breiten Öffentlichkeit unterzogen. Solange die Führungsspitze und ihre Ehefrauen nicht selbst in die Geschäfte oder auf den Kolchosmarkt gingen, würden sich die Verhältnisse dort nicht bessern, hieß es. Aufgrund dieser Welle von Kritik wurden die speziellen Verteilerstellen für rationierte Waren geschlossen, die sogenannten »Kantinen für gesunde Ernährung« für die Regierungsmitglieder. In Moskau befand sich eine solche Verteilerstelle direkt im Zentrum, in der Nähe des Kremls. Von mittags an war die kleine Tranowskistraße buchstäblich von schwarzen Wolgas oder Tschaikas verstopft, denn die Chauffeure und die Ehefrauen der Funktionäre holten ihre »Lebensmittelrationen« ab. Heute ist das zentralisierte System der speziellen Lebensmittelversorgung für die Regierenden fast vollständig abgeschafft; es besteht nur noch für die höchsten Regierungsmitglieder, das heißt für die Sekretäre des Zentralkomitees, die Kandidaten und die Mitglieder des Politbüros. Wahrscheinlich wäre angesichts des immer weiter um sich greifenden Mangels eine andere Variante der Lebensmittelversorgung der höchsten Führung wohl auch kaum durchführbar, denn manche Nahrungsmittel gibt es im sowjetischen grauen Alltag überhaupt nicht. Es wird wohl auch noch lange dauern, bis diese Sonderversorgung der Vergangenheit angehört.

Privilegien bestimmen auch die medizinische Versorgung der höchsten sowjetischen Führung. Seit den ersten Jahren des Sowjetstaates erfolgte die medizinische Versorgung der Führungsschicht in speziellen medizinischen Institutionen. Ungefähr bis zum Ende der dreißiger Jahre nannte man diese die »medizinisch-sanitäre Verwaltung des Kremls«. Sie war für alle Fragen der Behandlung und medizinischen Versorgung zuständig. Jede Familie der Führungsschicht hatte ihren eigenen behandelnden Arzt, gewöhnlich war dies ein Professor, ein Internist oder ein Therapeut, der allgemeine ärztliche Kontrollen der Patienten durchführte und, wenn nötig, Spezialisten anderer medizinischer Fachrichtungen zur Konsultation heranzog. Die ständig behandelnden Ärzte machten bei ihren Patienten Hausbesuche; falls eine stationäre Überwachung im Hospital unumgänglich war, brachte man sie in der sogenannten »Kremljowka«, dem Kreml-krankenhaus, unter.

Dieses Krankenhaus existiert auch heute noch und befindet sich in einem dreistöckigen Gebäude an der Ecke Tarnowskistraße, Kalinin-Prospekt, nur 500 Meter von der eigentlichen Kreml-mauer entfernt. Die Räume dieses Gebäudes erinnern an Stalin, Chruschtschow, Breschnew ... (hier kümmerte man sich übri-gens auch sorgfältig um die Gesundheit jener, die man bei Ver-hören mit Gummiknüppeln niederschlug und mit Stromstößen folterte). Die Innenausstattung der »Kremljowka« hat sich seit Mitte der dreißiger Jahre praktisch nicht verändert. Die Wände der Korridore und Warteräume sind mit Eiche verkleidet, die Böden mit »Kremlläufern« bedeckt. In den Wartesälen und Ärzte-kabinetten stehen schwere Ledermöbel. Die Türen sind so mas-siv, daß es scheint, als ob sie aus einem mittelalterlichen Schloß stammten. Auch heute noch werden in diesem Krankenhaus von den Ärzten und Spezialisten nur die höchsten Spitzen-funktionäre empfangen. Minister und andere Regierungsmit-glieder sind im Kremlkrankenhaus nicht zugelassen. Sie werden in der sogenannten »Ersten Poliklinik« behandelt, die sich in einer stillen Quergasse des Arbat im Zentrum Moskaus befindet. Für die Führungsschicht gibt es natürlich auch noch weitere Spezialkliniken. Eine von ihnen befindet sich innerhalb der Stadt-grenze im Südwesten Moskaus in einem Stadtteil, den man »fashionable« nennen kann, weil es dort keine Industriebetriebe gibt. Ein anderes Krankenhaus liegt außerhalb der Stadt an der Rubljowchaussee in der Nähe der Regierungsdatschen am äu-ßersten Rand von Moskau, in Kupzewo. Das ist eine ganze »Krankenstadt«, wo in einigen großen Kliniken Tausende von Kranken gleichzeitig behandelt werden können. Der gesamte Krankenhauskomplex ist unübersehbar groß und liegt mitten im Wald. Natürlich ist das Territorium von einem hohen, dichten Zaun umgeben und stets bewacht. Auf dem Gelände sind zusätzlich einige kleine, gesondert stehende Gebäude errichtet, die sogenannten Boxen. Sie sind für die Unterbringung der Funktionäre und ihrer Familien vorgesehen. Diese Boxen stehen leer, wenn sich kein Funktionär auf dem Krankenhausgelände befindet, man bringt dort sonst niemanden unter. In einer solchen Box verbrachte der frühere Generalsekretär des ZK der KPdSU, Juri Andropow, die letzten Monate seines Lebens, vom November 1982 bis Februar 1984. Andropow litt an einem schweren Nierenleiden, und deshalb bedurfte er in den letzten Lebensjahren einer ständigen Blutdialyse.

Die medizinische Versorgung der ersten Familie besteht gegenwärtig vor allem in einer regelmäßigen Kontrolle des Gesundheitszustandes, der Prophylaxe. Denn zum erstenmal seit der kommunistischen Revolution im Jahre 1917 hat das Land einen Präsidenten, der noch weit von dem Greisenalter der ehemaligen Generalsekretäre entfernt ist. Für die Familie Gorbatschow arbeiten ein Diätologe, ein Spezialist für Heilgymnastik und Masseure gemeinsam mit dem ständig behandelnden Hausarzt. Raissa hat schon als Studentin künstlerische Gymnastik betrieben. Die Großmutter hat ihrer Enkeltochter Xenija ihr Talent vererbt. Michail Sergejewitsch und seine Frau Raissa unterziehen sich regelmäßig einer aktiven Therapie, Heilgymnastik und Massage, auch während ihres Sommeraufenthaltes auf ihrer Datscha in Pizunda. Obwohl Michail Sergejewitsch und seine gesamte Familie im Prinzip kerngesund sind und sich pudelwohl fühlen, ist ständig ein kleines Ärzteteam in ihrer Nähe, das erste medizinische Hilfe leisten kann, falls sich irgendeine nicht vorhersehbare extreme Situation ergibt.

Wie in allen anderen Staaten auch, wird die erste Familie von den besten Ärzten des Landes behandelt. Zu speziellen Konsultationen werden die besten Spezialisten aus verschiedenen Bereichen der Medizin hinzugezogen. Praktisch alle bedeutenden Ärzte des Landes haben den Status eines ärztlichen Beraters der 4. Hauptverwaltung des Gesundheitsministeriums der UdSSR, die für die medizinische Versorgung der Führung des Landes und des höchsten Apparates verantwortlich ist. Lange war der Akademiker E. I. Tschasow Chef dieser Verwaltung, »unser Behandlungsspezialist und Freund«, wie ihn Leonid Breschnew während einer Auszeichnung im Kreml nannte. Bis vor kurzer Zeit war E. I. Tschasow Gesundheitsminister, steht aber der Kremlspitze weiterhin so nahe wie früher. Dies offenbart ein eigenartiges Phänomen der sowjetischen Regierungsstruktur: Mit Breschnew und den anderen alten Führungskadern wird heute abgerechnet, aber die Vertrauten der damaligen Führungsspitze nehmen immer noch Vertrauenspositionen ein. Ein weiteres Beispiel: Der ehemalige Leibwächter Breschnews, A. T. Medwedjew, ist heute der Sicherheitschef von Michail Sergejewitsch Gorbatschow.

Aber nun wieder zurück zu E. I. Tschasow. Dieser kümmert sich zwar nicht unmittelbar um die Gesundheit der Familie Gorbatschow, führt aber die Oberaufsicht über alle medizinischen Behandlungen, denen sich Michail Sergejewitsch und Raissa Maximowna unterziehen. Er hat die Funktion eines Koordinators, er bestimmt, welche Spezialisten hinzugezogen werden, und kontrolliert den Einsatz von Medikamenten. E. I. Tschasow ist ein in der Welt der Medizin bekannter Mann. Er ist stellvertretender Vorsitzender der Bewegung »Ärzte für den Frieden«, einer Ärzteorganisation, die weltweit für die Vernichtung der Kernwaffen eintritt. Er war es, der nach der Reaktorkatastrophe von Tschernobyl im Jahre 1986 den amerikanischen Strahlenspezialisten Gale in das atomverseuchte Katastrophengebiet der Ukraine holte. Deshalb kann es nur eine Antwort auf die Frage geben, wer der »Hofarzt« der ersten Familie ist – E. I. Tschasow. Als »gewöhnlicher« Hausarzt fungiert allerdings Wladimir N. Jarigin, der das 2. Medizinische Institut in Moskau leitet, wo auch Raissas Tochter Irina als Dozentin tätig ist.

Seit kurzer Zeit hat sich die Sehstärke der Augen von Raissa Maximowna verschlechtert. Wenn sie liest, muß sie eine Brille tragen. Ihre Tochter Irina trägt wegen ihrer Kurzsichtigkeit am liebsten Kontaktlinsen. Der Augenarzt der Familie ist der bekannte sowjetische Augenarzt Swjatoslaw Fjodorow. Er operierte den Cousin von Gorbatschow, Iwan Wassiljewitsch Rudtschenko, heute Gebietschef vom Gebiet Priwolnoje, dem Geburtsort von Gorbatschow, erfolgreich an den Augen.

Im Jahre 1966 spürte Raissa Schmerzen in der Bauchgegend. Doch sie hatte mit ihrer wissenschaftlichen Arbeit so viel zu tun, daß sie die Schmerzen verdrängte und es mit Wärme versuchte, aber nicht zum Arzt ging. Auf einer Festveranstaltung, beim Tanzen mit Michail, wurde Raissa plötzlich kreidebleiß. Michail fuhr sie direkt ins regionale Krankenhaus in Stawropol. Diagnose: Der Blinddarm war geplatzt. Sie hatte Glück im Unglück. Professor Juri Gilewitsch operierte noch in derselben Nacht, und Raissa konnte gerettet werden. Gut, daß Raissa keine »Normalsterbliche« in Rußland war.

Wie die Führungsspitze der KPdSU ihre eigenen Kliniken hat, so hat auch zum Beispiel die Akademie der Wissenschaften ihre eigenen Krankenhäuser. Diese speziellen medizinischen Institutionen sind in der UdSSR weit verbreitet. In der Regel ist das Behandlungs- und Versorgungsniveau in diesen medizinischen Institutionen viel höher als in den gewöhnlichen (städtischen und ländlichen) Polikliniken und Krankenhäusern, wohin sich die einfache Bevölkerung zur Behandlung begeben muß. Die medizinische Behandlung ist zwar für alle Bürger der UdSSR kostenlos; die notwendigen Mittel stellt der Staat bereit. Formal haben auch alle Bürger der UdSSR das gleiche Recht auf gleichen Anteil an diesen Mitteln. In der Realität aber wird für einen einzigen Patienten im Krankenhaus der 4. Hauptverwaltung zehn- bis fünfzehnmal mehr ausgegeben als in dem nur wenige Meter entfernten städtischen Krankenhaus. Diese Tatsache wird inzwischen in der Öffentlichkeit einer scharfen Kritik unterworfen. Im Unterschied zu den Lebensmittel-Verteilerstationen jedoch werden die Spezialkliniken, das ungleiche System der medizinischen Versorgung, in unveränderter Form beibehalten. Die Gesundheit ist wertvoller als alles andere, und die Führung trennt sich am schwersten von diesen Privilegien.

Neben der Datscha in der Rubljowchaussee bewohnen die Gorbatschows auch eine Stadtwohnung in Moskau. Denn nicht immer ist es bei knappen Terminen möglich, noch abends auf die Datscha zu fahren.

Als die sowjetische Regierung im Jahre 1918 aus Petrograd in die neue Hauptstadt, nach Moskau, übersiedelte, wohnten W. I. Lenin und seine nächsten Mitstreiter im Kreml. Dort gab es einfache Wohnungen, in denen vor der Revolution das Dienstpersonal des Kreml und das Gefolge des Zaren gelebt hatten. Der Zar selbst und seine Familie hatte bei Aufenthalten in Moskau die luxuriösen und geräumigen Gemächer des Kreml bezogen. Diese Gemächer benutzte keiner der Generalsekretäre nach der Revolution 1917. Auch in den zwanziger und dreißiger Jahren wohnten Stalin, die Mitglieder des Politbüros mit ihren Familien und einige Kandidaten des Politbüros im Kreml. Die Wohnungen waren alle einheitlich eingerichtet: schwere Holzmöbel und Ledersessel, die im Sommer mit Überzügen aus weißem Segeltuch abgedeckt wurden. Darüber hinaus benutzte die sowjetische Führungsspitze auch noch ein schönes sechsstöckiges Haus in der Tranowskistraße zu Wohnzwecken, eben in jener Straße, wo sich die Kreml-Poliklinik befindet. Vor der Revolution hatten in diesem Haus Angehörige der einflußreichen russischen Bourgeoisie, Schriftsteller und Schauspieler gelebt. Die neue Führung beschlagnahmte diese ehemaligen Herrschaftswohnungen, transportierte die schönen Möbel und Bilder in Lagerräume ab und richtete die Wohnungen ebenfalls im »Kremlstil« ein. Ein Teil der Wohnungen des Hauses stand die meiste Zeit leer. Hier übernachteten jene Mitglieder des Zentralkomitees, die nicht in Moskau arbeiteten, sondern nur zu den Sitzungen oder auch auf persönlichen Befehl Stalins in die Hauptstadt kamen. Hier wohnten aber auch die Führer der Roten Armee und die wichtigsten Volkskommissare (Minister). Heute ist die Mauer des Hauses buchstäblich mit Gedenktafeln bekannter Familien übersät.

Nach Stalins Tod im Jahre 1953 zogen die Herrschenden aus dem Kreml in neue Stadtwohnungen um. Im Südwesten Moskaus am Ufer der Moskwa, in dem Bezirk, den man früher »Sperlingsberge« nannte und der heute den Namen »Leninhügel« trägt, wurden einige große komfortable Einfamilienhäuser gebaut. Jedes Haus wurde durch eine hohe steinerne Umzäunung nicht nur von der Straße, sondern auch vom Nachbarhaus abgeschirmt. Die Architektur und Ausstattung dieser Einfamilienhäuser erinnert sehr an die Vorstadtdatschen. Ihre sandfarben gestrichenen Mauern und dunkelgrünen Dächer wurden zu einem festen Markenzeichen der Landschaft auf den Leninhügeln und sind allen Moskauern wohlbekannt.

Nach Chruschtschows Ablösung erklärte die neue Führung des Landes mit Leonid Breschnew an der Spitze zynisch, es sei undemokratisch, so große Häuser zu benutzen; man begann eilig, »demokratische« Stadtwohnungen für die Regierenden der »neuen Welle« in den stillen Gassen des Moskauer Zentrums einzurichten, die auf einer Fläche von 300 bis 600 Quadratmetern zehn bis fünfzehn Zimmer hatten. Eine solche Wohnung bezogen auch die Gorbatschows im Jahre 1980.

Die Einfamilienhäuser auf den Leninhügeln blieben erhalten; in ihnen lebt aber heute niemand ständig. Gegenwärtig werden sie vor allem zur Unterbringung hoher ausländischer Gäste genutzt. In ihrer Nachbarschaft befindet sich das sogenannte »Haus der Empfänge«, in dem Veranstaltungen ausgerichtet werden, die aus protokollarischen Gründen nicht im Kreml stattfinden. Hier gibt es auch einen nichtöffentlichen Sportkomplex mit Sälen für Heilgymnastik, einem überdachten Schwimmbad und zwei Tennisplätzen.

Ungefähr Mitte der siebziger Jahre wurde unweit der Einfamilienhäuser auf den Leninhügeln ein graues, dreistöckiges Haus errichtet, das von einem niedrigen Eisengitterzaun umgeben war. Hier zogen der damalige Vorsitzende des Ministerrates der

Alexei-Tolstoi-Straße 15 in Moskau
– hier im 7. Stock wohnten die
Gorbatschows von 1968 bis 1971.
Heute ist die Wohnung leer
und verhangen.

UdSSR, A. N. Kossygin, und zwei andere hohe Beamte ein. Kossygin belegte eine ganze Etage dieses Hauses, seine zirka 500 Quadratmeter große Wohnung war nach dem letzten Stand der Technik konzipiert. Sie verfügte über eine Sauna und ein kleines Schwimmbecken, und es gab ein kleines Eckchen Natur mit exotischen Gewächsen. Der Hausherr konnte sich auf dem Flachdach des Gebäudes erholen und sonnen.

Leonid Breschnew wollte kein solches Haus für sich bauen lassen, obwohl es ihm vorgeschlagen wurde. Für ihn wurde eine große Wohnung eingerichtet, die eine ganze Etage eines Hauses auf dem Kutusowski-Prospekt einnahm, der Regierungsstraße, über die die Mitglieder des Politbüros zu ihren Vorstadtdatschen fahren und zur Arbeit in die Stadt zurückkehren. Später, Ende der siebziger Jahre, richtete man für Breschnew eine neue Wohnung im Zentrum Moskaus ein, in der stillen Schtschussew Straße, die nach einem der bedeutendsten sowjetischen Architekten der zwanziger bis vierziger Jahre benannt ist. Aber die neue Wohnung mißfiel dem Hausherrn aus irgendeinem Grunde, und so bezog er sie ganz einfach nicht. Breschnew hielt sich aber auch in der Wohnung auf dem Kutusowski-Prospekt nur selten auf, er zog es vor, ständig auf der Datscha zu leben.

Ende 1986 zogen der frischgebackene Generalsekretär Michail Sergejewitsch Gorbatschow und seine Frau in eine Stadtwohnung in einem neuerbauten Haus in der Kossygin Straße auf den Leninhügeln um. Es ist ein dreistöckiger Betonklotz mit gelbem Außenputz. Nachbarn der Familie Gorbatschow sind die Tochter und der Schwiegersohn von A. N. Kossygin.

Das Haus des Generalsekretärs ist von einer kurzgeschnittenen Rasenfläche und einem dunklen Eisengitterzaun umgeben. Vor dem Haus befindet sich ein kleines Blumenbeet. Die Kossygin Straße ist im Vergleich zum Kalinin-Prospekt oder anderen Moskauer Hauptgeschäftsstraßen verhältnismäßig ruhig, auf dem Mittelstreifen wachsen alte, hohe Bäume. Von der Rückseite des Hauses aus bietet sich ein wunderschöner Blick auf Moskau. Die

Leninhügel sind eine der malerischsten Stellen Moskaus. Vor der Revolution war diese Gegend ein beliebtes Ausflugsgebiet für die Moskauer Bevölkerung. Hier wurden Wege für Ausritte und Kutschen angelegt, außerdem die ersten Fahrradstraßen und Fahrradwege in Rußland. Auch noch heute, besonders im Sommer, erholen sich viele Moskowiter gern in der grünen Landschaft am Fuße der Leninhügel, die sich einige Kilometer entlang des Moskwa-Ufers erstreckt.

Im Parterre des von Gorbatschow bewohnten Hauses befinden sich die Wache, die Nachrichtenzentrale, die Küche und ein Aufenthaltsraum für die Chauffeure. In der ersten Etage sind ärztliche Behandlungsräume, ein Fitneß- und ein Massageraum, eine Sauna und ein Swimmingpool untergebracht. In der zweiten Etage befinden sich die Wohnungen von zwei anderen Regierungsmitgliedern. In der dritten Etage wohnen schließlich Michail Sergejewitsch und Raissa Maximowna sowie ihre Tochter Irina mit Ehemann Anatoli und ihren Kindern Xenija und Anastassija auf insgesamt etwa 500 Quadratmetern. Auf der Rückseite des Hauses befindet sich ein Hubschrauberlandeplatz. Im Haus selbst ist eine hochmoderne Fernsehantenne für den Empfang von Satellitenübertragungen installiert, so daß die Gorbatschows auch Fernsehsendungen aus dem Westen empfangen können. Wenn die Antenne automatisch ausgefahren ist, entstehen im Nachbarhaus der Kossygins Störungen im Radio- und Fernsehempfang, da diese Antenne sehr leistungsstark ist.

Beim Fotografieren des Hauses erfuhr ich wieder einmal, daß die Ära von Perestroika und Glasnost angebrochen ist. Mein sowjetischer Bekannter hatte seinen Lada in Sichtweite geparkt, und wir beide gingen auf dem Bürgersteig entlang. Ich nahm meine kleine Kamera aus der Tasche, stellte mich in Position und drückte mehrmals auf den Auslöser. Dabei berichtete ich meinem Begleiter von meinen Eindrücken, bis ich merkte, daß meine Worte auf keine Resonanz stießen. Ich sah mich um und stellte fest, daß ich keinen Begleiter mehr hatte. Er muß es wohl mit der Angst zu tun bekommen haben und hatte sich aus dem

Staub gemacht. Dafür kam vom Grundstück des Gorbatschow-Hauses ein Milizionär mit einer Maschinenpistole geradewegs auf mich zu und salutierte. Ich reichte ihm meine Hand und erklärte ihm, warum mir an einem guten Foto von diesem Haus lag.

»Bitte, machen Sie so viele Fotos, wie sie brauchen«, sagte er. »Kann ich Ihnen helfen? Gorbatschow selbst ist leider im Kreml, Raissa ist seit gestern wieder auf der Datscha, die Tochter ist vor einer Stunde nach Hause gekommen, sie ruht sich aus für den Empfang, der für heute abend vorbereitet wird. Leider ist es zur Zeit nicht möglich, Sie mit auf das Grundstück zu nehmen, aber warten wir doch die Entwicklung von Glasnost und Perestroika ab, vielleicht ist es in einem Jahr möglich, bis dann.«

Ich glaubte, meinen Ohren nicht zu trauen. Noch vor kurzen wäre mir meine Kamera aus der Hand gerissen worden. Und ein Gespräch, das hätte es bestenfalls in einer Verhörzelle des KGB gegeben. Dann aber hätte ich antworten müssen ...

Raissa
auf kulturellem Parkett

Nichts ist mehr so wie früher. Heilige Kühe werden geschlachtet. Das Jahr 1985, in dem Michail Sergejewitsch Gorbatschow die Geschäfte im Kreml übernahm, ist eine Zäsur in der Geschichte des Landes. Überholtes und Überlebtes wurde über Bord geworfen, was bisher für unvorstellbar gehalten wurde, war auf einmal die normalste Sache der Welt.

Wann gab es in der Geschichte dieses Landes schon einmal so etwas, daß die Frau des Generalsekretärs in den Gehaltslisten des Präsidiums des Obersten Sowjets als offizielle Mitarbeiterin des Staatsoberhauptes für gesellschaftliche Angelegenheiten und Protokollfragen geführt wurde, deren Ressortbereich außerdem noch die Frauenarbeit umfaßt? Mehrere hundert Rubel werden dafür im Monat ausgegeben. Einen eigenen Dienstwagen hat sie neben dem Tschaika, der ihr als Frau des Generalsekretärs für Privatfahrten zur Verfügung steht, außerdem noch, wenn auch nicht eine der großen Staatskarossen, sondern nur einen »Mittelklassewagen« des Typs Wolga. Damit jedoch noch nicht genug. Am 13. November 1986 ließ sich Raissa Maximowna in eine weitere gutbesoldete Funktion wählen, sie wurde Vizepräsidentin des sowjetischen Kulturfonds. Dieser Kulturfonds ist ein gesellschaftliches Gremium der Ära der Perestroika, das sich mit der Pflege und Verbreitung sowjetischer Kunst und Kultur beschäftigt – nach dem Motto: Nur wenn die Menschen gebildet sind, lassen sich die ökonomischen und sozialen Probleme des

Landes lösen. Raissas monatliches Salär als Vizepräsidentin beträgt 700 Rubel. Diese Ernennung löste den ersten Skandal der Gorbatschow-Ära aus. Die Frau des Generalsekretärs läßt sich für ihre Tätigkeit bezahlen! Als ob diese Familie noch nicht genug Vergünstigungen hätte! Der Präsident des Kulturfonds, der Leningrader Wissenschaftler Professor D. S. Lichatschow, bekommt für seine Tätigkeit schließlich auch keine Vergütung!

Dabei hatte man sich strikt an die Satzung des Kulturfonds gehalten, in der festgelegt ist, daß die Tätigkeit des Präsidenten zwar ehrenamtlich ist, die seines Vizes jedoch vergütet wird. Wegen der öffentlichen Empörung wurde die Satzung schließlich geändert, auch Raissas Tätigkeit im Kulturfonds ist inzwischen ehrenamtlich. Dieser Aufruhr tat jedoch der sehr produktiven Zusammenarbeit zwischen dem international bekannten Experten russischer Geschichte und Kultur und der Moskauer First Lady keinen Abbruch. Schließlich kennen sich die beiden schon lange und gut. Ihr Kontakt ist noch auf Raissas Vater, Maxim Titarenko, zurückzuführen, den das Schicksal mit D. S. Lichatschow im berüchtigten Solowezki-Lager zusammengeführt hatte. Als Maxim Titarenko zu seiner Familie zurückgekehrt war, hatte er seiner Tochter Raissa Maximowna von den Gesprächen mit Lichatschow erzählt, von der großen Tragödie ihres Volkes, das seiner realen Geschichte beraubt worden war. Diese Erinnerungen des Vaters, eines ganz einfachen Menschen, prägten die Weltanschauung Raissa Maximownas ganz entscheidend mit. Sie förderten Raissa Maximownas Verständnis für die Idee, dem russischen Volk wie auch allen anderen Völkern der Sowjetunion ihre individuelle Kultur und die reale, nicht erdachte Geschichte zurückzugeben. Das Credo Raissa Maximownas lautet noch heute: »Die russische Seele braucht Freiheit!«

Das Gebäude, in dem der sowjetische Kulturfonds untergebracht ist, beherbergte früher die Behörde für Auslandskontakte des Verteidigungsministeriums der UdSSR, die sich lange widersetzte, das Haus für den Kulturfonds zu räumen. Bis 1917 hatte das

Gebäude der Familie Tretjakow gehört, deren Namen auch die Tretjakow-Galerie trägt, eine berühmte Sammlung russischer Malereien und Skulpturen. In der ersten Etage des Hauses befinden sich zwei große Säle. Der »Eichensaal« dient den Präsidiumssitzungen des sowjetischen Kulturfonds und Treffen mit den angesehenen Gästen des Fonds. Das Verdienst für den Erhalt des Hauses kommt Raissa Maximowna zu, die sich auch um die Arbeits- und Lebensbedingungen sowie das Alltagsleben der Mitarbeiter des Kulturfonds intensiv kümmert. So erhalten sie regelmäßig Zuwendungen an Defizitwaren: löslichen Kaffee, indischen Tee, Kaviar etc. Die Arbeitstagungen des Fonds finden regelmäßig statt. Eine der letzten heißen Debatten galt den Prämien für gut arbeitende Mitarbeiter. Raissa verfocht ihren Standpunkt dabei mit Strenge und Grundsätzlichkeit. Sie sprach sich für eine Mäßigung bei der Höhe der Prämien aus und für eine Verringerung der Anzahl der Prämierten. Ihre Einstellung stieß auf wenig Gegenliebe, zumal sie von allen Mitarbeitern die geringsten materiellen Sorgen hatte. Vielleicht unterstellte man ihr sogar, daß sie mit ihrem Vorschlag Revanche nehmen und ihre ehrenamtliche Tätigkeit wieder ins Bewußtsein der Leute rücken wollte. Aber Raissa hatte eine Rechtfertigung für die Strenge ihres Vorschlags: »Es ist noch nicht die Zeit gekommen«, sagte sie, »daß man so einfach viele hohe Prämien verteilen könnte. Noch müssen wir aktiver arbeiten und mehr für das Land leisten.«

Nur zwei Mitarbeiter des Kulturfonds unterhalten eine ständige Verbindung zu Raissa Maximowna: D. S. Lichatschow und G. W. Mjasnikow, der erste Stellvertreter, aber faktisch amtierende Vorsitzende des Fonds, der für organisatorische Fragen zuständig ist. Präsidiumssitzungen dauern vier bis fünf Stunden, von 10 bzw. 11 Uhr bis 15 bzw. 16 Uhr mit zwei kleinen Pausen. Im Gebäude des sowjetischen Kulturfonds gibt es erstaunlicherweise keinen eigenen Raum für Raissa Maximowna, in der Regel hält sie sich in den Pausen im Arbeitszimmer von Mjasnikow auf. An Sitzungstagen des Präsidiums empfängt Mjasnikow Raissa

Maximowna unten an der Treppe und begleitet sie nach nach oben in den »Eichensaal«.

Kontakt unterhält Raissa Maximowna im Kulturfonds aber auch zu Iwetta Nikolajewna Woronowa, die als Leiterin des Wohltätigkeitssektors arbeitet. Die Woronowa organisiert Wohltätigkeitsveranstaltungen wie Konzerte oder Ausstellungen bekannter sowjetischer Schauspieler und Künstler, deren Einnahmen dem Fonds zufließen. Aus Zeitmangel nehmen die Gorbatschows aber nur selten an diesen Veranstaltungen teil. 1987 machte in Moskau »Die Premiere der Premieren« Furore, es war die erste Wohltätigkeitsveranstaltung des Landes. Es tanzten die Primaballerina Jekaterina Maximowna und der erste Tänzer Wladimir

1987: Barbara Jaruzelska, dritte v. r.,
besucht Schülerinnen des Bolschoi-Theaters.

Wassiljew vom Bolschoi-Theater, sie wurden begleitet vom Moskauer Künstler-Kammerorchester, dirigiert von Wladimir Spiwakow und der Sängerin Tamara Sinjawaskaja. Dazu gab es eine Kunstausstellung unter der Regie des Kulturfonds.

Fast alle ausländischen Delegationen, die sich auf Einladung des Kulturfonds in der UdSSR aufhalten, äußern den Wunsch, sich auch mit Raissa Maximowna zu treffen. Doch diese Wünsche werden nur selten erfüllt, es muß sich schon um besondere Anlässe handeln. Ein solcher Anlaß ergab sich am 9. Oktober 1987, als der Kunstsammler Baron Thyssen-Bornemisza dem sowjetischen Kulturfonds ein Bild des italienischen Künstlers

Auch im Ausland sind Theaterbesuche angenehme Programmpunkte zum Regenerieren, wie hier am 10. April 1987 im Prager Nationaltheater.

Alessandro Magnasco, der Ende des 17. bis Mitte des 18. Jahrhunderts lebte, als Geschenk überreichte. Magnasco ist in der UdSSR bekannt, und seine Werke hängen unter anderen in den Galerien von Moskau und Leningrad. Magnascos Bild »Landschaft mit Person«, das zu seinen besten Arbeiten zählt, nahm Raissa Maximowna gern für den Kulturfonds entgegen. Es ist heute in der Sammlung des Staatlichen Puschkin-Museums für bildende Künste zu sehen. Raissa bedankte sich bei Baron Thyssen-Bornemisza herzlich für sein Wohlwollen gegenüber der Sowjetunion und betonte, daß die sowjetische Öffentlichkeit diese Geste hoch einschätzen würde. Der Austausch von Kunstwerken fördere, so sagte sie, die wechselseitige Bereicherung, das gegenseitige Verständnis.

Eine besondere Ehrung wurde Armand Hammer, dem amerikanischen Milliardär und Kunstmäzen, der seit der Zeit Lenins enge Beziehungen zur Sowjetunion unterhält, zuteil. Auf der Präsidiumssitzung des Vorstandes des sowjetischen Kulturfonds am 16. Juni 1988 wurde er zum Ehrenmitglied des Kulturfonds gewählt. Der heute Neunzigjährige macht schon seit Jahrzehnten Geschäfte mit der UdSSR. Als die Zeiten schlecht waren, kaufte er Gemälde gegen Brot. Hammer besitzt in Moskau in der Nähe der Tretjakow-Galerie eine Luxuswohnung, die, wie böse Zungen behaupten, »der Tretjakow-Galerie gleiche«, denn sie ist voll von Gemälden aus ebendiesem Museum, die er vor Jahrzehnten günstig erwerben konnte. Hammer ist der einzige »Kapitalist« aus dem Westen, der mit seinen zwei Privatflugzeugen OX Y I und OX Y II ohne navigatorischen sowjetischen Kopiloten im sowjetischen Luftraum fliegen darf.

Auch auf Auslandsreisen mit ihrem Mann nimmt Raissa Maximowna Aufgaben für den sowjetischen Kulturfonds wahr. Alle Gastgeschenke im In- und Ausland, die mit Kunst zusammenhängen, werden ihr persönlich für den Fonds übergeben. Beim Rückflug vom Staatsbesuch in Großbritannien – im April 1989 – befand sich in Raissas Gepäck eine Erinnerung an die russische

*Raissa Gorbatschowa zusammen mit
dem bekannten amerikanischen Multimil-
lionär und Kunstmäzen Armand Hammer.*

Vergangenheit, ein Porträt von Zar Peter III. Als der britische Exminister für Kultur, Lord Gowrie, ihr das Porträt übergab, sagte er stolz: »Das ist ein Gemälde des russischen Künstlers Alexander Rokotow«, worauf Raissa Maximowna kenntnisreich konterte: »Das hat Rokotow nicht selbst gemalt, es gehört nur zur Schule von Rokotow« ... Sie belehrte in ihrer gewohnten Art, aber Takt und Diplomatie müssen halt gelernt sein. Dieses Gemälde hängt heute im Staatlichen Russischen Museum in Leningrad.

Auch die Gastgeschenke, die Raissa auf Staatsbesuchen macht, übergibt sie in ihrer Eigenschaft als Repräsentantin und im Namen des sowjetischen Kulturfonds. Während ihres Staatsbesuches in der Bundesrepublik – in Bonn – übergab Raissa dem Direktor des Beethovenhauses ein Geschenk des Kulturfonds: »Als Andenken an meinen Besuch im Beethovenhaus möchte ich Ihnen dieses Skizzenbuch, eines der wertvollsten Dokumente, die in unserem Glinkamuseum aufbewahrt werden, überreichen. Sie hatten bisher vier Seiten, und wir fügen 174 Seiten hinzu.«

Der sowjetische Kulturfonds unterhält schon seit einiger Zeit zuverlässige und seriöse kulturelle Verbindungen mit dem westlichen Ausland. Als Vermittler auf sowjetischer Seite tritt meist Professor Iwan Timofejewitsch Frolow auf, Michail Sergejewitsch Gorbatschows Berater für Wissenschaft und Kultur und Chefredakteur der Prawda, der bedeutenden Einfluß auf die philosophischen und ideologischen Konzeptionen des Generalsekretärs ausübt. Über ihn läßt sich Raissa Maximowna regelmäßig Kataloge von Auktionen aus dem westlichen Ausland schicken. Über ihn erhält sie auch Informationen über Ausstellungen und kulturelle Strömungen im westlichen Ausland. Die Kontaktpersonen im westlichen Ausland sind meist Wissenschaftler, deren Spezialgebiet die Sowjetunion ist. Auf jeden Fall muß eine große Vertrauensbasis gegeben sein, denn diese Kontaktpersonen werden häufig damit beauftragt, auf westlichen Auktionen Kunstgegenstände »inkognito« für die sowjetische Regierung zu ersteigern. So gelangten zum Beispiel die Briefe des berühmten russischen Schriftstellers Turgenjew 1989 auf einer Auktion in Baden-Baden für eine fünfstellige Summe in den Besitz der Sowjetunion. Auf einer anderen Auktion, bei Sotheby's, wurde ein unveröffentlichter Brief Puschkins für den Kulturfonds für 32 000 Pfund ersteigert, und 400 000 Pfund mußten für das Manuskript des Romans »Väter und Söhne« von Turgenjew gezahlt werden.

Man sieht also, es sind keine Trinkgelder, die Raissa verwaltet. Darin nämlich besteht ihre Hauptaufgabe innerhalb des Kulturfonds, nicht in Wohltätigkeitsveranstaltungen, in Dankeskonzerten, in Lesungen großer Lyriker der sowjetischen Literatur. Raissa kümmert sich um die internationalen Geschäfte. Zu ihr gehen die Fäden vom Ausland, und von ihr wird die große Kunsterhaltungsstrategie gelenkt. Das ist es, was Raissas Selbstbewußtsein neben Michail auf die Dauer ausmachen könnte. Hier kann sie aus der passiven Rolle springen, die anderen Staatschefgattinnen vorgezeichnet ist. Raissas Geheimwaffe gegen das Klischee, in das man sie pressen will, heißt Kulturfonds. Da ist sie nicht umsonst Vizepräsidentin für jene Dinge, die die Welt bewegen, und wenn es auch nur die Kunstwelt ist. So teilt sie sich mit Michail das Geschäft.

Raissas Mitarbeit im Kulturfonds wirkt sich auch auf das Privatleben der Gorbatschows aus. Praktisch ist sie Michail Sergejewitschs wichtigster Ratgeber für Fragen der Literatur und der Kunst. Schon während der Studentenzeit machte Raissa Maximowna ihren zukünftigen Mann mit den schönen Künsten vertraut, die ihn bis dahin kaum interessiert hatten. Wenn es ihre Zeit zuläßt, sind die Gorbatschows auch heute noch leidenschaftliche Theaterliebhaber. Während der Saison in Moskau, die im September beginnt und im Mai/Juni abgeschlossen wird, kann man sie oft in Theatern und Konzerten sehen. Im Unterschied zu früheren Führern besucht Gorbatschow mit seiner Frau aber nicht nur traditionelle Ballett- und Opernaufführungen im Bolschoi-Theater oder Konzerte im Kongreßpalast im Kreml. Man sah sie auch schon öfter in avantgardistischen Theatern, wie zum

*DDR 1986 – Raissa Gorbatschowa
besucht die berühmte Gemäldegalerie
»Alte Meister« im Zwinger in Dresden
sowie die Humboldt-Universität in Berlin.*

Beispiel dem Taganka-Theater. Michail Sergejewitsch und seine Frau treffen sich sogar manchmal nach den Vorstellungen mit Vertretern der Theaterwelt. Besonders engen Kontakt haben sie zu N. A. Uljanow, dem künstlerischen Leiter des Wachtangow-Theaters. Uljanow ist unter den sowjetischen Künstlern schon fast eine Legende. Er und andere Künstler begleiteten die Gorbatschows sogar oft auf ihren Auslandsreisen. Eine große Künstlertruppe war gemeinsam mit den Gorbatschows in den USA. Diese Aufmerksamkeit Künstlern gegenüber, das Interesse für ihre Angelegenheiten, das alles ist kein Zufall. Die Künstler sind die schöpferische Intelligenz, jene soziale Schicht der sowjetischen Gesellschaft, von denen die Politik der Perestroika am engagiertesten unterstützt wird.

Der Kulturfonds und die Kulturpolitik der Perestroika haben die Weichen gestellt, und die Schienen der Kunst sind breite Transportbänder geworden, auf denen auch Raissa Maximowna ihre Züge fahren läßt. Sie ist eben die Tochter eines Eisenbahners.

Das Leben an der Seite
des Kremlchefs

Vom Lebensrhythmus der Raissa Maximowna, vom Tagesablauf einer First Lady der Sowjetunion, existieren verschiedene, manchmal phantastische Vorstellungen. Oft wird geglaubt, daß das Leben für die erste Familie der Sowjetunion ein immerwährender Feiertag, Nichtstun, »Baden im Luxus« sei. Raissa Maximownas Lebens- und Arbeitsrhythmus wird aber hauptsächlich von der Arbeit ihres Mannes bestimmt, als dessen Mitarbeiterin sie ja offiziell gilt. In einem Interview, das 1989 in der 3. Nummer der Zeitschrift »Mitteilungen des Zentralkomitees der KPdSU« veröffentlicht wurde, sagte Michail Sergejewitsch Gorbatschow über seine Frau: »Ich muß sagen, daß meine heutigen Pflichten nicht nur ernste, schwerwiegende Verpflichtungen für mich selbst sind, sondern auch für die Familie, und ich weiß das Verständnis, die Unterstützung und Hilfe, die ich sowohl von Raissa Maximowna als auch von allen Mitgliedern der Familie erhalte, zu schätzen.« Ein Teil von Raissas Zeit wird zudem durch ihre Rolle als Hausfrau, Ehefrau, Mutter und Großmutter bestimmt. Natürlich geht Raissa Maximowna nicht selbst einkaufen oder räumt Wohnung und Datscha auf, aber so große Haushalte zu führen ist sogar mit Hilfe von Dienstpersonal eine anspruchsvolle Aufgabe. Die Hausherrin muß auf vieles achten, viele Anweisungen geben.

Ein strenger Zeitplan regiert das Leben der First Lady der Sowjetunion. Während der etwa acht oder neun Monate im Jahr, in denen die Gorbatschows nicht im In- oder Ausland auf Reisen sind, beginnt der Arbeitstag von Michail Gorbatschow um 9 Uhr morgens. Für den Weg von der Datscha bis zu seinem Arbeitsplatz im Gebäude des Zentralkomitees der KPdSU benötigt er etwa 40 Minuten, das heißt, er verläßt gegen 8.15 Uhr die Datscha. Um 6 Uhr werden die Gorbatschows von ihrem Personal geweckt, jeden Tag, sommers wie winters. Jeden Morgen müssen sich beide einer medizinischen Untersuchung unterziehen. Der Blutdruck wird noch im Bett gemessen. Irina, die Tochter, und der Schwiegersohn Anatoli, beide ausgebildete Ärzte, sind für diese Aufgabe verantwortlich, wenn sie im Sommer mit auf der Datscha leben. Anschließend schwimmt Raissa ein paar Runden, trinkt einen Obstsaft, und dann frühstückt das Ehepaar Gorbatschow gemeinsam. Auf dem Speiseplan stehen:

- Haferbrei mit Milch,
- Quarkspeisen mit saurer Sahne,
- Omelett mit Speck,
- Pudding (aus Grieß),
- Orangensaft,
- Kaffee mit Milch oder Tee mit Zitrone (die Gorbatschows bevorzugen Kaffee aus der Bundesrepublik und englischen Tee),
- Kefir.

Nachdem sie das Tagesprogramm besprochen haben, verabschiedet Raissa Michail Sergejewitsch für den Tag. Über die »Wertuschka« – das Telefon der Staatssicherheit – kann sie ihren Mann zwar jederzeit telefonisch erreichen, es gilt aber als eiserne Regel, daß sie nur in dringendsten Fällen anruft. Nach Michail Sergejewitschs Abfahrt verwendet Raissa Maximowna durchschnittlich eine Stunde für Haushaltsangelegenheiten. Sie geht mit dem Koch das Tagesmenü durch, gibt der »Sestra-Chozjaika« Anweisungen, kontrolliert Rechnungen und die Lebensmittelbestellung. Danach beschäftigt sie sich mit der Lektüre von Korrespondenz, Zeitschriften und Zeitungen. Täglich gelangen Hunderte von Briefen, die an Michail Sergejewitsch und Raissa Maximowna gerichtet sind, darunter auch Post aus dem Ausland, zum Zentralkomitee der KPdSU. In einer Spezialabteilung werden diese Briefe gelesen und analysiert; über sie werden zusammenfassende Berichte erstellt. Welche Briefe die Gorbatschows schließlich erreichen, das entscheiden ihre persönlichen Mitarbeiter. Briefe, die Frauenfragen betreffen, werden an Raissa Maximowna weitergegeben. Allein die Lektüre von Briefen nimmt in der Regel nicht weniger als zwei Stunden täglich von Raissas Zeit in Anspruch.

Gorbatschow hat sich zur Pflicht gemacht, sich nicht von der Realität des Lebens zu entfernen, von den Problemen, mit denen das Volk lebt, und deshalb ist auch für Raissa Maximowna das Studium der Briefe sehr wichtig. Es hilft ihr, ihren Mann mit weiblichem Gespür rechtzeitig auf Meinungen und Kritiken im Volke hinzuweisen. Auch auf diesem Gebiet respektiert er ihren Rat vorbehaltlos. Außer der Korrespondenz liest Raissa täglich Zeitungen, Zeitschriften und neue Bücher. Michail Sergejewitsch hat wenig Zeit, mit Gründlichkeit die Presse und Neuheiten aus der Literatur zu verfolgen. Deshalb erfüllt Raissa Maximowna auch noch die Rolle eines Pressereferenten. Natürlich hat Michail Sergejewitsch Mitarbeiter, die für ihn die wesentlichen Pressenotizen auswerten. Aber wir wissen, daß er den Informationen über journalistische und literarische Angelegenheiten durch seine Frau besondere Aufmerksamkeit schenkt.

So verbringt Raissa die erste Tageshälfte weitgehend mit Lesen. Nach russischer Sitte nimmt sie ihr Mittagessen ungefähr um 14 Uhr ein. Michail Sergejewitsch leistet ihr dabei nur an arbeitsfreien Tagen Gesellschaft, während der Arbeitswoche ißt er in der Kantine des Zentralkomitees der KPdSU zu Mittag. Die Feiertagsspeisekarte sieht gewöhnlich so aus:
- Kalte Vorspeise: Gemüse, Salat, Säfte (naturgepreßt) oder zarter Fisch.
- Suppe: Borschtsch (russische Kohlsuppe mit Sahnehäubchen und Zitronenscheiben), dazu kleine Piroggen oder andere passierte Gemüsesuppen. Im Sommer gibt es beinahe täglich

Raissas Lieblingsspeise, eine Okroschka (das ist eine kalte Speise aus Kwaß mit Suppengrün und kleingehacktem Fisch oder Fleisch).

- Hauptgericht: Huhn oder Hammel; Michail mag sehr gern Gerichte aus Hühnerfleisch oder Gemüseragouts, ebenso Plow aus Hammel oder Plow mit Früchten.
- Nachspeise: Obstsalat, frisches Obst oder leichte Fruchtschaumcreme. Kalorienhaltige Süßspeisen essen beide nicht.

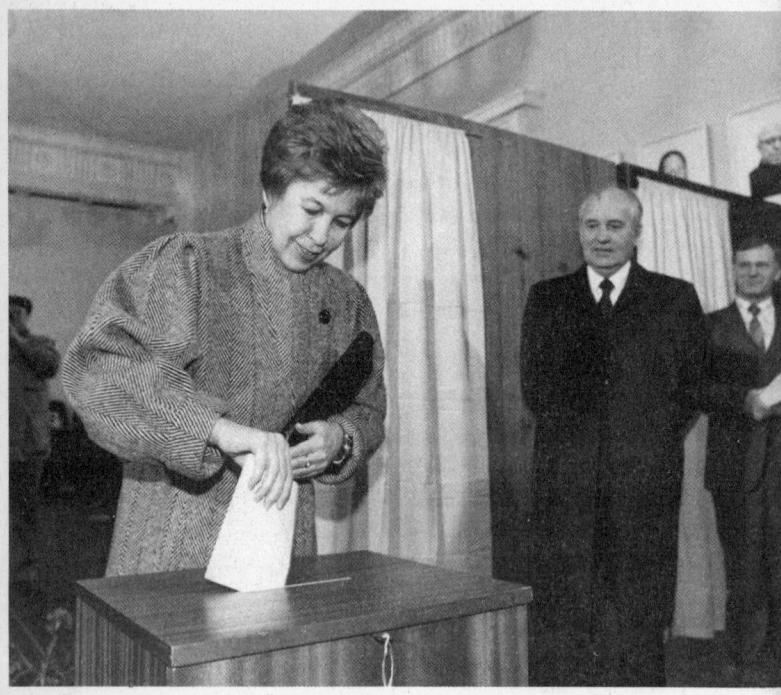

26. März 1989 – Wahl der Volksdeputierten in Moskau. Michail Gorbatschow schaut seiner Frau interessiert zu.

Das Erdbeben in Leninakan 1988 – Raissa spendet Trost als Landesmutter (rechte Seite).

Raissa achtet sehr auf ihre Figur und legt Wert auf leichte, gesunde Speisen.
Nach dem Mittagessen folgen anderthalb Stunden Ruhe, wenn der Tagesplan es zuläßt. Danach beschäftigt sich Raissa mit ihren Aufgaben für den Kulturfonds. Manchmal hat sie zwei bis drei Treffen am Tag mit Leuten aus der sowjetischen Kulturszene. Wenn Raissa nachmittags keine Termine hat nimmt sie zwischen

16.30 Uhr und 17 Uhr eine Vesper zu sich, die aus einem Milchbrei mit Früchten, Quark und Honig besteht – ein altes Naturrezept zur Glättung der Haut: Raissa »ißt sich schön«.

In der Regel kommt Michail Sergejewitsch erst gegen 21 Uhr nach Hause. Raissa wartet jeden Abend mit dem Essen auf ihn. Auf der Abendkarte stehen:

– Gemüsesalat – meist aus rohen Gemüsen und ohne Saucen,
– ein leichtes Fischgericht (besonders gern essen sie Stör, Forelle und Zander),
– gefüllte Pasteten mit Quark oder Kirschen oder ein Quarkauflauf mit Rosinen und getrockneten Aprikosen,
– Tee und Kefir.

Die Gorbatschows mischen sich gerne unters Volk, wie hier 1988 mit den Arbeitern einer Kollektivfarm in Usbekistan.

Eine ärztlich verordnete Diät brauchen die Gorbatschows nicht einzuhalten, da ihr Speiseplan recht gesund zusammengestellt ist. Nach Art der Kosaken essen sie wenig Brot, aber sie essen auch wenig Fleisch, Kartoffeln und Saucen. Scharfgewürzte Speisen mögen beide nicht. Ein- bis zweimal in der Woche werden Lebensmittel aus dem Westen geliefert, vor allem Meeresdelikatessen. Michail Sergejewitsch ist ganz vernarrt in französischen Käse.

Nach dem Abendessen gehen die Gorbatschows gerne im Park ihrer Datscha spazieren, und dabei informieren sie sich gegenseitig über den vergangenen Arbeitstag oder diskutieren über Probleme. Häufig kommt es aber auch vor, daß sie gemeinsam noch ein Theater oder eine Kunstausstellung besuchen. Dann haben die Sicherheitsoffiziere wieder Großeinsatz. Noch tagsüber, einige Stunden vor der Ankunft der Gorbatschows im Theater oder in der Ausstellung, werden die Eingänge und der Zuschauersaal genau kontrolliert. Dreißig Minuten vor Veranstaltungsbeginn wird die Straße vor dem Eingang, durch den in wenigen Minuten Raissa Maximowna und Michail Sergejewitsch eintreten, von parkenden Privatwagen geräumt.

Nicht nur im Bolschoi-Theater und im Kongreßpalast im Kreml, sondern auch in jedem anderen staatlichen Theater gibt es eine Loge, die besonders wichtigen Gästen vorbehalten ist, den höchsten Führern des Landes, deren Familienangehörigen oder ausländischen Gästen hohen Ranges. Oft bleiben diese Regierungslogen in den Theatern oder Konzertsälen leer. Es gibt Theater, die die Herrschenden nie besuchen, und dennoch dürfen diese Logen nie vergeben werden. Die Regierungsloge befindet sich gewöhnlich in einer Höhe von zweieinhalb Metern links von der Bühne. Eine Ausnahme bildet das Bolschoi-Theater, wo sich die sogenannte Zarenloge in der Tiefe des Saales gegenüber der Bühne befindet. Gewöhnlich stehen in der Regierungsloge sechs bis acht Sessel in der ersten Reihe und noch einmal so viele dahinter. Gegenüber der Regierungsloge, rechts von der Bühne,

*1987 – erstes inoffizielles Treffen mit
Vertretern der russisch-orthodoxen Kirche
im Kreml in Moskau, links der inzwischen
verstorbene Patriarch, rechts der Generalsekretär mit seiner Frau.*

Gorbatschow
inspiziert mit
seiner Frau am
23. Februar
1989 das Kern-
kraftwerk
Tschernobyl.

Immer wieder
sucht der Gene-
ralsekretär das
Gespräch mit
den Arbeitern.
Seine Frau ist
eine begeisterte
Zuhörerin.

gibt es eine weitere, ebenfalls besonders gut ausgestattete Loge, die Direktorenloge, von wo aus die von der Theaterleitung eingeladenen Ehrengäste die Aufführung verfolgen. Diese beiden Logen, die hervorstehen und sogar etwas über die Bühne ragen, symbolisieren gleichsam jenes alles durchdringende bürokratische Prinzip des Abgegrenztseins der Nomenklatura, der Trennung der »oberen« von den »unteren« Kreisen, das ein charakteristisches Merkmal sowohl des russischen als auch des sowjetischen Lebens war und bleibt.

Hinter der Regierungsloge befinden sich zwei Zimmer, die mit teuren Möbeln ausgestattet sind. Hier ist ein Tisch gedeckt, an dem man in der Pause oder vor der Aufführung einen kleinen Imbiß zu sich nehmen oder einfach nur Tee trinken kann. Manchmal, wenn Michail Sergejewitsch direkt aus dem Zentralkomitee ins Theater kommt, ißt er hier in der Pause zu Abend. Warme Gerichte werden bereits zubereitet ins Theater gebracht; wenn die Umstände es erlauben, werden sie in der Küchenabteilung des Theaters aufgewärmt, anderenfalls hält man sie in isolierten Gefäßen warm.

Wenn die Gorbatschows privat ins Theater gehen, sitzt in der Regel außer ihnen nur ein Sicherheitsoffizier in der Loge. Natürlich wird auch der Eingang zur Regierungsloge bewacht, ebenso wie der sogenannte Direktoreneingang, durch den das Ehepaar Gorbatschow das Theater betritt. Oft besuchen die Gorbatschows aber auch zusammen mit Außenminister Schewardnadse und seiner Frau Nanula oder mit dem Paar Medwedjew (Medwedjew ist Politbüromitglied und für Fragen der Ideologie zuständig) Theateraufführungen.

Recht viele guttrainierte junge Leute, die offenkundig nicht wie Theaterbesucher aussehen, halten sich während der Vorstellung im Saal auf. Während der Pause verteilen sie sich unauffällig auf den Korridoren, gehen im Foyer spazieren. Sie sind an jeder Tür zum Saal zu finden. Nach dem Konzert bzw. Theater fährt die wartende SIL-Kolonne die Gorbatschows zurück auf ihre Datscha in der Rubljowchaussee.

10. Juni 1988 – »1000 Jahre russisch-
orthodoxe Kirche«: Raissa Gorbatschowa
vor den Patriarchen Vasgen I. (rechts)
und Ilga II. (links); neben Raissa Nikolai
Talvsin, Kandidat des Politbüros des ZK
der KPdSU und Sozialminister der UdSSR.

Etwa drei Viertel des Jahres sieht also Raissa Maximowna ihren Mann nur frühmorgens oder abends – wie es so vielen Frauen anderer vielbeschäftigter Männer ebenfalls ergeht. Ausnahmen bilden dabei natürlich Feiertage, Wochenenden und der jährliche vierwöchige Urlaub, den die Gorbatschows regelmäßig im Süden, in Pizunda, verbringen. Pizunda ist ein schöner alter Ort am Schwarzen Meer, in Georgien, dessen Erdreich noch längst nicht alle Kulturen seiner Vorgeschichte preisgegeben hat. Hier können die Gorbatschows mit sich allein sein und sich wirklich erholen. Ein Sommerfoto vor ihrem Haus zeigt beide sehr gelöst, und Raissa scheint es Spaß zu machen, der Sonne den Regenschirm entgegenzuhalten.

In Mjussera, in unmittelbarer Nähe von Pizunda, sollte für die Gorbatschows eine neue Ferienresidenz in byzantinischem Stil errichtet werden, entworfen von Top-Architekten aus Tbilissi. Doch seit dem Volksdeputiertenkongreß wurde – sehr zum Ärger von Raissa – ein Baustopp verhängt, weil das Volk für derartigen Luxus kein Verständnis zeigt.

Aber auch während des Besuches eines ausländischen Gastes mit seiner Gattin in der UdSSR oder während offizieller Auslands- und Inlandsreisen von Michail Sergejewitsch Gorbatschow hat Raissa Gelegenheit, häufiger in der Nähe ihres Mannes zu sein. Allerdings wird der Tagesablauf dann vollständig durch das Protokoll bestimmt. Etwa zwölf Wochen im Jahr nehmen solche offiziellen Veranstaltungen in Anspruch, und sie sind keine geringe Belastung. Doch Raissa Maximowna steht ihrem Mann überall mit einer beneidenswerten Aktivität und Energie zur Seite.

Es fällt sicher auf, daß ich im Tagesablauf von Raissa Maximowna nicht erwähnt habe, wie und wann sich das Ehepaar mit Freunden trifft. Diese Lücke ist kein Zufall. Für das Ehepaar Gorbatschow ist eine fast vollkommene Isolation charakteristisch. Private Kontakte mit Freunden und Bekannten sind selten. Das Leben an der Spitze ist ein einsames Leben im goldenen

Käfig. Und während der von morgens bis abends beschäftigte Michail Sergejewitsch kaum Zeit hat, an ihm ehemals nahestehende Menschen zu denken, bleibt der Familie, besonders Raissa Maximowna, nichts anderes übrig, als sich in ihr Los zu schicken und sich mit der Isolation abzufinden. Pflicht geht vor Privatleben.

*Raissa Maxi-
mownas heili-
ges Ritual mit
ihren Händen –
eine Antwort
auf ihre Beliebt-
heit im Ausland,
wie hier 1987 in
Ost-Berlin vor
der Nikolai-
kirche.*

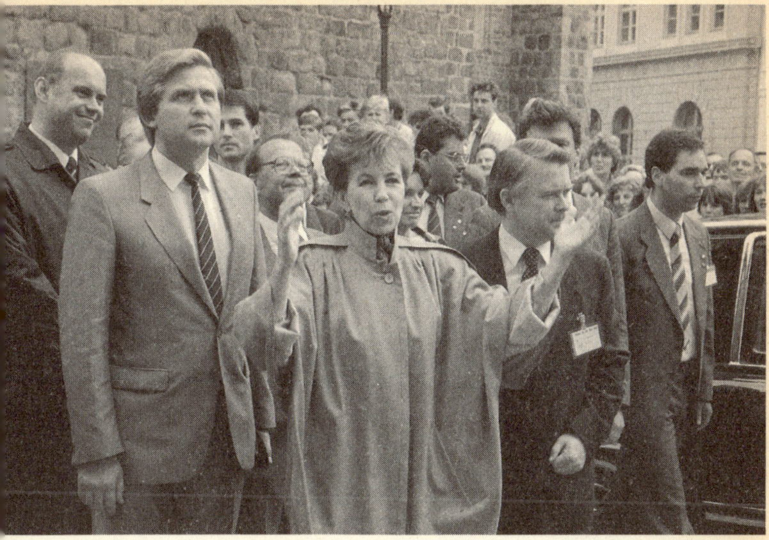

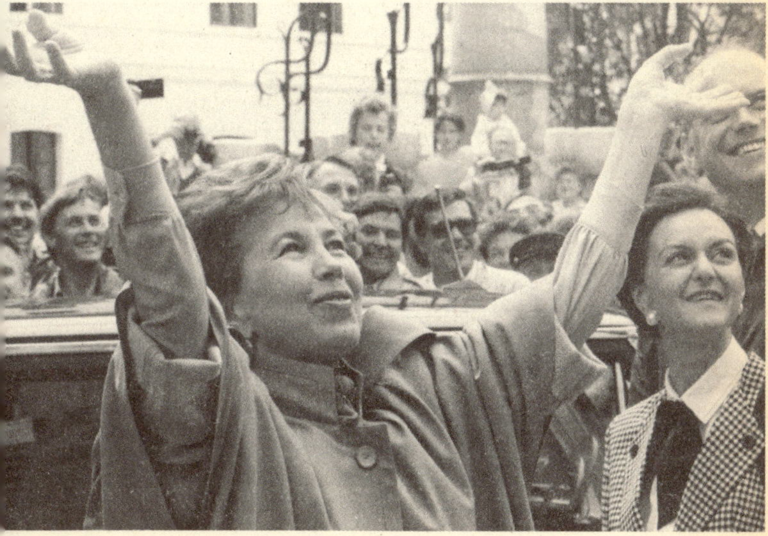

Familienbande

Die Stadtwohnung und die Datscha sind für die Familie Gorbatschow die einzig wirklich privaten Bereiche, die sie haben. Hier spielt sich das zusammengeschrumpfte Familienleben ab. Hier ist der einzige Ort, wo die Familie sich entspannen und eine Zeitlang die Rolle vergessen kann, die sie ständig in der Öffentlichkeit spielen muß. So ist es zu verstehen, daß die Gorbatschows ihr bißchen Privates vor den Augen Außenstehender abschirmen, denn die Stunden sind selten und rar, in denen diese Menschen die Reize eines natürlichen Lebens, natürlicher Beziehungen genießen können. Sogar die engsten Freunde und Bekannten früherer Jahre, aus der Jugendzeit, der Studienzeit und aus der Zeit in Stawropol, mußten einsehen, daß mit dem Aufstieg der Gorbatschows an die Spitze des Staates ein gewisses Auseinanderleben unvermeidlich war. Das Verhältnis zueinander hat sich verändert, die Vertrautheit ist verlorengegangen, und die Probleme sind nicht mehr dieselben. Einige zogen sich ganz zurück, weil sie fürchteten, in die Rolle von Bittstellern zu geraten.

Die wenigen Freunde, die Michail Sergejewitsch geblieben sind, kommen jedes Jahr zu seiner Geburtstagsfeier auf die Datscha. Zu ihnen zählt Juri Wassiljewitsch Stupin, ein Freund aus der Zeit in Stawropol. Er ist heute Leiter des Amtes für die Verteilung der Kurorte der Gewerkschaft. Gorbatschow hat ihm diesen Posten selbst besorgt und holte ihn aus Kislowodsk nach Moskau. Auch Alexander Wladimirowitsch Wlassow, der ehemalige Innenminister, gehört zu den regelmäßigen Geburtstagsgästen, er ist mit Gorbatschow schon über fünfzehn Jahre befreundet. Weitere Gäste sind Eduard Schewardnadse und seine Frau Nanula. Wie Schewardnadse berichtet, war er sehr erstaunt, als Gorbatschow ihm während einer Pause des Parteitages vorschlug, ihn zum Außenminister zu machen. Auf seinen zweifelnden Einwand hin, ob er diese Aufgabe überhaupt erfüllen könne, erwiderte Gorbatschow: »Wir haben das schon beschlossen.« Der Beschluß erwies sich wohl als richtig.

Raissa feiert ihren Geburtstag nicht groß, sie ist sehr introvertiert, Michail aber feiert gern und lädt immerzu ein.

Wenn Lidija vom engsten Familienkreis spricht, der »Väterchen Frost« feiert, was etwa unserem Weihnachtsfest entspricht, aber erst zum Jahreswechsel stattfindet, dann ist es wohl in erster Linie diese Verbindung zu Kindern und Enkelkindern, die mit der Bezeichnung »engster Familienkreis« benannt wird. Raissa mag keinen Familienclan. Sie mag nicht die Hierarchie einer ganzen Sippschaft, die an einem Mann hängt und seinen Einfluß benutzt, um Eigeninteressen und Karrieren zu fördern.

Zu den Geburtstagsgratulanten gehört auch Gorbatschows 62jähriger Kindheitsfreund und Cousin Fedja Wassiljewitsch Rudtschenko, ein Sohn der Schwester seiner Mutter. Zu ihm, seiner Frau Galja und ihrer Tochter Schenja, die bei der Miliz in Stawropol als Kriminalistin arbeitet, haben die Gorbatschows eine recht enge Beziehung. Dagegen besteht kaum noch Kontakt zwischen Michail Sergejewitsch und seinem 44jährigen Bruder Alexander Sergejewitsch Gorbatschow, der als Oberst im Generalstab tätig ist. Alexander, Sascha, ein leidenschaftlicher Gitarrespieler, ist mit der sechs Jahre jüngeren Swerta Gorbatschowa verheiratet, zusammen haben sie eine zwanzigjährige Tochter mit Namen Ljudmila (»Luda«), die am 2. Medizinischen Institut in Moskau studiert, wo Gorbatschows Tochter Irina Dozentin ist. Sie wohnten bis Ende 1989 in Odinzowo, zwanzig Minuten von Moskau entfernt, heute leben auch sie im Zentrum der Haupt-

*Irina Gorbatschowa auf ihrer
ersten Auslandsreise in der DDR.*

stadt. Es gibt Gerüchte, die besagen, die Beziehung sei deshalb so schlecht, weil Sascha nur der Halbbruder von Michail Sergejewitsch sei. Es scheint aber, als ob vor allem Raissa mit ihrem Schwager und ihrer Schwägerin nicht auskommt.

Die Beziehung Raissa Maximownas zu ihrer Schwiegermutter Marija Pantelejwna ist dagegen sehr gut. Sie ist eine sehr stämmige, sehr entschlossen dreinblickende Frau, sozusagen eine russische Urmutter. Man glaubt bei ihrem Anblick den Stimmen, die da von einer sehr energischen Person reden, aufs Wort. So hat sie zum Beispiel die Enkeltochter Irina heimlich taufen lassen und die Abwesenheit von Raissa und Michail dazu benutzt, die Verhältnisse zum lieben Gott zu klären.

Sie soll eine Frau sein, die sehr drastisch mit ihrem Sohn verfährt. »Wenn du den Kopf voll hast«, sagte sie zu Michail, »dann geh aufs Feld, und arbeite dich aus. Das hilft, krumme Gedanken zu vertreiben.« Ihre Beziehungen zu Raissa sind ungewöhnlich gut. »Sohn«, sagte sie zu Michail, »hör auf Raissa, hör, was sie dir rät, sie will nur das Beste für dich.« Da kann man sich schon denken, daß Raissa nicht sehr widerspricht.

»Baba Manja« (Großmütterchen Manja) hat noch einen kleinen Bauernhof in Priwolnoje, Schweine und Hühner, ein bißchen Feldarbeit. Sie ist unbestechlich, sagen die Leute im Dorf. Zuweilen will man der Mutter des Generalsekretärs einen kleinen Dienst erweisen, indem man ihr Zucker oder etwas anderes bringt, was zur Zeit knapp gehandelt wird. Aber sie läßt sich nicht bestechen, sie geht sofort zum Dorfsowjet und bezahlt. Von sich selbst sagt Baba Manja, daß sie eine Gläubige sei und es bleiben werde, bis der Herrgott sie zu sich nimmt. Aus dem Dorf Priwolnoje nach Moskau umzuziehen, lehnt sie kategorisch ab. Dazu sagt sie scherzend: »Damit man mich dort verbrennt?« Während nämlich in Priwolnoje nur Erdbestattungen stattfinden, sind in Moskau Einäscherungen üblich. Man sagt, daß Marija Pantelejwna, die Mutter Gorbatschows, zu ihrem zweiten Sohn Sascha ein engeres Verhältnis als zu Michail hat. Der letzte

Priwolnoje 1983: Raissa, Michail Serge-
jewitsch und Alexander Gorbatschow zu
Besuch bei der Mutter.

Familienstreit entbrannte darüber, daß Sascha die Mutter bei sich in Odinzowo aufnehmen wollte. Das war aber für Michail Sergejewitsch inakzeptabel. Wenn die Mutter nicht zu ihm nach Moskau ziehen wolle, dann solle sie in Priwolnoje bleiben, verlangte er. So blieb die Mutter da, wo sie hingehört – einen alten Baum verpflanzt man nicht. Sie wohnt in einem kleinen Häuschen, das gebaut wurde, als Vater Gorbatschow noch lebte. Damals half Michail Sergejewitsch finanziell beim Bau. Das Haus ist ständig von Wachen umstellt, die noch verstärkt wurden, als Aserbaidschaner damit gedroht hatten, die Familie des Generalsekretärs auszurotten. Für westliche Besucher ist der Ort Priwolnoje vollständig gesperrt.

Wie zu Michail Sergejewitschs Mutter hat Raissa Maximowna auch zu ihrer eigenen Mutter ein sehr herzliches Verhältnis. »Baba Schura«, wie sie ihre Mutter liebevoll nennt, lebt seit dem Tod ihres Mannes Maxim Titarenko – er starb im August 1986 an Kehlkopfkrebs – allein als Rentnerin in Krasnodar. Hier hat sie eine kleine Wohnung in einem fünfstöckigen Haus, das in der Chruschtschow-Periode gebaut wurde, eine sogenannte »Chruschtschowka«. Diese Wohnung wurde Maxim Titarenko zum Ende seiner beruflichen Tätigkeit zugesprochen. Raissas Mutter ist eine große schlanke Frau, mit gefärbten rötlichen Haaren und einem länglichen Gesicht. Sie läßt sich nicht unterkriegen. Das Temperament hat Raissa von ihr geerbt. Der Lebenswille ist nach dem Tod des Vaters – dank Raissas Unterstützung – ungebrochen. Schura Paradina besucht ihre Tochter häufig in Moskau, aber auch Raissa kommt ab und zu mit ihrer Tochter und den Enkelkindern nach Krasnodar, um sich um ihre Mutter zu kümmern. Auch in die Stadt Krasnodar haben aus Sicherheitsgründen ausländische Besucher keinen Zugang.

Eine sehr enge Beziehung unterhält Raissa Maximowna zu ihren beiden Enkelinnen Xenija und Anastassija. Xenija, 1979 geboren, ist Schülerin der Moskauer »Spezialschule Nr. 4«, an der Englisch als erste Fremdsprache unterrichtet wird. Anastassija ist noch klein, gerade drei Jahre alt. Sie wurde am 21. März 1987 geboren.

1974 – von der Mutter auf Bildungsreise nach Potsdam geschickt. Irina im Schloß Sanssouci im Dialog mit Friedrich dem Großen.

Sie soll Michail sehr ähnlich sehen und liebt zur Zeit besonders einen hellblauen Plüschelefanten mit rotweißem Rüssel, den ihr Raissa aus Frankreich mitgebracht hat. In ihrer Freizeit besucht Xenija die Choreographische Fachschule des Bolschoi-Theaters, wo sie von der bekannten Leiterin Sofja Golowkina Ballettunterricht erhält.

Dieser Unterricht ist eigens für Kinder hochgestellter Eltern bestimmt und findet dreimal in der Woche am Abend für je zwei Stunden statt. Wann immer es der Oma Raissa möglich ist, holt sie ihre Enkeltochter Xenija von der Ballettstunde ab. Da sie die Leiterin der Fachschule gut kennt, erkundigt sie sich auch öfters im Gespräch nach den Fortschritten von Xenija. Mit einem SIL fahren anschließend beide gemeinsam zum Abendbrot in die Stadtwohnung.

Mit ihrer Tochter Irina verbindet Raissa Maximowna ein sehr inniges Verhältnis. Es war schon immer eine sehr starke Mutter-Kind-Beziehung; in der Kindheit hat Irina die Mutter kopiert und sogar imitiert z.B. in der Intonation. Den analytischen Verstand hat Irina von der Mutter geerbt. Heute sind sie gute Freundinnen und beraten einander. Vom Vater hat Irina die Eigenschaft geerbt, ein verbindlicher Mensch zu sein. Sie ist – wie beide Elternteile – sehr arbeitsam und zielstrebig. Irina schloß wie ihre Mutter die Schule mit einer Goldmedaille ab. 1971 hat Iroschka von der Großmutter »Baba Manja« einen Zwergpinscher geschenkt bekommen. Raissa trug zu Hause Hosen. Doch der Hund schien etwas dagegen zu haben. Er schnappte immer nach dem Hosenbein. So mußte sich Irina schnell von dem Tier trennen. Schon während der Schulzeit in Stawropol hatte sie ihren späteren Mann Anatoli Werganski kennengelernt, einen Stawropoler Jungen aus der Nachbarschaft, mit dem sie später auch gemeinsam am Medizinischen Institut studierte. Seit dem Spätsommer 1989 gibt es in der Familie Gorbatschow einen Akademiker mehr. Anatoli machte mit Bravour seinen »Dr. med.«

Irina hatte viele Verehrer, ihre Mutter mußte oft die Notbremse

*Zum Jugendfestival 1986 in Moskau
begleiten Irina und die Enkelin Xenija
Michail Sergejewitsch und Raissa
Maximowna zum erstenmal.*

bei den Tanzvergnügungen ziehen. Raissa soll selbst für die Tochter »den Dorfjungen« Anatoli auserkoren haben. Ausgerechnet er mußte es sein – kein anderer –, und die übrigen Verehrer durften das Haus der Gorbatschows nicht mehr betreten. Raissa über Anatoli: »Ich bin froh, daß meine einzige Tochter nicht an einen Playboy aus der Stadt geraten ist.« Anatoli absolvierte wie sein Bruder Alexei die Facharztausbildung als Gefäßchirurg. Im Jahre 1977 heirateten Irina und Anatoli. Es war eine Hochzeit, die ganz Stawropol beschäftigte: Das Ereignis ging durch die Stadt. Immerhin heiratete die Tochter des »Ersten«! Weiße Wolgas waren aufgefahren, die Feier dauerte zwei volle Tage. Der erste Tag galt dem offiziellen Akt, den offiziellen Gästen, der zweite den Freunden. Gefeiert wurde im Restaurant »Gorka«.

Das Hochzeitsfoto, im herkömmlichen Stil den Moment des Ringeansteckens festhaltend, zeigt zwei sehr junge Leute, die

Die Ähnlichkeit mit
Raissa ist verblüffend.
Raissas jüngere Schwe-
ster Ljudmilla mit ihrem
Mann Ajukassow vor
ihrem Haus in Ufa.

Das Ehepaar
Gorbatschow in
Urlaubsstim-
mung: Auf der
Krim 1985.

sich da auf ein Leben miteinander einlassen. Es ist besonders der junge Mann, dessen »Babyface« Kindliches ausströmt. Sie sehen beide einfach »niedlich« aus, und das ist nicht negativ gemeint. Es heißt, daß Michail den zweiten Abend mit dem Pförtner verbracht habe, um die jungen Leute nicht zu stören. Beide sollen die Gläschen erhoben haben, immer und immer wieder, auf das Wohl der Jugend. Wenn ich mir Raissa vorstelle, kann ich dieses Gerücht nicht glauben. Ich kann mir einfach nicht vorstellen, daß Michail die Hochzeit seiner Tochter mit dem Pförtner des Restaurants verbracht haben soll. Und das Ganze in Stawropol!

Der Schwiegersohn Anatoli kommt aus einem guten Haus. Die Mutter Antonija Iwanowna Werganskaja ist ebenfalls Medizinerin und arbeitet an der 8. Poliklinik in Stawropol, sie ist von Beruf Neuropathologin. Der Vater Oleg Viktorwitsch starb früh an einem Gehirntumor. Mediziner haben auch in der Sowjetunion einen guten Ruf und wie überall in der Welt die Faszination des »Weißkittels«.

Ira brachte alle Vorzüge einer gut erzogenen Tochter mit in die Ehe ein. Sie hatte eine gute Berufsausbildung durchlaufen. Außerdem hatte sie bei der Hausangestellten Jefremowa kochen, backen, stricken und nähen gelernt. Sie kann Klavier spielen, und ich denke, sie wird auch gelernt haben, über Malerei zu plaudern. Außerdem spricht sie fließend Englisch. Die junge Frau ist in jeder Hinsicht vorzeigbar. Raissas Schliff und Michails Vaterliebe sind gewissermaßen ein gutes Treibhaus für Irina gewesen.

Irina arbeitete bis zur Geburt ihrer zweiten Tochter am 2. Medizinischen Institut in Moskau als Dozentin für Therapie. Anatoli war lange Zeit Assistenzarzt am Perwaja Gradskaja (1. städtisches Krankenhaus), dessen Leiter Viktor Saweljew ein Spezialist für Gefäßchirurgie ist. Saweljews Frau ist Gynäkologin und betreut Raissa. Für meine Moskauer Freundinnen ist diese Tatsache besonders erwähnenswert: Raissa ist eine moderne Frau, sie geht einmal im Jahr zum Gynäkologen! Ich begreife zunächst gar nicht, was sie meinen. Was ist daran schon modern? »Für deine

Pjatigorsk 1969 – der Schriftsteller
Jewgeni Titarenko mit seiner
Lieblingsschwester Raissa und seinem
Schwager Michail Sergejewitsch
Gorbatschow.

Verhältnisse«, sagen meine Freundinnen. »Für unsere Verhältnisse ist das eben ungewöhnlich.«

Die gynäkologische Reihenuntersuchung, überhaupt die gynäkologische Betreuung der Frauen wird in der Sowjetunion sehr
erschwert durch unzulängliche medizinische Verhältnisse und
das Vorurteil der Männer, die ihren Frauen verbieten, sich von
einem Arzt in dieser Körpergegend berühren zu lassen. Zumeist
akzeptieren die Frauen dieses Verbot, leiden jedoch zugleich
unter großen Ängsten vor Krankheiten und vor unerwünschten
Schwangerschaften. Abtreibungen gehören in der Sowjetunion
zu den Horrordingen. Sie werden ohne Narkose vorgenommen,
damit der Schmerz die Moral wiederherstellt. Nicht selten sind es
Kurpfuscher, die Aborte einleiten, an denen die Frauen sterben.
Die Männer interessiert das »Frauenleid«, wie es heißt, wenig, der
Grad der Unbildung in solchen Dingen ist immens, und traditionell richtet sich das Verbot des Mannes auch gegen Verhütungs-
mittel. In dieser Hinsicht ist Raissa also wirklich eine moderne
Frau, die dazu mit einem modernen Mann verheiratet ist.

Während der Studienzeit hatte Raissa Maximowna noch engen
Kontakt zu ihren beiden Geschwistern, der sich aber später
verlor. Heute sind die Begegnungen nur noch flüchtig. Ihre um
viele Jahre jüngere Schwester Ljudmila hat Medizin studiert,
einen Ingenieur geheiratet und zwei Kinder geboren. Die Tochter
studiert heute an der Kunstakademie Surikow in Moskau, sie will
Malerin werden. Der Sohn studiert an der Technischen Hochschule in Moskau. Nach der Heirat nahm Ljudmila den Namen
ihres Mannes an: Ajukassow. Ajukassow ist ein lebenslustiger
Mann und arbeitet in der Maschinenbranche in Ufa. Seine Hobbys
sind Schach und Kartenspiel. Sie praktiziert heute als Kinderärztin in Ufa, der Hauptstadt von Baschkirien. Die Stadt ist gesperrt
für Ausländer, da dort die Rüstungsindustrie beheimatet ist, und
zeichnet sich vor allem, wie die Russen sagen, durch die größte
Umweltverschmutzung aus, die es in der Sowjetunion gibt. Ljudmila ist selten bei Raissa, sagen die Freunde. Von außen ist es

Raissas Vater fand auf dem Friedhof in Krasnodar seine letzte Ruhestätte. »Maxim Titarenko« steht in schlichten Buchstaben auf dem Grabstein. Wer weiß schon, daß hier der Schwiegervater des Präsidenten der UdSSR ruht?

schwer zu entscheiden, ob nur die Entfernung der Grund ist, daß sich die Schwestern so selten sehen. Bis vor kurzem war es noch so, daß Ljudmila die Kleidungsstücke der eitlen großen Schwester auftrug, da sie ohnehin dieselbe Größe haben.

Raissas Bruder, Jewgeni Titarenko, hatte seine heranwachsende Schwester früher regelmäßig zu Tanzveranstaltungen begleitet und sie ab und zu auch vor allzu aufdringlichen Verehrern beschützt. Jewgeni diente in der Armee und begann schließlich – wie Raissa – mit dem Studium an der Philosophischen Fakultät der Moskauer Universität. Schon damals schrieb er Erzählungen für Kinder und Romane, die aber nicht gedruckt wurden. Erst später erschienen drei Titel von ihm, aber in kleinen Auflagen. Raissa Maximowna sagt über die schriftstellerische Arbeit ihres Bruders: »Seine Romane ähneln denen Franz Kafkas.« Der Inhalt einer dieser Erzählungen, »Kitomskis See« aus dem Jahre 1973: Ein Seemann, der an der Nordmeerküste stationiert ist, fährt zum Urlaub nach Hause und verliebt sich dort in ein Mädchen. Sie heiraten, er kehrt zurück in den Norden, um sein Haus für die Ankunft der jungen Ehefrau herzurichten. Nun wartet er auf sie am Ufer der Meerenge, der Dampfer nähert sich dem Hafen. Sie winken einander zu. Plötzlich entdeckt er eine Mine. Er springt ins Wasser und entschärft die Mine. Dabei kommt er ums Leben . . .

Jewgeni Titarenkos Lebensproblem wurde der Alkohol. Schon immer war er sehr labil, und oft mußte ihm Raissa sagen, welchen Weg er gehen sollte. Jewgeni war zweimal verheiratet und hat einen Sohn, der seinen Wehrdienst in der DDR ableistete, aber seit Jahren lebt er allein in Woronesch. Es wird gemunkelt, daß er sich in der Psychiatrischen Klinik in Orel einer Entziehungskur unterzog. Wenn er unter dem Einfluß von Alkohol steht, schimpft er auf Raissa. Wahrscheinlich hat er die Karriere seiner Schwester nicht verkraftet.

In Moskau erzählt man sich, daß Raissa Maximowna es war, die aufgrund der tragischen Erfahrung mit dem eigenen Bruder Michail Sergejewitsch bedrängte, eine Antialkoholkampagne zu starten, weil der Alkoholkonsum der Sowjetbürger in unvorhersehbarem Ausmaß zugenommen hatte. Von Gorbatschow selbst weiß man, daß er gern ein Gläschen trinkt, Raissa dagegen ist eine entschiedene Alkoholgegnerin.

Raissas Vater, Maxim Titarenko, wurde an einem Sommertag des Jahres 1986 beerdigt. Fast vollzählig war die Familie zu diesem Anlaß versammelt. Michail Sergejewitsch kam zur Beisetzung in einem schwarzen Anzug mit einem schwarzen Schlips und legte rote Nelken vor das Totenbild des Verstorbenen. Raissas Mutter, in schwarzem Kostüm mit einem schwarzen Spitzenschleier, ging gebückt, ein weißes Taschentuch vor dem Gesicht. Raissa stützte sie, auch sie ganz in Schwarz. Vor Kummer war sie kaum wiederzuerkennen, ihr Gesicht war schmerzverzerrt. Sie trug einen Strauß roter Rosen in der Hand. Raissas toter Vater lag in der Leichenhalle offen aufgebahrt, in weißes Tuch gehüllt, ringsum leuchtende Kerzen. Es war eine typisch sowjetische Zeremonie. Rechts vom Sarg des Vaters waren zwei Stuhlreihen aufgestellt. In der ersten Reihe nahmen Michail Sergejewitsch, Raissas Mutter und Raissa Platz, daneben der Bruder Jewgeni (als einziger der Familie trug er einen dunkelbraunen Anzug) und Raissas Schwester Ljudmila, die starke Ähnlichkeit mit Raissa hat, sowie zwei Verwandte von Maxim Titarenko aus der Ukraine, die sich mit ihrer bunten Kleidung deutlich von den anderen Trauergästen abhoben. In der zweiten Stuhlreihe dahinter saßen Irina und ihr Mann Anatoli, Anatolis Mutter und Lidija Budyka, Raissas Freundin, mit ihrem Mann, einem der Mitarbeiter Gorbatschows im ZK.

Raissas Vater hat dazu beigetragen, daß die gesamte Familie noch einmal zusammenkommen konnte. Einigkeit und Friede in der Familie – das war sein letzter Wille.

Wenig wurde in diesem Kapitel über Raissa selbst gesagt. Aber sie ist diejenige, die von ihrem Mann Michail und ihrer Tochter und ihrem Schwiegersohn nicht nur geliebt, sondern verehrt wird. Michail und Raissa haben eine außergewöhnliche Beziehung, sie haben nie ernsthaften Streit, im Gegenteil, sie diskutieren so lange, bis sich einer für die Lösung des anderen entschieden hat, wenn die Gewinnerin auch meistens Raissa heißt. Nicht nur im übertragenen Sinne hat Raissa zu Hause die Hosen an. Sie trägt privat am liebsten Hosen. Der Lieblingskomponist von Raissa ist Tschaikowsky. Sie liebt Ballettmusik, Symphonie und Oper. Sie hat eine große Schallplattensammlung, sie bedauert sehr, daß sie nie die Möglichkeit gehabt hatte, ein Instrument zu spielen.

Lidija charakterisiert Raissa folgendermaßen: »Sie ist eine Persönlichkeit, ist treu, dem Mann, den Kindern, den Enkeln und dem Freund, aber auch den Ideen. Sie ist zuverlässig, gutmütig und hilfsbereit, hilft, wo Kummer ist! In ihrem Haus ist es immer sehr gemütlich und geschmackvoll eingerichtet. Die Inneneinrichtung ist modern und pastellfarben. Raisssa achtet peinlich genau darauf, daß die Vorhänge zur Farbe des Sofas passen. Sie liebt realistische Malerei, keine übertriebenen Schnörkel. Ihre Schwäche ist, daß sie sehr anspruchsvoll allen Leuten gegenüber ist, sie mißt andere an sich selbst, sie traut den Freunden erst dann, wenn sie zusammen einen Sack Salz gegessen haben.«

»Russisches Dirndl«
oder die
»Joan Collins der Taiga«

Bei der Assoziation »Raissa« und »Mode« muß ich immer innerlich lachen. Was wird da alles für ein Unsinn geschrieben! Kaum ein Tag vergeht, daß nicht irgendeine Zeitung der Regenbogenpresse zu diesem Thema etwas Neues zu vermelden hat: »Raissa besitzt allein fünfzig Modellkleider aus der Werkstatt Pariser Designer!« – »Jedes ihrer Kleider kostet mindestens 10 000 DM!« – »Raissa läuft Reklame für Cardin und Yves Saint Laurent!« – »Der russische Modezar Slawa Saizew kreiert nur für Raissa!« Einer der Klatschkolumnisten brachte es sogar fertig, aus Slawa Saizew eine Modeza*rin* zu machen. Das alles sind Produkte von Journalistenkollegen, die ihre »Reportagen« am grünen Tisch verfassen. Keiner von ihnen hat sich jemals der Mühe unterzogen, Informationen vor Ort einzuholen.

»Die kommunistische Lady mit dem französischen Chic« wurde Raissa während ihres Besuches in der Bundesrepublik genannt, und die Argusaugen der Designer wachten aufmerksam, um mit Kritik und Anerkennung aus westeuropäischer Sicht nicht zu sparen. Joop lobte ihre schlichte Eleganz, Caren Pfleger fand das Mixtum compositum von Streifen, Pünktchen und Karos in Form eines englischen Kostüms von perfekter Manier, Lagerfeld hingegen fand, gerade ihre Goldstoffe provozierten den Effekt eines »russischen Dirndls«, das besser ins Hofbräuhaus gepaßt hätte. Er stellte überhaupt in Frage, ob man das, was Raissa trägt, Mode nennen könne, er würde es eher Garderobe nennen. Aber alle modischen Kritiker waren sich darin einig, daß sie kam und aussah, und das mit Charme und Fraulichkeit.

Ich wollte ganz genau wissen, was es mit der modischen Eleganz der Moskauer First Lady auf sich hatte. So meldete ich mich zunächst einmal bei Slawa Saizew an, dem berühmten russischen Modeschöpfer, der wegen seiner avantgardistischen Kreationen auch im Westen bekannt ist, um von ihm alles Nähere zu erfahren.

Es mag wohl mehr als zehn Jahre hersein, da wurde Slawa in der DDR eine ganze Zeitungsserie in der »Freien Welt« gewidmet, einer Zeitung, die sich vor allem mit Land und Leuten der Sowjetunion beschäftigt. Darin hatte eine Mitarbeiterin versucht, den Stil des Meisters für die DDR-Frauen sichtbar zu machen und den Avantgardismus des russischen Modemeisters als führend zu proklamieren. Das Ergebnis war mehr als enttäuschend, aber das muß nicht an Slawa gelegen haben, es zeigte nur, daß auch die russische Mode nicht tragbar ist, ebensowenig wie die aus der DDR. Aber das ist schon ein Weilchen her.

Ich hatte großes Glück, einen Termin bei Slawa Saizew zu bekommen, denn normalerweise beträgt die Wartezeit bei diesem begehrten Mann mehr als sechs Monate, und auch dann kann es noch passieren, daß Slawa gerade unpäßlich ist.

Slawa in seinem weißen, hellerleuchteten Büro küßt mich nach russischer Sitte einmal rechts und einmal links auf die Wange und führt mich zum Sessel. Nein – Slawa näht nicht für Raissa. Er will nicht in die Legende verwoben, er will in keinen schwarzen Anzug gesteckt werden (Slawa liebt Weiß). Slawa will für die einfachen Menschen arbeiten. Sein Traum aber ist: Raissa eröffnet im Ausland (im westlichen Ausland), zum Beispiel in Italien, eine Gemeinschaftskollektion, eine Gemeinschaftsschau mit Valentino. Saizew-Valentino-Collections, represented by Raissa Gorbatschowa. Das ist es, was Slawa sich wünscht.

Slawa versteht sich nicht nur als »Kleidermacher«, er sieht sich als Künstler. Seit 1978 arbeitet er im »System der Dienstkleidung«

für die Bevölkerung. Das ist im Prinzip ein sehr soziales Denkmodell. Kleider für die Frauen und Männer – vielleicht auch Kinder – des Landes. Aber wie so vieles in der Sowjetunion ist auch dieses Institut vernachlässigt und leidet unter der wirtschaftlichen Lage des Landes. Stoffe, Nähgarn, Reißverschlüsse, Arbeitsvorrichtungen, alles ist knapp, das schränkt natürlich auch die Kreativität ein. Gäbe es unter solchen Umständen einen Lagerfeld oder Yves Saint Laurent in der Sowjetunion? Slawas Motto lautet: Mit nichts – alles.

Ich sitze in meinem Sessel, vor mir marschiert Saizew gestikulierend auf und ab. Er hat schöne und sehr ausdrucksstarke Hände, die nutzt er, mit denen redet er. Sein Leben gehört dem Leben, sagt er, in ihm ist Freude, Kraft und Optimismus. Die Perestroika ist für ihn der Brunnen des Lebens. Es wird alles gut werden. »Sehen Sie, Gorbatschow hat dieses Land in einem katastrophalen Zustand übernommen. Und er ist doch auch nur ein Mensch. Mit ihm wurden die Menschen hier in diesem Land wieder freundlicher, menschlicher zueinander, ist das etwa wenig?«

1982 eröffnete Slawa das »Staatliche Haus der Mode«, eine Art Atelier für jedermann. Er ist der Direktor des Modeinstitutes. Ihn hat die Belegschaft eingesetzt. Erst hat sie gestreikt und sich dann einen Direktor gewählt, das war Slawa. Seine erste Amtshandlung bestand darin, das Haus in Farbe zu tauchen, es kam ganz weiß daraus hervor. Das war gewissermaßen der Anfang. Rund vierhundert Mitarbeiter stehen ihm heute zur Seite.

Slawas Engagement gilt der berufstätigen sowjetischen Frau. Er meint, sie brauche besonders seine Hilfe, weil sie sowohl bei der Arbeit gut angezogen sein muß, aber auch wenn sie abends ausgehen will. Er denkt sich Situationen aus, guckt sich die Frauen an, die ihm ihre Seelennot vortragen und sie hinter dem Schnitt eines hinreißenden Kleides vergessen. Kleider sind Psychopharmaka, das weiß jede von uns.

Saizews Lebensphilosophie ist bescheiden. Geld spielt keine Rolle für ihn, er hat wenig Lust, eine Menge verdienen zu müssen, das stört ihn in seiner Kreativität. Wie gesagt: Mit nichts – alles.

Daß Slawa nicht für Raissa näht, heißt jedoch nicht, daß er keine Beziehung zu ihr, kein Bild von ihr hätte oder keine Vorstellung davon, wie er sie anziehen würde. Doch noch nie kam es zu einer persönlichen Begegnung. »Wir sind vielleicht füreinander zu kompliziert«, sagt Saizew und läßt seine Hände flattern, »wissen Sie, so etwas gibt es. Man kennt einander, aber muß sich vorein-

Der bekannte russische Modeschöpfer Slawa Saizew und ein Modellentwurf mit persönlicher Widmung: »So würde ich Raissa Maximowna Gorbatschowa kleiden«
(rechte Seite).

ander schützen, um sich nicht zu zerstören.« Tatsächlich wurden schon zweimal Treffen arrangiert, einmal in der französischen Botschaft, als Yves Saint Laurent seine Kollektion vorführte, und ein anderes Mal im Theater, im Rossija, anläßlich der Premiere der »Sophisticated Lady«. Aber Saizew hatte beide Male keine Zeit. – Arme Raissa!

Dennoch sieht Saizew, der »verwegene Kenner«, Raissa in einem durchaus günstigen Licht. Die Figur ist in Ordnung, sie hat gute Proportionen, schlanke Beine und strebt nach Schönheit, was für Slawa das wichtigste ist. Sie ist eine echte Frau. Saizew bedauerte jedoch, daß sie in puncto Mode nicht immer in die besten Hände gerät. Was für ein Unglück! Saizew hat keine Zeit, und Raissa läuft in unpassenden Klamotten herum. Ich finde das Ganze schon ein wenig komisch. Saizew nicht. Es liegt leider nicht in seiner Kompetenz, das zu verändern. Das will ich gern glauben. Erst sagt er der Königin ab, und dann soll sie ihn umwerben?

»Haben Sie denn nie für Irina, die Tochter Raissas, Modelle entworfen?« frage ich. Saizew wird sauer: »Ich bin ein Couturier«, sagt er, »und kein Prominentensammler. In meinen jungen Jahren«, fährt er fort, fast ein wenig verträumt, »habe ich für Frauentypen wie Raissa Modelle am laufenden Band entworfen, ohne jemals mit ihr gesprochen zu haben. Ihr Haar hat mich so fasziniert und unglaublich inspiriert, in der Tönung, der Konsistenz und den Möglichkeiten, damit etwas anzufangen.«

Heute ist Slawa wohl etwas die Phantasie ausgegangen. Heute muß er den Frauen Auge in Auge gegenüberstehen, muß sie ansehen und mit ihnen sprechen. Erst wenn er den Damen ins Auge sieht, und wahrscheinlich auch auf die Hüften, was bei den Russinnen sicher nicht unwichtig ist, dann kommen ihm die Ideen, dann sagt er den Damen, was mit ihnen los ist, was sie tragen müssen, um gut auszusehen.

Aber immer noch ist Slawa ein spielerischer Typ. Er sagt zu mir: »Stellen Sie sich vor, Raissa käme hierher und sagte, Herr Saizew – sie sagt nicht Slawa, Raissa nicht. Also: Herr Saizew, ich brauche ein Kleid zum Dinner. Jetzt muß ich zunächst einmal praktisch denken«, sagt Slawa mit Blick auf mich, »jetzt muß ich wissen, wieviel Stoff mir zur Verfügung steht. Jaja, die Damen der oberen Chefs kommen immer mit sehr knappen Stoffmengen. Das hängt entweder mit den wenigen Reisegeldern ihrer Männer zusammen, zu mehr hat es einfach nicht gelangt, oder sie haben den Stoff geschenkt bekommen. Und bei Stoffknappheit schwindet schon mal meine Phantasie.« Dann läßt Slawa seinen Blick und die Hände übers Papier tanzen: »Ich würde der Zarin zu ihrem kastanienbraun funkelnden Haar (immer noch die Haare!) ein kleines geradliniges schwarzes Kleid geben, knieumspielend, leicht tailliert, mit Perlenfäden durchzogen, schwarze glitzernde Strümpfe auf hohem Absatz – das wäre für mich ›Raissa Glasnost‹.«

Slawa ist jetzt in Form und philosophiert weiter, daß im Zuge der Perestroika den Frauen auch die Komödiantenrollen zugefallen sind. Die Frau öffnet sich, wird großzügiger, selbstbewußter, öffnet sich dem Leben, lebt sich selber, weiß, was sie will, und tut es auch. Und sie spielt im Grunde doch nur die ihr zugedachte Rolle!

Ich muß Slawa nicht fragen, warum er in Wahrheit nicht für Raissa schneidert, er weiß es im Grunde genau, und er sagt es auch mit einer sehr überzeugenden Offenheit: Er ist für die First Lady des Landes nicht ernsthaft, nicht seriös genug. Seiner Meinung nach benimmt er sich wie ein kleiner, lebenshungriger Junge, der sein eigenes, unkonventionelles Leben lebt und liebt. Er mag sich nicht anpassen, mag nicht hören, was er nähen soll. Er mag keine Auftritte für ein Kleid zum Dinner, er mag die Frauen, die zu ihm kommen und die sagen, Herr Saizew, sehen Sie mich an, was kann man aus mir noch machen, wenn ich schon ein neues Leben anfangen will. Saizew will »Menschen machen« und kein Schneider sein, der für Gelegenheiten arbeitet.

Vor mir liegen nun die Blätter, die Saizew während des Sprechens gezeichnet hat. Schöne entspannte Körper, schlank, grazil, im Jugendstil hingehaucht, fließend oder exzentrisch, straff oder vergehend, man könnte vergessen, daß wir beide in Moskau sitzen, eher könnte ich mich in ein kleines Pariser Café denken. Aber der Russe Slawa – er gehört wohl mehr hierhin, nach Moskau.

So interessant das Gespräch mit Slawa Saizew auch war, in der Frage, wer nun für die Kleidung der sowjetischen First Lady verantwortlich ist, bin ich dennoch nicht viel weitergekommen. Deshalb versuchte ich als nächstes, in Stawropol nachzufragen, in der Stadt, in der Raissa immerhin 23 Jahre gelebt hat. Schon Bilder aus der Jugendzeit der Frau des Generalsekretärs beweisen, daß sie bereits früh modebewußt war. Oft waren es nur kleine Details, nicht teuer oder aufwendig, mit deren Hilfe es ihr gelang, sich von ihren einfach gekleideten Altersgenossinnen zu unterscheiden und einen persönlichen Modestil zu entwickeln. Wer trug denn von den Studentinnen in Moskau einen Wintermantel mit Pelzkrägelchen?

In Stawropol nähte für Raissa eine einfache Frau aus der Nachbarschaft, Sonja Wassiljewna Karetnikowa. Die Karetnikowa nähte gut und fleißig, und zwar für die ganze Familie. Auch für Irina das Hochzeitskleid. Als ich sie besuche, kramt sie in einer alten Holzschachtel und holt die Hochzeitsfotos von Ira heraus. »Zu Iras Hochzeit«, zwitschert sie, »hab' ich auch Raissa das Kleid genäht. Schließlich muß die Brautmutter doch auch gut aussehen. Während wir damals probierten, hatte sich Michail Sergejewitsch hingelegt, er war von einer Dienstreise zurückgekehrt und hatte Kopfschmerzen. Also wir probierten, und ich habe zu Raissa gesagt: ›Dieses Kleid ist mein Geschenk zur Hochzeit.‹ Raissa, die ganz wundervoll aussah, wehrte ab, dies sei ein zu teures Geschenk. Ich habe aber darauf bestanden, sonst, drohte ich, würde ich es wieder mit nach Hause nehmen. Da öffnete Michail Sergejewitsch die Augen, betrachtete Raissa ziemlich verliebt und sagte: ›Ach Zachar, solch ein Kleid hast du noch nie gehabt, und wie schön du bist.‹« »Zachar« ist Michails Kosename für Raissa. Er geht zurück auf die Studentenzeit und ist eigentlich ein Männername. Damals trug Raissa oft eine Lederjacke, und schon immer führte sie gern das Kommando. Michail sah sie als seine »Kommissarin«.

Frau Karetnikowa schwärmt sehr von Raissa und Michail. »Wie er sie liebt«, erzählt sie, »einmal, es muß Ende der sechziger Jahre gewesen sein, fuhr Michail Sergejewitsch nach Italien und hat sein ganzes Geld dort ausgegeben für Silberschmuck, den er Raissa mitgebracht hat. Daraufhin habe ich ihr ein silbernes Cocktailkleid genäht, und alles hat sie dann zur Silberhochzeit getragen. Sie sah wunderschön aus.«

Sonja erzählt mit tiefer Befriedigung, und man spürt, daß hier eine echte menschliche Beziehung besteht, noch aus jenen Jahren, da Sonja bei Raissa anrief und sagte: »Bring 300 Rubel mit, ich werd' dir etwas Phantastisches nähen.« Raissa kam, brachte das Geld, Sonja suchte den Schnitt aus, kaufte den Stoff und bestellte Raissa nur noch zur Anprobe.

»Auch beim Einkauf von Konfektionskleidern mußte ich entscheiden«, sagt Sonja stolz. »Sie sagte immer: ›Du, Sonetschka, hast das letzte Wort, soll ich es nehmen oder nicht?‹«

Selbst in Italien 1974 hatte Raissa Erfolg mit Sonjas Kleidern. Die Gorbatschows waren dort zur »Festa dell'unità«, und der italienische Begleiter nannte Raissa nur noch »Signora Grazia«. Raissa in ihrer Bescheidenheit führte das auf die Kollektion Sonja Karetnikowas zurück. »Aber«, Sonja winkt ab, »das ist doch nicht so. Entscheidend ist doch, wer drinsteckt und wie die Kleider getragen werden. Raissa kann Kleider tragen. Sie leben mit ihr auf.«

Wer kümmert sich nun heute, in Moskau, um Raissa Maximownas Kleidung? Ich fand heraus, daß sie – wie andere Frauen der höchsten Nomenklatura auch – vieles per Katalog bestellt. Auf diese Weise erhält sie Modelle von Chanel, Dior, Claude Montana bzw. Kopien dieser Modelle. Raissa bestellt, was ihr gefällt, ohne im einzelnen zu wissen, wer der Schöpfer des

Modells ist, denn die Ware wird immer ohne Etikett geliefert. Auch versäumt sie nie die jährlich in Moskau stattfindenden Modefestivals, auf denen Modehäuser aus der ganzen Sowjetunion ihre Kollektionen zeigen. Oft findet sie etwas, das ihr gefällt, und sie ordert es gleich vom Laufsteg. Auch auf Auslandsreisen nimmt sie sich oft die Zeit, selbst Modehäuser und Modenschauen zu besuchen. So kaufte sie zum Beispiel 1986, bei ihrem Staatsbesuch in der DDR, außerhalb des offiziellen Programms ganz privat in der Boutique am Ost-Berliner Spittelmarkt für sich und ihre Tochter ein. Im westlichen Ausland hat sich natürlich Raissas Interesse für Mode auch längst herumgesprochen. Deshalb achten die Organisatoren der Gorbatschowreisen immer darauf, daß Raissa auch mit den Modezaren der entsprechenden Länder zusammentreffen kann. Oft erhält sie bei solchen Anlässen Geschenke, die sie aber in der Regel an ihre Tochter weitergibt, denn viele dieser Kleider passen ganz einfach nicht zu ihrem persönlichen Stil, der eher konservativ ist.

Raissas ausgeprägtes Interesse für Fragen der Mode hat natürlich auch Auswirkungen auf das eigene Land. Sie ist es immer wieder, die die russische Leichtindustrie bewegen will, schneller, besser, mehr und vor allem modischer zu produzieren. Allein, auch hier klafft eine bedeutende Lücke zwischen Wunsch und Realität. Und es wird sicher noch eine ganze Weile so bleiben, daß Raissas Kleidung sich weit von der der anderen russischen Frauen abhebt.

Ein russischer Freund hatte mich wissen lassen, daß Raissa Maximowna nicht alle ihre Kleider per Katalog bestellt. Er hatte mir versprochen, mich mit der Frau zusammenzubringen, die hauptsächlich zur Zeit die First Lady in Modefragen berät und viel für sie entwirft. »Ich freue mich, Sie kennenzulernen. Ich hoffe, die Reise war für Sie nicht allzu beschwerlich«, so begrüßt mich Tamara Konstantinowa Makijewa, der man ihre sechzig Jahre beim besten Willen nicht ansehen kann. Sie ist also die

*Moskau, 2. Dezember 1986: Raissa
Gorbatschowa erweist Yves Saint Laurent
die Ehre, bei seiner Ausstellungseröffnung
dabeizusein.*

geheimnisumwitterte Modedesignerin, und sie ist bereit, sich erstmals über ihre Exklusivkundin zu äußern.

Die Reise war in der Tat alles andere als angenehm. Zwar führte sie mich durch die wunderschönen russischen Städte Rostow, Weliki und Jaroslawl, immer an der Wolga entlang. Aber 500 Kilometer wollen auf russischen Straßen erst einmal zurückgelegt sein. Endlich bin ich in Schilikowo, in der Nähe der Wolgastadt Kostroma, angekommen, wo die Makijewa ihre Privatdatscha hat. Hier verbringt sie gemeinsam mit ihrer Familie zwei Sommermonate. Ihr Mann ist Schauspieler am Moskauer Mossowjet-Theater. Stolz erzählt sie mir, daß sie hier auf geschichtsträchtigem Boden lebt. Hier hatte auch der große russische Dramatiker Ostrowski sein Landgut. Madame Makijewa arbeitet im staatlichen »Haus der Mode« in der Nähe der Moskauer Kusneki-Brücke. Es unterscheidet sich von dem Modehaus, das Slawa Saizew leitet, durch seinen großen Konservatismus in Farben und Formen. Fünfzehn Jahre lang arbeitete Tamara Makijewa mit Saizew zusammen, in einem Zimmer übrigens. Aber das ist auch die einzige Gemeinsamkeit zwischen den beiden Modeschöpfern. Die Avantgardisten um Saizew halten nicht viel von der eher altmodischen Madame Makijewa.

Vor acht Jahren lernte Tamara Makijewa Raissa Maximowna kennen. Freunde aus dem Mossowjet-Theater hatten sie zusammengebracht, die Designerin sollte ein Kleid für Gorbatschows Frau entwerfen. Dieser erste Entwurf war ein dunkelblaues, eher strenges Kostüm mit zwei Röcken, einem Maxirock und einem normalen, und einer kurzen Jacke. Dazu gehörte eine weiße Bluse für festliche Anlässe. Als Raissa mit ihrem Mann in den Kreml einzog, nahm sie den Kontakt zu Tamara Makijewa wieder auf. Sie verabredeten sich, und fortan ist die Makijewa hauptsächlich für die Mode von Raissa verantwortlich. Sie kommen gut miteinander aus, und Raissa läßt der Makijewa weitgehend freie Hand in der Gestaltung ihrer Kleidung. Sie besucht ihre Schneiderin häufig in ihrem Atelier. Dort besprechen sie Entwürfe, dort finden auch die Anproben statt, und selten dauern die

Zusammenkünfte weniger als zwei Stunden. Während die beiden Frauen über die Entwürfe sprechen oder die Anprobe vornehmen, wird immer Tee gereicht, eine Mischung aus schwarzen Johannisbeeren, ein wenig getrockneter Minze und Lindenblüten. Alle diese Zutaten stammen aus dem Wald in der Nähe ihrer Datscha, erzählt die Makijewa. Nach Moskau nehme sie immer einen ganzen Jahresvorrat mit.

Die Modeschöpferin bereitet sich auf diese Treffen mit Raissa stets sehr gründlich vor und informiert sich in internationalen Modejournalen über die neuesten Trends in Rom, Paris, Düsseldorf. Wenn sich beide Frauen über ein Modell verständigt haben, dann kommt eine weitere Mitarbeiterin der Makijewa hinzu, Galina Kopolowa. Ihre Aufgabe ist es nun, Stoffe den Entwürfen entsprechend zu legen, Heftmuster zu stecken und schließlich erste Probemodelle zu nähen. Was zu aller Zufriedenheit ausfällt, wird schließlich in die engere Wahl gezogen. Doch die Damen entscheiden ganz allein, nie habe ich gehört, daß Michail Gorbatschow sich in Kleiderfragen seiner Frau einmischte. Schon ein paar Tage später kann man Raissa Maximowna dann in ihrem neuen Kleid bewundern.

Raissas Farbempfinden werde sehr von ihrer emotionalen Verfassung bestimmt, sagt die Makijewa. Meist gefielen ihr leuchtende Farben, besonders Rot. Manchmal entschiede sie sich aber auch für ein unauffälliges Grau. Doch alles müsse zusammenpassen, in dieser Beziehung sei sie sehr wählerisch.

Und nun gerät Frau Makijewa ins Schwärmen, wie ideal Raissa für gute Mode ist. »Sie ist die erste Frau eines Generalsekretärs, die eine so schöne Mode trägt und der Welt zeigt, wie gut die russische Frau aussieht.«

Die Begegnungen mit Raissa sind für Frau Makijewa jedesmal voller Spannung und Aufregung. Sie will und muß gut sein. Sie darf die in sie gesetzten Erwartungen nicht enttäuschen. Sie will sich als gleichberechtigte Zeitgenossin erweisen. Sie will, daß Raissa ihren Namen mit in die Welt hinausnimmt. Offenbar liest Frau Makijewa keine westeuropäischen Zeitungen, sie wäre enttäuscht über soviel Ignoranz der Journalisten, die nur nach Cardin, Lagerfeld und Dior fragen.

Welche Stoffe sie denn für Raissa verwende, wollte ich wissen. Meistens seien es Stoffe, die nicht in der Sowjetunion produziert werden, Importe aus Frankreich und England in der Regel, weil sie dort am feinsten seien, erläutert Tamara Makijewa. Gelegentlich verwende sie aber auch einheimische Stoffe.

Die Makijewa spricht nicht ohne Stolz über ihre Kundin. Immerhin sei sie die erste Frau eines sowjetischen Führers, die sich sehr bewußt mit Modefragen beschäftige. Vielleicht werde ihr Beispiel doch noch von anderen sowjetischen Frauen übernommen. Natürlich wisse sie, daß nur sehr wenige in ähnlich günstigen Verhältnissen lebten wie die erste Frau im Staate. Aber insgesamt sollten die sowjetischen Frauen doch mehr auf sich achten und mehr aus sich machen. Dazu gehöre nicht in jedem Falle das große Geld. Auch Kleinigkeiten wären schon wichtig ...

Im Laufe der Jahre hat sich zwischen beiden Frauen ein durchaus herzliches Verhältnis entwickelt. Es vergeht kein Besuch, bei dem Raissa Maximowna nicht auch Geschenke für die Enkel der Modeschöpferin mitbringt, bunte Kinderbücher, farbige Bälle, Kaugummi oder andere Sachen, von denen sie weiß, daß sie das Gefallen der Kinder finden werden. Doch die zwei Sommermonate, die die Makijewa auf ihrer Datscha verbringt, gehören einzig und allein ihr. Noch nie sei während dieser Zeit ein Anruf gekommen, daß Raissa Maximowna sie um ein Gespräch bitte. Die Sommerzeit ist tabu und geheiligt.

Wenige Tage nach unserem Gespräch wird die Makijewa ihren sechzigsten Geburtstag feiern. Sie weiß, daß der Blumenstrauß, den sie bisher jedes Jahr von der Kreml-Lady bekam, diesmal größer ausfallen wird. Und ein großes Geschenk werde auch kommen. Geschenke und Freudebereiten sei eine der unverwechselbaren Eigenschaften Raissas. Das gehöre zu ihr wie »das Amen in der Kirche. Sie wissen schon, was ich damit meine«, sagt die Makijewa, kurz bevor ich mich von ihr verabschiede.

Die Geheimnisträgerin für die Mode von
Raissa Maximowna: Tamara Makijewa.

Noch eine weitere Frage interessierte mich: Wer ist für Frisur und Make-up zuständig? Wer bringt diesen betörenden kastanienbraunen Schimmer in Raissas Haar, wer ist für ihre Porzellanhaut verantwortlich?

Durch Zufall lernte ich Boris Gusejew kennen, der Raissa Maximowna viele Jahre lang – bis 1985 – frisierte und in Make-up-Fragen beriet, noch bevor Gorbatschow Generalsekretär geworden war. Damals arbeitete Gusejew in der sogenannten »Forschungsabteilung für Friseure« in Moskau. Wer dorthin kam, mußte zunächst einen Fragebogen mit persönlichen Daten ausfüllen. Nach jeder Konsultation notierten die Wissenschaftler die Ratschläge, die sie den Besuchern gegeben hatten, bzw. die Veränderungen, die sie an den Kunden vorgenommen hatten, auf einer Karteikarte. Das erstemal sei Raissa mit einer Bekannten gekommen, einer Philosophieprofessorin, erzählte Gusejew. Danach sei sie regelmäßig zwei- bis dreimal im Monat nach telefonischer Anmeldung wiedergekehrt.

Raissa Maximowna ließ sich von Gusejew aber nicht immer beraten. Nicht selten kam sie auch mit eigenen klaren Vorstellungen, die Gusejew verwirklichen sollte. Schon bald hatte er von seiner prominenten Kundin erfahren, daß Michail Sergejewitsch an Raissas Haaren immer einen Hauch von Romantik liebte, und ein eher offenes Geheimnis ist, daß Raissas Haar mit Henna gefärbt wird.

Was das Make-up anbelangt, so wußte Gusejew zu berichten, daß Raissa sehr viel Wert auf eine dezente, meist cremefarbige Grundierung legt. Im Gegensatz zu vielen anderen russischen Frauen, die in knallige Lippenstifte geradezu vernarrt sind, greift Raissa auch heute noch stets auf Zartrosa zurück.

Gusejew arbeitete nicht nur für Raissa. Einmal wurde er gebeten, sich auch um die Haare der Enkeltochter Xenija zu kümmern. Das kleine Mädchen litt nämlich darunter, daß ihre Haare nicht so wuchsen, wie sie es gern wollte. So wurde Gusejew mit einem Auto in die Tolstoi Straße gebracht, wo ihn Raissas Tochter und Enkeltochter schon erwarteten. Beide waren offensichtlich mit

*Boris Gusejew – einer der »Haarstylisten«
von Raissa Maximowna.*

dem Ergebnis zufrieden, nach weiteren Konsultationen und Schnitten brauchte Xenija auch nicht mehr wegen ihrer Haare zu verzweifeln.

Es konnte natürlich nicht ausbleiben, daß sich Gusejew und die Kreml-First-Lady auch über andere Themen als Frisuren und Make-up unterhielten. Aber diese Gespräche sollen keineswegs der übliche »Friseurklatsch« gewesen sein. Kunst und Kultur hätten immer wieder im Mittelpunkt gestanden, behauptete Gusijew, und davon verstand er – wie ich mich in unserem Gespräch überzeugen konnte – in der Tat eine Menge. Mit Gusejew saß mir ein Mann gegenüber, den Skandale und Schlagzeilen nicht interessierten, seine Liebe galt der Literatur. Als müsse er mir das ausdrücklich noch beweisen, zitierte er aus einem Gedicht der berühmten russischen Dichterin Anna Achmatowa, das im Winter 1916 in Sewastopol entstanden war: »Es gibt Worte, einmal nur zu sagen; sprichst du sie aus – hast du dich ausgegeben. Die Himmel, die ins Blaue ragen, sind unerschöpflich, nur Gottes Leben . . .« Während er dieses Gedicht vortrug, stand er auf, ging an seinen Bücherschrank und holte ein schmales Bändchen heraus, Gedichte der Achmatowa. Zunächst glaubte ich, er wolle ein weiteres Gedicht hersagen. Er drückte mir aber das kleine Buch in die Hand: »Sehen Sie, dieses Buch bekam ich von Raissa Maximowna geschenkt, dieses und einige andere Gedichtbände der Achmatowa. Wir haben nämlich eine gemeinsame Leidenschaft: die Gedichte dieser Frau.«
Boris kam in Fahrt. »Raissa ist eine sehr angenehme und aufgeschlossene Frau. Wie es sich gehört bei ihrer Position. Sie hält auf ihr Äußeres und ist gepflegt. Vor allem bleibt sie schlank und ist auch immer gut angezogen. Sie weiß genau, was sie will. Ob sie nur einen Schnitt will oder die Haare lockig möchte. Sie liebt den Wechsel ihrer Frisuren außerordentlich. Mal streng und mal romantisch, und natürlich auch immer passend zur Gelegenheit.«
Gusejew erinnerte sich immer noch mit Schrecken daran, daß er

Raissa einmal hat warten lassen, wie andere Frauen auch. Er hatte zwar wie üblich mit ihr den Fragebogen ausgefüllt, der alles Wichtige über Raissas Haare enthielt, sie dann aber über seiner anderen Arbeit mit seinen Modellen vergessen. Erst als eines seiner Modelle Raissa erkannte, fiel ihm auf, wen er da warten ließ. Raissa blieb glücklicherweise sehr gelassen. »Ich weiß Ihre Grundsätze zu schätzen«, hat sie nur zu Boris gesagt, der von seinen Vorgesetzten alle Rügen der Welt längst bekommen hatte, weil er die Gattin des jüngsten ZK-Mitgliedes Michail Gorbatschow hatte warten lassen.

Inzwischen hat Raissa Maximowna eine neue Friseuse, Tatjana, die sich um alle Frisur- und Make-up-Probleme kümmert und die Kreml-First-Lady auch auf Auslandsreisen begleitet. Einander bekannt sind sie schon seit 1983, Tatjana arbeitete gemeinsam mit Boris Gusejew in demselben Institut. Gusejew schied 1985 aus persönlichen Gründen aus Raissas Diensten aus und arbeitet heute in dem privaten Moskauer Friseursalon »Ginseng«, wo er, wie er sagte, »gutes Geld« verdient. Seine Nachfolgerin Tatjana durfte ich allerdings nicht befragen. Sie hatte bei Arbeitsantritt unterschreiben müssen, gegenüber allen Außenstehenden strengstes Stillschweigen zu bewahren. Sie hält sich daran.

Raissas Eleganz und ihr Interesse für Mode weckt bei den Bewohnern ihres Landes allerdings – und da speziell bei dem weiblichen Teil der Bevölkerung – zwiespältige Gefühle. In den Zeitungen kann man darüber lesen, und Befragte antworten aus sehr subjektiver Sicht. Die einen nehmen Raissas Outfit als »Dernier cri« und als Orientierungspunkt für das, was man sich in nächster Zeit nähen lassen sollte: Seide oder Baumwolle, Pünktchen oder großes Dekor. Raissa draußen in der Welt sendet Signale in die Nähstuben der Tatjanas und Galjas.
Andere aber sehen böse zu, wie Raissa »das Geld zum Fenster« hinauswirft und ein falsches Bild der sowjetischen Frau in die Welt hinausträgt. »So sind unsere Frauen nicht«, sagt mir Pawel,

ein Bekannter. »Ich würde verrückt werden mit so einer.« – »Mit was für einer?« frage ich. – »Na, eben so einer. Tut, als wäre sie sonstwie klug und hätte sonstwas an Geld zum Ausgeben. Dabei ernähren wir sie doch. Sie soll unser Zeug tragen, dann sehen die in Amerika, was wirklich hier los ist.«

Reisen im Dienst
der Perestroika

Die Reisen der Gorbatschows sind ein vielbeschriebenes Blatt, das kann man nahezu wörtlich nehmen; denn die Presse stürzt sich mit Lust und Laune, mit Feder und Skalpell auf das russische Paar, wenn es auf den Flughäfen der Welt landet. Die »First Lady des Ostens«, die »Rote Zarin«, die »Verkaufshilfe der Perestroika« oder wie immer sie von den Gazetten benannt wird, macht Schlagzeilen, wohin sie auch kommt.

Die Freundin Lidija sagt, Reisen seien eine der größten Leidenschaften Raissas. »In jedem Land geht sie in Museen der bildenden Künste, besucht Konzerte und Theater. Sie ist ein Mensch, der sehr die Musik liebt, auch Bücher, auch Gemälde. Das beeindruckt sie am meisten. In Geschäfte geht sie nicht. Aus allen Ländern bringt sie Eindrücke mit, von der Kultur des Landes und seinen Menschen . . .«

Das mit der Kultur und den Eindrücken mag ja stimmen, aber das mit den Geschäften stimmt nun weiß Gott nicht. Diese Behauptung entspringt offenbar einer gewissen sowjetischen Prüderie. Es ist gegen die Ehre, materiellen Dingen Reverenz zu erweisen, dabei sind es gerade die materiellen Dinge, die den Sowjetbürgern fehlen und hinter denen sie her sind!

Natürlich geht Raissa einkaufen, und warum soll sie auch nicht? 1984, noch bevor Michail Sergejewitsch Generalsekretär geworden war, besuchte sie mit ihrem Mann London und »erlag dort dem Juwelenrausch«, wie es hieß. Sie fragte Maggie Thatcher nach der Herkunft ihrer Brillantohrringe. Die »Eiserne Lady« empfahl ihren Juwelier, Cartier, und riet Raissa, sie solle sich einen guten Preis machen lassen. Die Zeitungen berichteten von einem entzückenden Paar brillantener Ohrringe zu dem guten Preis von 1780 Dollar.

Doch Raissa sammelte auch andere Eindrücke in London. Während Michail Sergejewitsch in der Downing Street ein Vieraugengespräch mit Margaret Thatcher führte, zeigten die Protokollbeamten ihr die Wohnräume in Downing Street Nr. 10, dem Wohnsitz der britischen Premierministerin. Sie war äußerst beeindruckt von der Offenheit ihrer Begleiter, die ihr alles genau erklärten. Sie erzählten ihr, aus wieviel Kristallteilen die Kronleuchter bestanden, wie die Gemälde in das Haus gekommen waren, welche Geschichten sich damit verbanden. Alles war für Raissa neu, und weil sie damals noch wenige offizielle Termine wahrnehmen mußte, konnte sie auch alles in sich aufnehmen.

Erst als der Generalsekretär ab 1985 immer mehr ins öffentliche Interesse rückte, wurden auch für Raissa die Besuchsprogramme immer zahlreicher, umfangreicher und offizieller; Presseleute stürzten sich auf sie, witterten Neuheiten und Sensationsstorys. Die Unbefangenheit der früheren Jahre war vorbei. Raissas Tagesablauf wurde streng durchorganisiert, und ihre persönlichen Wünsche wurden nur noch selten berücksichtigt, war doch das Reiseprogramm in erster Linie von den Unterredungen ihres Mannes, des Staatschefs, bestimmt.

Kulturelle Veranstaltungen gerieten in den Hintergrund, statt dessen wuchs die Bedeutung von Fototerminen: Tee mit Präsidentengattinnen, Empfänge mit den Ehemännern.

Raissa stand immer mehr im Blickfeld der Presse. Man beobachtete sie auf Schritt und Tritt. Dabei ist mir oft ihre typische Handbewegung aufgefallen, mit der sie ihre Haare von vorn nach hinten über den Kopf streicht, scheinbar im Nacken nach etwas sucht, als ob sie etwas verloren hätte. Heute eher eine Verlegenheitsgeste, stammt diese Handbewegung noch aus der Zeit, als Raissa ihr langes Haar im Nacken zusammengesteckt trug, und da sie eine sehr korrekte Frau ist, kontrollierte sie regelmäßig nach, ob kein Haar herunterhing.

Wenn sich der Generalsekretär mit seiner Frau auf Reisen begibt, werden sie vom gesamten Politbüro am Flughafen Wnukowo, dem Moskauer Prominentenflughafen, verabschiedet. Bis 1985 war es noch so, daß Raissa Maximowna – für das sowjetische Fernsehen nicht sichtbar – durch einen Nebeneingang, ganz separat und ohne viel Trubel, das Flugzeug bestieg. Aber inzwischen hat Michail Sergejewitsch durchgesetzt, daß er mit seiner Frau gemeinsam das Flugzeug besteigt, für jedermann sichtbar. Für Langstreckenflüge steht dem Generalsekretär eine IL (Iljuschin) 62 zur Verfügung, auf kurzen Strecken benutzt er meist eine TU (Tupolew) 134. Im Ministerium der zivilen Luftflotte der UdSSR gibt es eine spezielle Abteilung, die sich nur mit den Reisen der Partei- und Staatsführung beschäftigt. Diese Abteilung verfügt über 20 bis 25 Flugzeuge der Typen IL 62 und TU 134. Zwei Maschinen sind ständig – Tag und Nacht – auf Abruf für den Generalsekretär bereit. Diese Flugzeuge sind höchst komfortabel ausgestattet. Hier gibt es einen Privatbereich für Michail Sergejewitsch, der ihm zum Schlafen, Essen und Arbeiten dient. Darüber hinaus gibt es einen Konferenzraum für etwa dreißig Personen mit Nachrichtenzentrale und »rotem Telefon« sowie Plätzen für Stenographen. Auch die Wachen und die Ärzte, die Michail Sergejewitsch und Raissa Maximowna auf all ihren Reisen begleiten, haben ihren eigenen Raum, und natürlich sind Küche, Kühlkammer und ein Erholungsraum für die Flugzeugbesatzung vorhanden. Michail Sergejewitsch und Raissa stehen Spezialcrews, die aus mindestens drei Stewardessen und zwei Piloten bestehen, zur Verfügung. Natürlich sind diese nicht nur Profis erster Klasse, sondern auch »sicherheitsmäßig« ausgesuchte Leute.

Mindestens zehn Tage bevor Michail Sergejewitsch und Raissa in einem Gastland eintreffen, reist bereits die erste Vorhut der Sicherheitstruppe ab. Es sind sozusagen die Leute fürs Grobe, für

1984 – schon vor seiner Ernen-
nung zum Generalsekretär
wurde Gorbatschow mit seiner
Frau von der britischen
Premierministerin in der
Downing Street empfangen.

April 1989 – zweite Londonreise
des Ehepaars Gorbatschow.
Höhepunkt dieser Reise: Königin
Elizabeth empfängt die
Gorbatschows im Buckingham-
Palast (rechte Seite).

die Organisation. Sie bereiten alle Wege vor und stimmen die Planung mit dem Gastland ab, damit während des Besuches selbst Pannen ausgeschlossen werden. Nach ihnen, etwa fünf Tage vor der Ankunft der Gorbatschows, kommen die Presseleute an, mit ihnen auch die Regierungssprecher, zum Beispiel G. Gerassimow. Schließlich, meist weitere zwei Tage später, treffen auch die SIL-Staatskarossen mit den Chauffeuren an dem Ort ein, auf den die ganze Welt ein paar Tage später blicken wird, wenn Michail Sergejewitsch und seine Frau Raissa elegant und telegen die Gangway der Maschine hinuntersteigen.

In Begleitung des Generalsekretärs befindet sich immer eine

Delegation von etwa zehn bis zwanzig Personen. Für sie wird keine eigene Maschine gechartert. Die Delegationsliste für Auslandsreisen entspricht den Besonderheiten des gastgebenden Landes. So kam nach Deutschland Frau Freundlich mit, eine Volksdeutsche, die in die Bundesrepublik Deutschland eingeladen wurde, um das Problem der Umsiedlung der Volksdeutschen in Rußland zu besprechen. Häufig sind auch die Generaldirektoren der sowjetischen Museen dabei. Raissas Friseuse Tatjana

27. November 1986 in der Botschaft der UdSSR in Delhi – Raissa Maximowna, dritte v. l., trifft sich mit S. Gandhi, zweiter v. r., und einer Gruppe indischer Ehefrauen von namhaften Persönlichkeiten.

9. Juli 1986 – die Ehepaare Gorbatschow und Mitterrand besuchen das Sternenstädtchen bei Moskau. Die Gäste interessieren sich besonders für die Saljut-Raumstation.

macht ebenfalls jede Reise mit und außerdem eine Art »Staatsdame«, die sich um die besonderen Wünsche von Raissa kümmert.

Immer dabei sind natürlich auch die Sicherheitskräfte. Raissa selbst hat auf jeder Reise wie Michail Sergejewitsch einen Leibwächter um sich, es ist ihr persönlicher blonder Schutzmann »Serjoscha«. Im Abstand von fünf Metern sind dann noch weitere sieben bis acht Sicherheitsbeamte der KGB-Gruppe Nr. 5 zu finden. Raissa und Michail Sergejewitsch machen auch im Ausland natürlich keinen Schritt, der nicht vorher von den Sicherheitsoffizieren des KGB und des gastgebenden Landes bis ins kleinste geplant wurde. Deshalb beunruhigt es diese Leute immer wieder, wenn Michail Sergejewitsch und Raissa sich spontan entschließen, aus dem Auto auszusteigen und mit der Bevölkerung zu sprechen. Das bedeutet stets Sicherheitsstufe 1, denn wer weiß schon, was sich hinter einem lächelnden Blick verbergen kann ...

In den fünf Jahren seiner Tätigkeit als Generalsekretär hat Michail Sergejewitsch gemeinsam mit seiner Frau über dreißig Länder bereist. Zur Reiselust des Staatschefs erzählt man sich in Moskau folgendes: »Was ist der Unterschied zwischen der Olympiade in Moskau und dem Volksdeputiertenkongreß?« (Der Volksdeputiertenkongreß fand im Frühjahr 1989 vor der Reise des Generalsekretärs mit seiner Frau in die Bundesrepublik Deutschland statt.) Antwort: »Bei der Olympiade wurde Mischa ›aufgeblasen‹. Beim Volksdeputiertenkongreß bläst Mischa sich selber auf und fliegt weg.« Im Klartext heißt das: »Mischa« war das Maskottchen der Moskauer Olympiade, aber der Spitzname von Michail ist ebenfalls »Mischa«. Und unmittelbar nach dem Kongreß, als viele Probleme im Lande sichtbar wurden, machte sich Michail Sergejewitsch aus dem Staub und flog in die Bundesrepublik Deutschland.

Zum Thema Auslandsreisen kursiert auch diese Anekdote: Michail und Raissa liegen zusammen während ihres Staatsbesuches

*Ost-Berlin, 7. Oktober 1989 – Raissa
und Sandra, ihr jüngster Fan,
und Raissas Leibwächter
Serjoscha.*

in Frankreich im fürstlichen Bett. Michail fragt Raissa: »Hast du dir jemals vorstellen können, mit einem Generalsekretär zu schlafen?« Raissa antwortet mit einer Gegenfrage: »Michail, hast du dir jemals vorstellen können, mit der Frau des Generalsekretärs zu schlafen?« Ja, ja, Raissa weiß schon, wer sie ist.

Raissa zeigt der Welt ein neues, ein modernes Bild der sowjetischen Frau. Das hat mit Mode zu tun, mit Make-up und Styling, aber es hat auch mit Bildung und mit Selbstbewußtsein zu tun, mit einem Eigenwertgefühl, das sie zur Schau stellt. Damit macht sie sich nicht nur Freunde, aber in jedem Fall holt sie sich den sogenannten »Aha-Effekt« herein. Das schmeichelt sogar den Frauen daheim in der UdSSR, die die schwere Arbeit der Männer machen und dazu noch die Kochtöpfe irgendwie füllen müssen.

Raissas Reden im Ausland gelten den Frauen der Welt, den Frauen der Kriegsgeneration, die nie eine eigene Familie hatten, nie die Liebe eines Mannes erfahren durften. Sie nimmt sie als Beispiel dafür, daß es den Frauen zuerst zukommt und not tut, den Frieden bewahren zu helfen, ihn, wie sie sagt, »anzustiften«.

Auf Kritik stößt sie allerdings nicht selten bei russischen Emigrantinnen, zum Beispiel in den USA. Sie wissen noch gut, wie die Vergangenheit war, und sie wissen auch genau, wie das Leben der sowjetischen Frauen heute verläuft. »Sie ist eine von denen, die nach den Bäumen suchen, auf denen die Brote wachsen«, sagen sie böse über Raissa.

Ihr Selbstbewußtsein läßt Raissa sich dennoch nicht nehmen. Sie stellt ihre literarische Bildung unter Beweis, auch wenn man nicht danach fragt. In Island prunkte sie mit der Lektüre von Halldor Laxness, in England und Amerika erfuhren die Presseleute ihre Meinung über Charles Dickens oder J. D. Salinger. Sie geht in Frankreich durch die Ausstellungen von Monet, Renoir oder van Gogh und hält kleinere Vorträge über die Künstler und deren Weltbedeutung. Sie begeistert sich über die Bilder von Picasso und betont, daß das sowjetische Volk seine Friedenstaube nahezu verinnerlicht hat.

*Straßburg – Juli 1989. Raissa Maximowna
läßt es sich nicht entgehen, das
Straßburger Münster zu besichtigen.*

Nein, Raissa hält nicht mit ihrer Bildung hinter dem Berg, und das macht schon einen gewissen Eindruck. Beim Rundgang durch das Weiße Haus hat sie Nancy Reagan mit ihrem nicht enden wollenden Interesse für das geschichtliche Interieur regelrecht genervt. Bis Nancy verärgert passen mußte und einen Kustos holen ließ, der dem weitgespannten Interesse der östlichen Lady standhielt.

In ihrer Autobiographie »My Turn« macht Nancy aus ihrer Antipathie keinen Hehl: »Als Raissa Gorbatschowa am ersten Tag in Genf zum Tee kam, erschien sie mir als eine Frau, die gewöhnt ist, daß man sich ihr beugt, ihr dient. Gefiel ihr zum Beispiel ein Sessel nicht, in dem sie saß, so schnippte sie mit den Fingern, um ihre KGB-Leute darauf aufmerksam zu machen, und die brachten ihr sofort einen anderen Sessel. Nachdem sie einige Minuten in diesem Sessel gesessen hatte, entschied sie, daß auch dieser Sessel ihr nicht gefiel, und schnippte erneut mit den Fingern, und die KGBs brachten sofort einen anderen. Ich habe es nicht fassen können. Ich habe mich in meinem Leben mit Ladys, Prinzessinnen und Königinnen getroffen, aber so etwas habe ich bei keiner erlebt.«

Nun hat Raissa es gerade Nancy nicht leichtgemacht, ein Beispiel dafür war das Gipfeltreffen in Reykjavik. Laut Nancy war das Treffen als reiner Männergipfel geplant gewesen, und deshalb hatte sie auch Ronald nicht begleitet. Doch im Fernsehen mußte sie mit ansehen, wie Raissa die Veranstaltung zu ihrer Show umfunktionierte. Auf die Abwesenheit von Nancy angesprochen, verströmte sie mit weiblicher List Unverständnis und Mitleid: »Vielleicht geht es ihr nicht gut. Vielleicht hat sie anderes zu tun . . .« Nancy vor dem Bildschirm schäumte vor Wut und beklagte die Unfairness der Rivalin.

Inzwischen ist das Kapitel »Reagan« abgeschlossen. Die Beziehung Raissas zu Barbara Bush kann nur besser werden als die zu Nancy Reagan. Doch schon der Malta-Gipfel im Dezember 1989 brachte wieder einen Mißklang. Die First Lady Amerikas war wieder zu Hause geblieben, Raissa war wieder mitgekommen.

Zunächst hielt sie sich zwar im Hintergrund, aber nicht lange. Den wartenden Journalisten erklärte sie: »Der Präsident ist nicht da, sorry.« Damit meinte sie Präsident Bush, der wegen der unruhigen See nicht auf das sowjetische Schiff kommen konnte. Aus sowjetischen Diplomatenkreisen war zu hören, daß Raissa sogar in einem Nebenraum sämtliche Verhandlungsgespräche zwischen ihrem Mann und George Bush mit angehört habe, um anschließend Michail Gorbatschow ihre Gedanken für das Nachfolgegespräch mit auf den Weg zu geben.

Schloß Niederschönhausen – 7. Oktober 1989, »40 Jahre DDR«. V.l.n.r. Michail Gorbatschow, Erich Honecker, Margot Honecker, Raissa Gorbatschowa.

Auch beim Papstbesuch im Dezember 1989 tanzte Raissa aus der Reihe. Im Unterschied zu Nancy Reagan und Lady Di kam sie ohne dezentes schwarzes Accessoire, statt dessen in einem rotleuchtenden Kostüm. Es signalisierte die kommunistische First Lady. Raissa ist nicht gläubig, sie wurde nicht getauft. Michail selbst sagte über seine Frau: »Sie ist die Atheistin von uns beiden. Dennoch spricht sie mit großer Ehrfurcht vom Papst und bekennt, daß seine Ausstrahlung – wider Erwarten – große Faszination bei ihr ausgelöst habe.« Lidija führt dieses Thema weiter aus: »Raissa ist ein sehr moralischer Mensch. Ich habe von ihr nie atheistische Äußerungen gehört. Sie hat immer eine positive Einstellung zu den moralischen Grundlagen der Religion und zu Fragen der Güte und des Guten, das es in der Religion gibt. In der Tiefe ihrer Seele hat sie eine große Achtung vor den Postulaten der Kirche. Sie hat ja auch an den Feierlichkeiten der russisch-orthodoxen Kirche teilgenommen. Im allgemeinen findet sie, daß die Kirche ein Kulturdenkmal ist, in ihr konzentriert sich unsere Moral, überhaupt ist das die alte Kultur Rußlands.«

Im eigenen Land mehren sich die Stimmen, die Raissa mangelnde Sensibilität bei ihren öffentlichen Auftritten vorwerfen. Während es Michail immer mehr unter den Nägeln brennt, man denke nur an Litauen oder andere Nationalitätenkonflikte, steht Raissa elegant in Nerz oder Zobel neben ihm. Während er mit den Arbeitern heiß debattiert, lächelt sie und richtet zwischendurch einmal ein Wort an neben ihr stehende Frauen. Ob sie ihm in dieser Weise noch nützlich ist, ob sie nicht Aggressivität verstärkt, das mag dahingestellt sein.
Im Herbst 1989 besuchte die »Geheimwaffe der Perestroika« Finnland. Auf dem Programm stand wie schon so oft der Besuch einer Schule. Im sowjetischen Fernsehen wurde diese Visite gezeigt. Die sowjetischen Frauen waren empört, denn Raissa fragte Kinder, die erst seit zwei Wochen Russisch lernten, was sie denn schon alles auf russisch sagen könnten. Originalkommentar: »Das sind doch keine Roboter.«

Bonn, Musiksaal des Beethovenmuseums – 12. Juni 1989. Raissa Gorbatschowa überreicht Hannelore Kohl als Gastgeschenk ein wertvolles Skizzenbuch aus dem Moskauer Glinka-Museum.

Als Raissa, die unbekannte Größe, 1985 zum erstenmal auf ihrer Auslandsreise zum Gipfel nach Genf offiziell als First Lady die Gangway hinunterschritt, waren alle Kameras auf sie gerichtet, alle Augen warteten auf sie. Was hatte sie an, wie war sie gekleidet? Sie stahl ihrem Mann buchstäblich die Show. Auch in den folgenden Jahren, als Michail Gorbatschow mehr und mehr zum Motor der Weltpolitik wurde, ließ das Interesse des westlichen Publikums an Raissa Maximowna nicht nach. Die sowjetische Presse, die früher von der Frau eines Generalsekretärs kaum Kenntnis genommen hatte, entschloß sich sogar, das Ehepaar Gorbatschow gemeinsam als »MIR«, »Frieden«, zu verkaufen. »M« für Michail, »I« für »und« und »R« für »Raissa«. Nur bei Auslandsreisen, die nicht ins westliche Ausland führten, sondern zum Beispiel in die ČSSR oder in die DDR, ist auf den Fotos zu erkennen, daß Raissa immer einen Schritt hinter Michail Sergejewitsch ging. Denn in diesen Ländern galt Raissa weiterhin nicht als First Lady, sondern nur einfach als die Frau von Gorbatschow.

Auf dem Dezember-Gipfeltreffen 1987 in Washington lernte ich Raissa endlich persönlich kennen. Mir war es gelungen, als eine von wenigen Journalisten im Madison-Hotel unterzukommen. Dort war auch die Delegation Gorbatschows, einschließlich des sowjetischen Außenministers Schewardnadse mit seiner Frau, abgestiegen. Das Hotel liegt direkt hinter der russischen Botschaft, wo Gorbatschow wohnte, und wurde strengstens von der CIA bewacht.

Ich hatte das Glück, eine Einladungskarte zu einem Empfang zu ergattern, den Raissa Gorbatschowa in der sowjetischen Botschaft für Exilrussinnen gab. Kaum hatte ich die Botschaftsräume betreten, da drängten mich die Sicherheitsoffiziere beiseite, glücklicherweise gerade an die Tür, durch die Raissa Maximowna kommen sollte. Ich war sehr nervös, doch endlich war es soweit: In ihrem roten Lieblingskleid von Tamara Makijewa kam sie durch die Tür und lächelte mich an. Damals war ich schwanger, und Raissa guckte ganz ungeniert auf meinen

Bauch. Sie fragte mich, im wievielten Monat ich sei, und sofort hatten wir ein Gesprächsthema. Mir fiel es leicht, ihr zu sagen, wie sehr ich mich freute, sie zu treffen. Wir sprachen dann über Puschkin, über ihre Liebe zur Natur und über meine Hoffnung, daß Perestroika das Leben für Journalisten in der Sowjetunion einfacher machen würde. Ich schenkte ihr einen Button mit der Aufschrift »I like Gorbi«, und sie war ganz entzückt, wollte sich damit aber nicht fotografieren lassen. Schließlich wünschte sie mir viel Erfolg für meine Arbeit und verabschiedete sich sehr herzlich. Es war ein sehr nettes Gespräch, und ich freute mich über ihren warmen Händedruck.

Ich begegnete Raissa wieder auf ihrer Kubareise im April 1989. Bei ihrer Ankunft trug sie ein von ihrer Schneiderin Makijewa entworfenes hellblaues Kostüm, dasselbe, das sie auch schon zum Staatsbesuch in Indien getragen hatte. Gar nicht protokollgerecht kam die First Lady ohne Strümpfe die Gangway herab. Doch es war sehr warm an diesem 2. April in Havanna, fast dreißig Grad, während beim Abflug in Moskau noch ein Schneesturm getobt hatte.

Als die Gäste schon lange auf dem Weg in ihre Residenz waren, vorbei an einer Menge wartender, jubelnder, Fähnchen schwingender Leute, wurde die Aeroflotmaschine entladen. Für den Besuch in Kuba hatte Raissa eine weiße Hutschachtel dabei, neun grüne Plastik-Kleidersäcke und fünf Lederkoffer. Die Gorbatschows residierten in »Lajito«, dem Landsitz eines ehemaligen Filmproduzenten, der von der kubanischen Regierung enteignet worden war. Eigens für den hohen Besuch waren neue »Kingsize«-Betten in Costa Rica angefertigt worden.

Einer der Hauptpunkte im Damenprogramm war die Besichtigung des Hemingwayhauses, das heute ein Museum ist. Als Raissa beim Museumsrundgang gefragt wurde, ob sie Ernest Hemingway gelesen habe, erstaunte sie diese Frage sehr. Es solle sich doch der melden, der noch nichts von Hemingway gelesen habe. Ein amerikanischer Journalist stellte ihr wiederholt die

Frage, ob sie Hemingways Einstellung zu Frauen teile, daß nämlich eine Frau nur Ehefrau und Geliebte zu sein habe und sonst nichts. Sie überhörte die Frage erst ein paarmal, dann wandte sie sich dem Reporter zu, sehr kühl, und sagte: »Es gibt ja so dumme Fragen, daß es sich gar nicht lohnt, darauf zu antworten.«

In das Gästebuch des Museums schrieb Raissa: »Ich bin sehr glücklich darüber, daß ich das Haus besuchen konnte, in dem der große Schriftsteller und Humanist Ernest Hemingway gelebt und gearbeitet hat.«

Es ging das Gerücht, daß Raissa auch die berühmte Mochito-Bar besuchen wollte, in der Hemingway Abend für Abend gesessen hat und die noch heute den berühmten »Hemingway-Drink« ausschenkt. Aus Sicherheitsgründen soll dieser Besuch aber abgelehnt worden sein. Statt dessen habe sich Raissa am Abend in ihrer Residenz den Cocktail mixen lassen, obwohl sie sonst keinen Alkohol liebt.

In Kuba besuchte Raissa Maximowna auch einen Kindergarten des Ministeriums des Inneren, »Zum Lebensanfang«. Die Kinder waren schon vorher ganz aufgeregt. Vor dem Kindergarten wurde Raissa von einer kleinen Gruppe von jungen Pionieren begrüßt, die kurze Gedichte vortrugen, es wurde der Besucherin für ihr Kommen gedankt, und sie wurde herzlich willkommen geheißen. Raissa antwortete, das sowjetische Volk ließe das kubanische grüßen und Michail Sergejewitsch ließe auch grüßen. Dann schüttelte sie Händchen, dankte für den herzlichen Empfang. Dabei hob sie die Hände wie bei einem Ritual. Anschließend führten die kleinen Mädchen für Raissa einen Kasatschok vor und schenkten ihr eine rote Rose. Auch Raissa brachte Geschenke: »Tscheburaschkas«, kleine russische Puppen. Alle Räume des Kindergartens waren festlich geschmückt, alle Mädchen im Sonntagsstaat. Doch ich hörte den Kommentar eines kubanischen Journalisten: »Hier möchte ich morgen nicht hinkommen, was meinen Sie wohl, wie es morgen hier aussieht, sobald sie ihnen wieder den Rücken zugekehrt hat, dann verkommen die Kinder in dem Dreck hier.«

*Peking – 17. Mai 1989. Das Ehepaar
Gorbatschow auf der Chinesischen Mauer.*

Wie immer absolvierte Raissa auch diesen Programmpunkt mit Geduld, Liebe und Verständnis. Sie besuchte sogar die kleineren Kinder in ihrem Schlafraum, ließ die Presse draußen warten, damit die Kinder nicht geweckt würden. Man merkte auch hier, sie ist eine gute Mutter und Großmutter.

Am letzten Tag der Reise warteten zahlreiche Journalisten vergeblich auf Raissas geplanten Besuch im Museum für Schöne Künste. Sie zog es vor, ins Revolutionsmuseum, ohne Journalisten, zu gehen. Auch das gehört zu Raissa, daß sie umdisponiert, Besuche abkürzt oder Termine absagt, indem sie einfach erklärt: »So, jetzt ist Schluß, ich bin müde.« Deshalb ist es nicht immer einfach, das Raissa-Programm zusammenzustellen. Bei der Planung des Besuches von Raissa Gorbatschowa in der Bundesrepublik erzählten Diplomaten, das schwierigste an dem bevorstehenden Besuch sei die Vorbereitung des Damenprogramms für Raissa Gorbatschowa, da sie ihre bestimmten Vorstellungen habe. Zum Beispiel war geplant, eine Modenschau im Fashion-House, einem Großmodecenter in Düsseldorf, zu besuchen, doch da Raissas Interesse für Mode im eigenen Land auf viel Kritik stößt, bestand sie darauf, diesen Programmpunkt zu streichen.

Vom 5. bis zum 7. Oktober 1989 konnte ich Raissa dann noch einmal während eines Besuches in Ost-Berlin beobachten. Sie wohnte im Schloß Niederschönhausen im Stadtbezirk Pankow. Am letzten Tag ihres Aufenthaltes besichtigt sie das Zeiss-Planetarium. Im Unterschied zu ihren früheren DDR-Besuchen wartet keine jubelnde Menge. Nur wenige Leute, darunter ein paar junge Pioniere und FDJ-Mädchen, stehen vor dem Planetarium. Alle zwei Meter die zivile DDR-Staatssicherheit. Keine Chancen für Fans und DDR-Schaulustige. In der Presse war nichts angekündigt worden. Endlich fährt eine kleine Kolonne mit schwarzen Limousinen vor, ein SIL, Nr. 12, hält vor dem Eingang. Raissa steigt lachend wie immer aus. Sie wird vom Direktor des Planetariums begrüßt.

Ein Arbeiter des Kombinats 7. Oktober mit Namen Erwin verehrt

Raissa. Verlegen hält er drei schon etwas geknickte rote Rosen in der Hand. Seine Frau ist auch Russin, sie hat viel Ähnlichkeit mit Raissa, erzählt er mir. Er hoffte damals, daß die Gorbatschows Glasnost und Perestroika in die DDR bringen würden.

Einer Mutter aus dem alten Berliner Stadtbezirk Prenzlauer Berg gelingt es, mit ihrer zehnmonatigen Tochter Sandra zu Raissa vorzudringen. Sandra streckt Raissa spontan die Arme entgegen, und Raissa fragt das Kind: »Möchtest du denn einmal zur Tante auf den Arm kommen?« Das Kleinkind macht sich an ihrer schwarzen Krokotasche zu schaffen. Raissa strahlt, man sieht eine glückliche Oma: »Komm, mein kleiner Diplomat, komm mal her zu mir. Sollen wir denn einmal schauen, was die Tante aus Moskau dir mitgebracht hat?« Sie öffnet die Tasche und zieht ein längliches Schächtelchen (Pralinen), schön in Blumenpapier eingepackt, heraus. Die Kleine freut sich. Raissa erzählt begeistert von ihrer kleinen Enkelin Anastassija, die auch alles anfassen will, und gibt ihre wertvolle Tasche in die Obhut des Direktors. Sie bemerkt nicht, während sie mit dem Kind spielt und mit der Mutter spricht, daß ihr Leibwächter Serijoscha sich hinter ihrem Rücken die Tasche, das wertvolle Stück – ein Staatsgeheimnis –, zurückholt. Das kleine Kind läßt nicht locker. Raissa sagt: »Unser kleiner Diplomat ist ein Nimmersatt, wollen wir noch einmal in die Tasche schauen, ob wir dort etwas zum Spielen finden?« Sie bittet den Direktor um ihre Tasche, nein, nein, lächelt dieser, die ist schon in den Händen ihrer Sicherheit. Der Sicherheitschef gibt Raissa einen kleinen Stoß in die Seite, und schon ist das Thema Taschenspiel erledigt.

Abschließend spricht Raissa ein paar Worte zu den Umstehenden: Sie freue sich, daß ihr Mann in der DDR so beliebt sei, glaube, daß Glasnost und Perestroika auch in der DDR Fuß fassen werden, und erwarte bald Reisefreiheit. Auch hier hatte Raissa wieder den richtigen Spürsinn. Nur einer ist traurig, der Feinmechaniker Erwin, denn die DDR-Sicherheit hat ihn nicht in die Nähe seines Idols gelassen, aber mit Glasnost und Perestroika, so hofft er, werde es vielleicht das nächstemal klappen.

Die Reisen der Raissa Maximowna Titarenko und die Reisen der Raissa Maximowna Gorbatschowa machen sicher ein sehr breites Kilometerband aus. In gewisser Hinsicht ist sie ihrer Kindheit treu geblieben. Es war immer eine starke Lokomotive, die sie zog. Oder war sie schließlich diese Lokomotive? Wenn man die Entwicklung der Raissa Maximowna im Bild ihrer Auslandsreisen betrachtet, stellt man fest, daß sie im Lauf der Zeit viel gelernt hat. Sie hat nicht nur ihr Englisch verbessert und versteht alles, sondern sie weiß inzwischen auch die Presse zu nutzen und ihr Lächeln spontan einzusetzen, wie sie es gerade braucht. Von Reise zu Reise wurde sie medienwirksamer. Dennoch bin ich davon überzeugt, daß sich Raissa in keine Form pressen läßt. Sie wird immer ein Individuum bleiben und mit ihrem Mann Michail Sergejewitsch gemeinsam immer für neue Überraschungen sorgen. Den Russen kann nichts Besseres passieren, als mit diesem Exportartikel Public Relations im positivsten und besten Sinne zu betreiben.

Die Welt hat zugesehen, wie aus der sowjetischen Funktionärin und Dozentin für Philosophie eine Frau wurde, die sich auf dem internationalen Parkett zu bewegen gelernt hat. Auf ihre Weise und mit ihren Mitteln hat sie sich einen Teil der Welt zu eigen gemacht. Sie lächelt und sie rügt, sie belehrt und parliert, sie zeigt Charme und Zähne, betet mit den Händen und berührt scheinbar flüchtig, wenngleich gezielt die Menschen neben sich. Sie weiß mit den Medien umzugehen und erträgt ihre Gnadenlosigkeit. Raissa wird ohne Geschichten in die Geschichte eingehen als Frau jenes Generalsekretärs, der in der Welt den Frieden suchte.